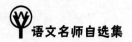
语文名师自选集

我的语文生活

陈军 著

商务印书馆
The Commercial Press
创于1897

图书在版编目（CIP）数据

我的语文生活 / 陈军著 . —北京：商务印书馆，2021
（语文名师自选集）
ISBN 978-7-100-20074-5

Ⅰ.①我… Ⅱ.①陈… Ⅲ.①中学语文课—课堂教学
—教学研究 Ⅳ.① G633.302

中国版本图书馆 CIP 数据核字（2021）第 120854 号

语文名师自选集
我的语文生活
陈军 著

商 务 印 书 馆 出 版
（北京王府井大街 36 号 邮政编码 100710）
商 务 印 书 馆 发 行
北京市十月印刷有限公司印刷
ISBN 978 - 7 - 100 - 20074 - 5

2021 年 8 月第 1 版 开本 880×1230 1/32
2021 年 8 月北京第 1 次印刷 印张 9⅜
定价：48.00 元

出版前言

　　本馆自 1897 年创立以来，始终肩负中国新教育出版重任，以"昌明教育，开启民智"为宗旨，先后编辑出版中小学各科教科书、教学参考书、工具书、教师用书等，分类编纂，精益求精，深受教育界同人欢迎。

　　新中国成立后，国家重视发展教育事业。中小学教改实验百花齐放，高等院校教学法、课程论研究百家争鸣，全国各地涌现出许多教学、科研带头人。他们居敬好学，躬身实践，著书立说，逐渐在教学界产生影响，得到认可，成名成家。为了反映和记录当代语文教学研究成果，也为了给青年教师提供可资学习借鉴的参考资料，我们策划了"语文名家自选集"和"语文名师自选集"两套丛书。"名师"因其"著名"，"名家"因其"自成一家"；名师是中青年居多，名家是中老年居多。无论名师名家，年轻年长，这两套丛书关注的主要是在以下方面有所建树的作者：一、对语文教学的民族性、科学性有自觉认识；二、教学方法或研究方法植根于中国优秀语文教学传统，符合中国语文的特点，既有传承又有创新，能够科学有效地提高学生的语文素养；三、其教研成果具有较为广泛的影响力和积极的指导作用。

宋代学者程颢有言："古者自天子达于庶人，必须师友以成就其德业，故舜禹文武之圣，亦皆有所从学。"希望这两套丛书的编辑出版，能够激励广大语文教师读者求其师友，持志问学。欢迎中小学语文教学界的专家、学者、老师支持指导我们，共同把这两套丛书出好。

商务印书馆编辑部

2019 年 1 月

目　录

第三辑 习法

第四辑 访学

第五辑　立论

弁 言

当我面对"我的语文生活"这个题目，打算写点文字向读者汇报时，心，陡然不安起来了。

书中所记，能算作"语文生活"吗？我大约是在学习语文中学习着生活吧！

其实，通过这本小书，我最想表达的，不过就是我的语文教与学，由于近 40 年朝夕如此，习惯了，因而大概有点像四种比较稳定的生活形态。

一是"磨课"。课即人生。所谓"磨"，就是反复琢磨，不断修改。比如我与学生一起学习《诗经·蒹葭》，课前，"磨"了 2500 多年来《诗经》作品讨论的变化历程。从孔夫子到《毛诗序》，从朱熹到周振甫，后来，我终于找到了闻一多！我用闻一多的现代情怀来与学生一起琢磨《诗经》里直通未来的青春诗意。我们的心就像太阳底下的荷叶。

二是"习法"。我上课喜欢搞点出人意料的东西，所谓习就巧妙的教法始终是我从教的追求。"法"就在历代文史大家的"洞见"中。比如教《归去来兮辞》，钱锺书先生的"历历想正如历历经"一句点示，就是我确立点拨教学的思路。我的教法改进，说到底就是对文史名著"洞见"的教学化设计。课上化入只言片语，如同豆浆点卤，思考立即有了组合与灵魂。

三是"访学"。我喜欢走访全国各地著名书院。有学者点示张溥《五人墓碑记》有"市民意识"，我隐约感到这可能就是这篇雄文的历史超越。暮春时节，寻访东林书院，踏访苏州山塘街，拜谒五人墓，我真的听到了明末江南市民们潮水般的呐喊，他们与大泽乡"王侯将相宁有种乎"的呼叫有着天壤之别。访学，使我不断开阔新的视野。

四是"立论"。我所谓的立论，不是指建立宏论深旨，而是对某个问题提出看法。时间长了，看法多了，有点系列的样子。当然，我尽力写出自己的句子。比如，由20世纪80年代的"点拨法"的研究，到21世纪初的"时习论"的提出，再到5年前对《论语》教育思想的"六义"今绎，去年，又投身于抗击语言腐败的中国语言表达诚直思想研究，倡导巴金所指的语文之德——说真话，敢直言。我试着默默摸索一条中国语文教育的路径……

美国人工智能专家说，生命有1.0时代——遗传；有2.0时代——学习；还有3.0时代——人工智能时代的重生。在我看来，我的语文生活似乎也在经历这三个时代：我的父母，给我个性遗传；历代文史名著是我学习的课堂；我每次用母语来记录自己思想和情感的时候，那些扑棱飞起的文字不就是生命重生的样子吗？

与语文相依为命的时候，我觉得，我拥有了一种安静的人生常态。这，一定就是我追求着的语文生活吧。

陈军

2019年1月于上海非非书房

第一辑　启蒙

我的启蒙是十分有限的。

少年时期父亲教我读古文，父子拥有一个贫贱的"私塾"。现在想来，那便是文化上的相濡以沫。后来上学，老师的人格深深地教育着我。还有我的文学经历，使我的爱好不断地增添"教学的意义"。

对我而言，启蒙分作知识、思想、工作与情感诸方面，是一个教育生活指导过程。尤其在中外名著的啃读中，这种召唤、点拨、教诲，始终刻画着我生命的年轮。

特别是读《论语》，使我依然每天都处在启蒙的情境中。

一点，一滴，一片，一丛……

都是酵母，使我的语文生活洋溢无限的趣味。

这里选辑的短文均发表于不同时期的不同刊物，反复地叙述了我的启蒙特点。

正如干涸土地上的小苗，倘遇到一滴雨水，便用力放大着这一滴的滋养，总是有限地反复吸吮。这吸吮，对于我也是一种启蒙。

我坚信康德的观点，所谓启蒙，说到底还是自觉地用知识不断改变自己不成熟的状态。我的读书与访学，也就是新的启蒙轮回了……

我的启蒙

　　我的启蒙，按传统说法从识字开始，是 6 岁的时候，到离家 3 里路的村小上学。

　　那是 1968 年的春季，洪水退去不久，万木依旧凋零，村落茅草房东倒西歪，冷风中如蜷伏的拾荒者。正是青黄不接时，老师靠着墙一任太阳照着发青的脸。百十个学生最有生气，嬉戏打闹，一边手提空荡荡的大裤子，一边抽吸着鼻涕，呼吸间显示鼻孔下方鲜红的印槽。读书就是念口号，回家是霉点丛丛灰白色山芋干，挨饿是最正常不过的事了。

　　关键是在学校念不到书。

　　父亲就开始在家里补教我一些东西。所谓"补教"，就是白天我依旧上学嬉戏，早晚他教我习字，背诵诗文。我的父亲少年时读了 10 年的私塾。他的老师是他的外公，江苏扬州西北方向里下河地区较有名气的先生。父亲读了 10 年，随后就接过老外公的班也教了 10 年，一直到新中国成立以后停学。私塾的那一套大家都知道的，典型的便是三味书屋的情景吧。不过在我，在我们家低矮的草房里，在父亲，是根本比不上三味书屋的。我相当的孤冷。清晨6时即起，趴伏在面北的窗边的书桌，在废报纸上临写父亲写好的第一行字（中楷）。冬天的风先刷过北边水塘的冰面，再从细密的苦楝树林里分成细韧的丝线从土墙隙缝穿过，亲临我的腹部。小时候始终不明白为什么总是腹部冷，原来是上身一个小棉袄，下身一条大棉裤，贴身无软绵内衣，因此腹部是两不管的地带，易感冷风很是自然。当然，早上也是空腹的。我一天天写，一天天写。写好字，父亲就来画圈，整体好的，整个字就圈上；一半好的，一半圈上；一角好的，一角圈上。我静静地看父亲画圈。他的五个手指有四个分别用布条裹住，褐色的血迹隐隐可以看到。原来他在冬天里是靠编芦席维持生计的。虽然他有一肚子学问，但在乡间，学问不能值钱。除了编芦席，父亲还学会了炸油条，养猪。尤其是养猪，一窝窝的小猪崽儿呀，肥壮可爱。他在另一间屋里蹲在地上打芦席，手在芦柴片里翻转，腾挪，舞蹈。于是便经常被划破。这样一双粗糙的手，拿起羊毫批阅，居然还是那样灵巧，如有神助，气韵天成。羊毫尖轻快地行走，椭圆形的大大小小的个个饱满的红色圈圈在我写的字上滚动。正如我家的鸡不停地生蛋。鸡生完蛋都要咕咕嗒、咕咕嗒叫几声，父亲也是，批完了也要咕咕。由于练了字，我虽未成为书家，但毕竟养成了笔性。笔性者，手指上的笔意也。眼见一物，心生一字，手指也就习惯地画一画。这对于我，手上的书写敏感，无疑是生命里悄然而生的小小触须。我现在仍然固执，不用电脑，生怕键盘磨去了我手指上的笔意。杨丽萍有杨丽萍的手指，李云迪有李云迪的手指，铜匠有铜匠的手指，我也有我的手指。

　　上灯，喝粥，读书。父亲教我《古文观止》。四卷本，纸硬而黄。

这是他少年时读的，后来用来教过他的弟子，现在展在黄黄的灯光下用来教我了。先是短小的，描写的；再是长篇的，议论的。繁体，竖排，圈点。他教一句，我读一句；他讲一句，我听一句。读读，讲讲，背背，抄抄。现在回想起来，当时似乎是浑茫一片，只有少量词句不停地在脑海里翻转、跳跃。后来我上芜湖师专读中文，读《中国历代文选》等，一看到标题，咦！还真是怪异无比，以前浑浑茫茫背诵的篇章，全都像一群饥饿的猪崽儿挤在猪栏栅口向着我浅吟低唱。直到现今，我在课堂上讲古文，苏轼也好，韩愈也罢，我心里多熟悉呀，多亲切呀，全是一群拥在猪栏栅口的肥壮可爱的小猪。它们抗拒饥饿，当然也个个旋着短小尾巴浅吟低唱。随之，望江武昌湖上的一大片一大片青草味也都漫涌上我的心头了。

要老老实实坦白的是，当时，我并不愿意跟父亲在灯下读古诗文。最主要的原因是他时不时地突然高声朗诵甚至吟唱起来让我难为情。初，父亲教我轻声慢读的时候，只有二三个玩伴靠在家门口偷看，我偷瞄他们一眼，他们便抓耳挠腮起来。我很不好意思。少顷，父亲放声吟诵起来，家门口，便被黑夜压着一片戏谑的厚实的笑了。成年的黑黑瘦瘦的乡民和十几个高高低低的少年全挤在门口。我们生活的这个地方是湖区，叫漳湖，属安徽省望江县。我的老家则在江苏江都。父亲用的是苏北的乡音呀，这是我当时感到最最难听的声音！白天与小伙伴游戏，小伙伴就会模仿我父亲的声音冒一句话出来，这在我是既羞且恨。特别是看到三五个村妇团在一处，时而头碰头议论，时而挠胸一把挠裆一把大笑，我就疑心她们是在嘲笑我家念书。

就是在这样的乡村背景下，我在父亲的逼迫下，断断续续读了一些。现在回想起来，只恨自己没有跟父亲多读多写一些。他的古文背得多熟啊，他的小楷写得多好啊。他可以把方格文稿纸的一个格子一分为四，写进四个间架和谐、笔画犀利、生机夺人的繁体字！当时我悄悄模仿，也有几分痴呆的劲儿。唉，可惜，初中过后，我就到高中住校上学去了。

结合我现在的工作看，我的这段幼学经历，确有几层启蒙意义。一是学，如果没有我的父亲，我必定失去打基础的时光。二是教，他当年给我上课的言行举止，一直活在我心上。父亲38岁生我，80岁与我永隔。对于他的记忆大多是他讲课的样子。比如他讲王勃"落霞"句时，朗诵的重音、节奏，始终在我耳边回荡；讲解时起身手舞足蹈，身影在墙上、地上游动与腾挪。煤油灯，灯花如豆，而他的身影却特别的高大。这样的一幅幅画面始终历历在目。我现在上课，手脚动作的幅度也很大，大约也遗传了我父亲的教师天性吧。三是思维。父亲教文，喜从一字一词入手。教我《郑伯克段于鄢》在花生地拔草之时。烈日当空，万籁俱寂。我和父亲半跪在地，拔除花生苗边的杂草。这草，父亲说叫"蔓"。一边说一边用手在沙地上画这个字。然后说出"蔓难图也。蔓草犹不可除，况君之宠弟乎！"一句。再由句带出整个故事。我特别注意着手上从花生苗棵里或抠或抓或拔的草。这草的生命力真强，根部的沙土干燥如粉，它居然将金丝般的藤挥向沙地，此时的沙地滚烫滚烫的，沙中指甲大小的蛤蜊的碎片不经意地折射烈日的光芒。我现在上课也习惯于从字词入手，力求牵一发而动全身。父亲大约会想到我的教学也吐露着他当年的气息吧？四是人格。父亲在乡民之间是十分孤独的。为谋生计，他不能不与乡民通俗，但又坚守其读书人君子固穷的一面。新中国成立后本是有了干部工作的，但个性又使他合不了群。唉，他的艰难，我过了50岁才稍稍明白。

1982年夏天，我20岁，远赴宣城寒亭当中学教师。带上的书不多，四整册《古文观止》、四残册《幼学》（杭县施锡轩编）、两厚册《辞海》（陆费逵主编）、一部《论语》（杨伯峻译注）、一本怀素和尚的《食鱼帖》和一本钟绍京小楷。这些书大都是父亲用过的教科书，《论语》和字帖是我买的。现在回过头来看，30年前带的这几册书现在依然是我工作和学习的支撑，也是我心灵成长的源泉。如果说父亲的耳提面命是对我的一度启蒙，那么这几本书对我的指导则是二度启蒙和三度启蒙。

你肯定不知道寒亭的，对吧？

浅灰色的暮霭下，远看便是墨绿的一大片杂树林，走近了，才知道树林一小堆一小堆的，林子里散落着几排旧瓦房。瓦色杂青，青中偶尔有一丝深红闪现。要看到这一抹深红，最好在夕阳半弱的时候。树下的小公鸡有了情绪，干哑地一声，深红呼应着便在暮色中收色了。

这，就是我所怀念的寒亭中学。

寒亭是什么地方？它在哪里？我告诉你，从上海沿318国道西行至宣城再西行，20里长桥，40里寒亭。一个乡级小镇。

我住的这间房是我的天堂。地面是干黄板结的土，墙角长着一棵鹅黄色的高一尺左右小树，原来这是墙外一棵树的根伸了过来，另辟了一路。天花板是芦席所铺。深秋的后半夜，如果你醒了过来，会听到上面有鼠蛇相搏的声音。有时是老鼠方阵出动吧，大约有几十双鼠脚所组成的步伐急速地在我所仰听的芦席天棚上哗哗地闪过去。学校没有自来水。吃用水，自己到山坡下的河里去挑，一人一天一担足矣。

我在宣城待了6年，先寒亭后杨柳。这6年，是我从教的起步期。如果从工作上看，差强人意。23岁，在北京《中学语文教学》和山西《语文教学通讯》分别发表文章；面向全县开课，全体高中教师都来指导。24岁到26岁，分别成为《语文教学通讯》"封面人物"，入选《语文学习》"点将台"（后改为"名录"）和《中学语文教学》"青年教师新秀"栏，完成《积累·思考·表达》书稿（后由语文出版社出版）。这些年的每一个月，我在全国四大语文期刊上同时发表文章，有时同一刊物同期发二三篇。我的激情来自哪里呢？

父亲的《辞海》继续对我新一轮启蒙。

父亲送给我的《辞海》，每个夜晚都是我必定欣赏、阅读和对话的朋友。两册，约厚20厘米，纸脆而黄，用拇指的肚子轻顶左下角便自然翻开。父亲说过，《辞海》的解释是正解。在我，没有查的东西，翻读竟也有无穷的乐趣。随手一翻，随选一则词条，一读便有新知，便有心得，便有写作冲动，便有联想，便有超越的力量。灯光，光线如风。灯光呵，就如同春风发出号令，飞鸟从冰原上起飞了，泉水在石缝间远行了，新绿在残雪中拱起了，黑压压的文字全都在灯光下舒展身姿，挺立纸面了。生命的气息，扑面而来。一字下手，带出一组词条，若干词条又引导你想象和联想。上下四方，山川草木，文史科技，全都呈现出鲜活的画面,使你置身其中,恍惚如醉。有的词条带你走进幽谷深涧,感受碧水的冰凉;有的词条带你探视夜空的繁华,视线在中天碰触游移的星辰。有的词条如天外来客,如枝头红杏,如沙石击窗,如春水拍岸;有的词条如知交话别,如夕阳熔金,如肥猪拱土,如犍牛夜鸣……比如"冰"字,本作"仌",冻也。冰炭,冰轮,冰霜,大多好解。冰翁呢?"妻父也"。冰蘗呢?梁启超知道的,他的书斋叫"饮冰室"。冰蘗,就是饮冰食蘗,谓处境清苦。又指妇女苦节。一个"节"字出来了,词的意境也就翻进了一层。由此又想到"饭疏食,饮水"上来,体会颜乐。有趣的是,由"仌"想到"寒亭"的"寒"。"寒"字多么有趣呀:白屋贫了,人在屋子里,睡在草上,草之下有冰碴,有水印;寒意起了,人影在灯下蜷缩,故事纷至沓来,唐诗宋词也就分蘗成绿。总之,就是这样,文字感召于我,使我痴迷于文字。旅途上,看到地名,先解字,再索取相关历史人物、诗文。几个小时的头脑风暴,串联相关内容,大体上可以装上一麻袋。父亲与我在九月的艳阳天收获花生,一拔,二摘,三晒,四拣,第五道工序就是入袋。花生抵着袋壁,一片丰收的感觉呵!父亲会说"颗粒归仓",特别要讲一个"归"字是何等的好。总之,我特别喜欢这样的文字联想。

我读《论语》已 30 年了。恰巧可分三段,有三种读法。20岁到 30 岁,大体上是读"字",我很认真地研读了杨伯峻的《论语词典》。30 岁以后,大体上是读"理",主要是研读教育教学的基本道理。后来我的著作《语文教学时习论》出版,"时习"就是由《论语》而来,所谈的想法和所做的教学探索,基本上都围绕着"时习"而展开。40 岁以后,特别是近年来,我读《论语》

主要是读"人"。读孔子,读孔子弟子,读《论语》记叙的故事中人的表现,当然也包括用当代的眼光,思考"人"的教育问题。人,是一个思想者。近3年,我以"孔子思考论"为题为《上海教育》杂志写专栏,小有长进。

以上所讲的"三读",换言之就是我喜用的"回读"。三读,不过是各有侧重的读,很多情况是互为表里,相辅相成。如果说"三读"是分段有重点地读的话,那么"回读"就是用思想贯穿"三读",循环往复地生长思想的读。回者,转也。一是转过头回顾前读。前读后读打通,思想空间顿然焕发生机。如《学而》中的"人不知而不愠,不亦君子乎?"这里的"人"很值得琢磨,用"一般人""别人"来解,字面意思而已。杨伯峻就说"给后人留下了一个谜",杨伯峻只能用《宪问》中的"君子病无能焉,不病人之不己知也"的"人"来类解。这当然是很好的研究态度与方法。依照杨的方法,如果把"人不堪其忧,回也不改其乐"也拿来义纂,则我们的思想认识就更有活力和机趣了。二是把前后读演绎为思考方式——循环深思。我喻之为"挖井"。先开一大圈,在一平面上读;再挖一中圈,在新开的平面上读;续之又挖一小圈,又获得新平面,再读……如此深挖下去,就是不断接纳新水源的过程。挖井越深,接触的土层就越多;不同土层的水都可以源源而来,这,大概是"为有源头活水来"的又一情形吧。我写"孔子思考论",先写"思考论",由"思考"划出"思考与讨论的方式——问答"一块,于是写"问答论";"问答"是由弟子与师之间展开的,不同弟子有不同"问答",于是写"弟子论";孔门弟子个性纷呈,充满理想,于是写"诗性论";孔门弟子的诗性是由理想与志趣为动力系统的，于是写"志趣论"，如此等等。回也，转也，环也，进也。

　　读，写，我就是这样一头"驴"。写作之前，我都要打腹稿。打腹稿是在散步中完成的。薄暮时分，我沿陆家浜路向东步行，抵轮渡站，花5角钱上船，过江。再沿世博大道向南向西，一直走到卢浦大桥下的后滩。再搭乘中国馆3号线回家。这，基本上是每个周末的功课。当我搭上3号线时，一篇提纲基本拟就了，我就很轻松很饱满地回家了。天气好，看一眼江景。立在江边，看浦西的高楼在晚霞中安详地挺立着。货轮在江面驶过，波浪就像轻灵的雁阵向两岸荡漾，一片红霞常常在这雁阵的波浪上溶化开来。不过，也恰恰就在此时，我的思考恍惚症也不期而至。比如卢浦大桥，大概与《论语》、与孔子没有什么关系吧？也未必。有一次，我就迷茫恍惚中想到那桥下走来一个人叫微生高。有人说微生高直，就是因为他站立桥下守信用，因涨水而死。孔子对此怀疑，说，有人向他讨点醋，他不说自己没有，却到邻居那里转讨一点给人，他怎么算得上直爽呢？我就在3号线车上把这个故事反复回味几次。有时，想着想着，便又想到父亲。有一次，一下车，抬头只见我的父亲还真的在前面行走，那穿旧了的蓝色中山装，那咖啡色裤子，消瘦的样子。我快追几步，定睛一看，原来是别人家的老人。呜呼！恍兮惚兮，我非我乎？

师道悠悠

　　人不是天生就爱上一项工作的，必定有从小就在夯实的人格基础。我之所以成为一名语文教师，并且力求在这方面有所作为，与我的生活背景、学习背景和工作背景密切相关。这些背景决定了我的高低长短。

　　因此，我就从我的学习、我的成长起点说起。

　　我 1962 年生于江苏江都，不久即随父母流落安徽望江，在一个叫漳湖的湖区生活了 18 年。小学、中学所受的教育是不规范、不严格、不系统的。从小学到高中，我因灾荒以及其他方面的原因，辍学 3 年。与现在的中学生相比，在基础教育阶段的我知识基础薄弱，知识结构残缺，知识视野狭窄。

　　在文化灾荒与物质灾荒并存的年代里，我还是遇到了我终生难忘的好老师。

　　我的启蒙老师是我的父亲。他是一个读过 10 年私塾又教过 10 年私塾的私塾先生，他总是想尽一切办法把他的个人特长和爱好转教给我。在低矮潮湿的茅草棚里，在昏暗如豆的煤油灯下，他教我读《古文观止》，背诵唐宋诗词，并苦练毛笔字。他教我用的《古文观止》共四卷，民国版本，赭黄色，在油灯下辉映着瘦弱的青春。我最怕的是背诵，偏偏父亲要求最严的也是背诵。记得有一个早晨，寒风凛冽，纸窗瑟瑟，我从冷冷的被子里一爬出便读《马说》，并得立即背出。要是聪明的孩子，读几遍必定背出，但我不行。背不出，怎么办？体罚，打屁股。我父亲打我不是随而便之的，而是搬过一个长条凳，让我全身趴下，全身安定后，他才举起两尺长两寸宽的竹片打在屁股上。打得轻吧？也不轻，很痛；打得重吧？也不重，打过后，自己揉揉能出门走路。现在我越来越感到，这种体罚是十分有启迪意义的"教育仪式"。打屁股，是一件十分庄重、严肃的事。其本身就是一种教育。当时，父亲气定神闲，而绝非像我们现今这样气急败坏地发火。父亲气定神闲打我意在教育我，我们现在气急败坏打孩子旨在自我宣泄。境界差之远矣！因此，在中学阶段，我便背了不少古文，开始有爱好写作的特长。我的作文也有不少作为范文传抄到校内外。上大学、当教师后，自然便有品读作品的习性。

　　到了一所中学——赛口中学，我又遇到了我的恩师许昌太老先生。他在吃饭和读书这两件大事上均给我无微不至的关怀。当时是住校的，饭，很难吃到，我曾经谋到一斤白米，到赛口小吃部换了四只大白馒头，站在门口风卷残云，几乎是一气吞下。菜，更是稀缺，常常是开水送白饭，许师母就从老师用完的菜盆里打点剩菜汤倒在我的碗里。我那个像小面盆一样大小的搪瓷盆早已不在了，但每次许师母扣菜到我碗里所发出的声音至今分明可以回忆得出。那个岁月里的苦咸的剩菜汤啊，真个有最深刻的教育内涵。在我的人生习惯中，有一个元素是"感恩"。感恩的萌芽大约就是这个时候生长出来的吧。小镇上难得看一次电影。每次放电影，许老师就让我为他看家，实际上是不让我看电影，而是到他的书房里读书。由于许老师的帮助，我才有幸考上师专。上师专后，我经常获得为老师抄写文稿的机会。我为朱典淼老师抄过文艺理论讲义；为胡子实老师抄过《红楼梦》研究论文；为翟大炳老师抄过诗歌研究论文……每次抄写都是一次学习；几位老师都对我谈作文、谈读书、谈研究。这种机遇让我深受教益。

这一段学习生活，内藏着很多耐人咀嚼的东西。今天作此回忆，是想说明这样一层意思：我的语文能力的提高是与老师的关爱、激趣、点拨分不开的。课堂只不过是一个很小的空间；除了课内学习，老师在课外对我的指引与点拨有着非常重要的意义。

我是1982年8月到宣城一所乡级中学——寒亭中学工作的。生活条件的简陋，工作环境的恶劣，说起来真是令人难以置信。不过，我已经感到满足了，因为我有了工作，有了收入了。在寒亭的日子里，我最难忘的是那些刻苦读书、认真工作的日日夜夜。我开始专心于文学创作，每天晚上的时间全都用来写作。在一些中小型文学报刊上，也陆续发表过一些作品。

生命的灯花，总是倔强地闪烁着。

一次偶然机会，我对中学语文教学研究萌生了兴趣。大约是1984年夏天，北京《中学语文教学》杂志发表了一篇题为《一个不容忽视的问题》的文章，对一位中学生所写的作文《过中秋节》进行批评，认为该文思想格调低，文风不端正。杂志的编者也加了按语，希望引起讨论。读了之后，我不以为然，写了一篇题为《要鼓励学生敢于思考》的文章，发表了不同意见。没想到，这篇文章很快就发表了。我当时真是激动得不得了。这件事对我的影响很大。前面已说过，我对我的老师深有敬爱之情，走上工作岗位后，希望自己也成为一名好老师；现在经这件事的触动，我已初步感到：语文教学大有文章可做，只要有心于此，是可以搞出一些名堂来的。于是，我开始把全部的精力投入到语文教学上来，一边上课，一边写教研文章。一年下来，我写了大大小小许多文章，篇篇工笔抄正。我写教材分析的手稿累叠起来大约有两米来高吧！这批手稿一直在证明着：我的20岁至25岁这段青春岁月是非常充实的。至今想来，仍然感动不已！

事情往往就是这样，越是有心于此，越是抱着积极的态度，就越是感到困难，感到困惑。困惑之中，不知道是出于什么原因，1984年的一个秋夜，我用一个晚上的时间，认认真真地写了一封长信寄给蔡澄清老师。也许是因为我在报刊上读过一些蔡老师的文章，也许是因为我听过蔡老师为79级毕业生做的报告，也许真正的原因就是命运之神的一次特意安排，我与蔡老师命中注定，理应有着天生的缘分。信发出后，很快便收到了蔡老师的回信。

不管我这一生能否做出一些有较大意义的事，反正我深深地感到：在我的一生中，这是一封有着标志性意义的信。从此，我与蔡澄清老师结下了无法解开的师生之缘。

与蔡老师联系后，我的受益是多方面的：第一，接受了良好的人格熏陶。在交往中，蔡老师总是对我谈如何做人，如何树立理想和信念。第二，得到了语文教学研究方面的指点。在交往中，蔡老师经常给我寄资料，指导我的想法，帮我修改文稿。第三，得到了许多发展自己的机会。在交往中，蔡老师总是把报纸杂志给他的约稿信转寄给我，让我跟他一起完成写作任务。我在"执笔"大量的点拨教学论稿中发展了思想。

这里想着重谈的是《积累·思考·表达》一书的写作。这本书是章熊先生代表语文出版社向蔡老师约稿的。章先生了解蔡老师在作文教学方面的成功经验，希望蔡老师写成这本专著。蔡老师出于对我的提携，决定让我跟他合著。他给我寄来写作提纲和大量资料，对我写出的初稿精心修改。在他的指导下，我们终于完成了这本 24 万字的专著。这本书对于蔡老师有着系统总结作文教学经验的意义。对于我的意义则尤为特别：一是锻炼了我的语文教学研究的综合能力；二是使我比较早地获得了一次著书立说的机会。由于不断发表文章，由于出版专著，我在 24 岁的时候，经蔡老师推荐，就荣登《语文教学通讯》的"封面人物"专栏和《中学语文教学》"青年教师新秀"专栏。当时，在荣登这些专栏的教师中，我是全国最年轻的一个。应该说，我的起步是比较早的，我的"出道"也是比较早的。何以如此？归功于蔡老师的引路、教诲、点拨！

师道悠悠，各位恩师的为学为师对我的影响很大。我心里总是珍藏着他们的音容笑貌。

"封面人物"

我出身微贱。因微贱，自信尤其难。

在一些散文中，我说了我由江苏而安徽而上海的事，其实，这里面最难忘的是安徽。江苏生了我，安徽养了我。安徽再穷，我也认安徽。

尤其是安徽的长江南岸，皖南丘陵。

尤尤其其是寒亭。

那是一片赭色的丘陵啊。丘陵的皱褶里躺着一个乡镇——寒亭，冬日的温暖的阳光下躺着的安静的小镇。老桂家的羊肉锅里扑突扑突地响着，还有酒。热气从低矮的深黑色屋檐下窜出，时常让狗们在雨夜低沉地呻吟……我经常地用语文报社寄来的8元、10元、20元的稿酬在老桂家与我的兄弟们聚饮。你要知道，这可是一个荒凉而又富饶的地方。荒凉的是山脊，深秋，只有红薯在泥土里恣意地横亘着；富饶的便是人情，寒亭有多少人情，多少温暖啊。只要你在山路上走，所有的脚步声，尤其是带着酒意的高低起伏的脚步声，传递的都是无声人情之呐喊……

前面我已说过，1982年8月我来到寒亭。当时我刚刚从芜湖师专毕业，父亲是远离寒亭300余公里的一所乡村小学的代课教师，母亲是家庭妇女。我之微贱，可想而知。我是在夏日里的灿烂阳光下扛着长柄雨伞、拎着哗啦哗啦响的木箱到寒亭中学报到的。在总务主任的关心下，我很快便领到水缸，在食堂里打欠条领到饭菜票，在一间10多平方米的平房里安家落户（是一筒子房，分隔10来间小间）。为什么要领水缸呢？因为没有自来水，吃用水都要到山脚下的小河里去挑……

那清清的流水漫过脚背，轻轻的，凉凉的。如果有姑娘的脚安静地放在水里，你会看到像玉一样沉沉地掩在朦胧的绿意之中……

我要再一次描述一下我在寒亭写作的情境。夜间的游戏开始了。我在明亮的台灯下不间断地夜读、写作。我一到寒亭就开始写作，写了大量小说、散文。发表了一些也扔掉了一批。我唯一感到快慰的，就是在方格稿纸上铺开我的思想、情感、心思……让温暖的灯光抚摸。另外，就是鼠蛇相搏的吱吱声，很清晰也很滑腻地从芦席天花板的缝隙里掉下来，甩着长长的冰冰的声音尾巴，带着赤练蛇的土腥味。这，便是寒亭的夜。

我把自己的实践体会写成文章，寄给各家语文报刊社。几乎每一年中的每个月都有四五家杂志同时刊发我的文章。特别是语文报社。

我小说没有写成，倒是在语文教学上迈开了步伐。我也不知道为什么，这么一所清贫的乡村学校居然订阅了《语文教学通讯》和《中学语文教学》两本杂志。我因为办"百草园"文学社出色，校长便委我以语文教研组组长。于是我就长期个人拥读这两本杂志了。先是《中学语文教学》组织《过中秋节》一文讨论，我寄了文章去，很快发表。后是《语文教学通讯》组织作文批改专号，我也寄文去。我没有想到，天上的雨下来，泥土便化了；雨水冲到河里，河水就涨了；我的稿子寄去，《语文教学通讯》便就发表了。

语文报社便频频向我约稿。每次都寄来约稿信。如果是厚厚的，我便心里一凉，因为那肯定是退稿；如果是薄薄的，竖起信封对着阳光一看，里边是折叠起的一方纸，那——便是约稿了。语文报社编辑们亲近而认真，一律手书，字都相当漂亮。在阳光下，那几行手书如同在信封里游动的紫花……

河水清清地流啊，河岸边有乡村的少女在走啊，我的梦也渐渐地流向清清的弋江……

于是我拼命备课，我常常晚上不睡觉，一连几个晚上不睡。我读教材，分析其优劣。我把所有的初、高中课文的评析都写了！有的课文，我写了几遍分析。我长期处在兴奋状态，遍身的热情都化作了斑斓的星辰。

星星，在深蓝的夜空中，是冰冷的形态，但底火则越来越热，这奔涌的火就像是寒亭桥下的流波，哗哗哗地卷着百千万的文字。

文字又转化为课堂里的讨论。宣城教研室主任龚继武鼓励我，组织全县高中语文教师代表来寒亭观摩我上课。我也真是初生牛犊不怕虎，讲的是鲁迅的《祝福》。我办文学社，把学生的作文全都用早上的稀粥糊在教室的山墙上。作文又是用劣质墨汁抄写的，因此，满校园都是一片墨臭。但孩子们拉长着颈子读着一篇篇作文的情景，相当感人。我又与同事创办书画社，把寒亭中学师生的书画作品拉到宣城大街上展览……

鉴此，我便上了《语文教学通讯》"封面人物"。

　　当时全国语文期刊只有语文报社有此栏目。一个杂志的封面上登着你的照片，称你为"人物"，这是怎样的一种激励啊！推荐并写介绍文字的自然是蔡澄清先生。北京《中学语文教学》当时也开了一个栏目大概叫"青年教师之路"，也登了我的一张照片。蔡老师写的文章是《一切还刚刚开始》。以后，西安《中学语文教学参考》、上海《语文学习》、湖北《中学语文》等多家杂志均让我上了"封面人物"或"专栏作者"。

　　由此，我便有了自信。在很多很多研讨会上，我心有胆怯，但一想到"我是封面人物哩"，我便挺直了腰杆。我让父亲看这期杂志，父亲便寄往老家，嘱人宣传我上了"封面"。我一家人都上了"封面"。我的老家也上了"封面"。

　　20多年过去了。

　　我已到中年。我现在要介绍自己，头衔还不少哩。我可以颐指气使了吧？有时，我还真的热昏了头，俨然真有一副架子。真可笑。一想到20多年前的寒亭，我的心就平息了下来。20多年前上"封面人物"，我很骄傲，冷冷中有了热。现在回顾"封面人物"，我最大的好处便是从热热的状态里自我冲一瓢凉水，热热中有了凉。我平静了，平和了，平安了……

　　那荒凉的山脊呀，灰白色的羊肠小路边翻起肥肥叶片的红薯藤蔓呀，你在我中年人的梦中还是那么宁静吗？

　　那寒亭的河水呀，当你浸过我的梦境时，你能轻轻地把我浑身的俗躁洗净吗？

　　我发表在各大语文报刊上的文字呀，如果我唤醒起你们，让你们长上翅膀，你们还能不能在沉沉的夜里飞翔，像星星一样？

第二辑　磨课

我对自己说：课即人生。

上课，虽不敢以才示人，也不甘寡味平庸。

我备课，重在一个"磨"字：自己跟自己磨，与以前比要有进步；与年轻人磨，学习他们的年轻；时常翻读语文大家著作，寻找洞见，用来与教育的目的相磨，求取创新的火种。

我的课堂教学方法是"点拨"，重积累，在于增添知识和见识；重推断，在于强化理性和逻辑；重表达，在于激发个性抒发思想。由此，促进学生形成现代人格。

30多年的教学告诉我："磨"教学线索，"磨"主旨理解，"磨"作品用例，"磨"人物语言，"磨"内容层次，"磨"逻辑推断，"磨"教学史变……把自己的刻进生命的爱好都"磨"进课里，能使课堂充满活力与生机！

磨，如切如磋，如琢如磨。

课，是教师的人生，更是学生的人生。

春天的脚步在哪里

——"磨"线索：以《春》教学为例

朱自清的《春》是一篇经典课文，无论是全国统编教材，还是地方自编教材，基本上都选作课文。

从教学上看，《春》的文字生动而浅显；用来参考的资料也很多，似乎很好教。然而，我教过几遍后，反而感到《春》虽为熟文，教出新意却殊为不易。以下就围绕线索安排的改变做些介绍。

一、线索点拨的含义

通常讲的线索是指作品本身的行文线索，如有的作品以情感变化为线索，有的作品以某一具体物件为线索，有的作品以时间为线索，有的作品以空间位置变化为线索，等等。还有的作品双线并进，如鲁迅的《药》，"老栓买药"与"夏瑜被杀"就分作两条线索来写。这属于文章学的知识，大家都是知道的。

这里讲另一层意思，就是教学的线索。一节课都有若干环节；

这些环节，要有一根线串联，从而使得这节课中心突出，层次井然。这样一根线，笼统地讲，就是一节课所设计的思路，但实际上比思路更具体。一节课先教什么，再教什么，最后教什么，几个阶段想一想，这是思路。先教什么明确了，但从哪里入手呢？从这里下手之后，又如何与后边的"再教什么"挂起钩来，形成有机联系呢？这就要想一想具体的步骤。这样，从一个地方切入，然后一步一步前进，顺着一个总体思路而教的"串联的步骤"就是我这里讲的"教学线索"了。

教学线索可以依据文章本身的行文线索来设计，也可以另做考虑。比如一篇文章，时间线索安排是独具匠心的，把它直接作为教学线索，很自然，很顺畅，那就依据这个文章线索来教好了。但是，有的情况下，文章线索不一定是教学的重要内容，可以忽略不计。如此，教学线索就要另做设计。究竟是依照文章自身线索来设计教学线索呢，还是根据教学重要的实际来重新设计教学线索？这要因材施教，因学定教。

过去讨论备课的时候，我们常常讲到教学的突破口。现在由于谈得多了，好像有陈词滥调的感觉。其实，这是一个很重要的教学思考点。一篇课文洋洋千言、几千言，问题很多，怎么下手？从哪里下手更好？这就是教课文的"教"的思考所在。想得准确，选得巧妙，教起来就顺畅，学起来就有效率。但是，只谈突破口也不行。突破了，怎么一步一步走下去，若干环节如何有机组合，同样要有明确的线索。突破口是"线头"，是"起点"；"线头"拉起来以后，纲举目张，要顺着"纲绳"拉下去。这样，教与学就有了眉目。上课，要上得"眉清目秀"，这个"清秀"主要是指路子清楚；上课，还要上得"眉目含情"，这个"情"，就是重点突出。这都是很高的目标，操作上的基本环节就是从"线索点拨"做起。下面举例来谈。

二、《春》的教学改变

（一）第一次教：教画面

25年前，我就教过《春》了。以后又教过几遍，包括到外地上公开课。多少年来，教的路子无非是两条：一条是总体把握"春"的特点；另一条是认真揣摩精彩的词句。这两条又是有机统一的，了解"春"的特点，必然要从生动的描写入手；品味精彩的词句，又必须与具体画面结合起来。因此，下面的几幅图是必须要讲到的。

1. 春草图

（1）画面：（略）

（2）词句：钻，嫩嫩的，绿绿的；满是的。

2. 春花图

（1）画面：（略）

（2）词句：不让，……像火，……像霞，……像雪。蜜蜂嗡嗡地闹着。野花遍地是：……像眼睛，像星星，还眨呀眨的。

3. 春风图

（1）画面：（略）

（2）词句：像母亲的手抚摸你，……泥土气息，青草味儿，花的香……酝酿。鸟叫，短笛……

4. 春雨图

（1）画面：（略）

（2）词句：像牛毛，像花针，像细丝，密密地斜织着。……笼着薄烟。树叶儿却绿得发亮，小草也青得逼你的眼。房屋……在雨里静默着。

大家知道，讲画面时，总是要欣赏春景之美，用词之妙。动词、形容词使语言极有表现力和感染力；大量比喻修辞，使语言极富形象性。讲这些内容，对不对呢？当然是对的。直到25年后的今天，我再来教这篇课文，还是要教这些内容。但是，两年前的一次教学，又使我产生了新的认识。

（二）第二次教：补古诗

我给自己提出了一个问题：朱自清在《春》中所描写的景致，古人早就描写过了。朱自清为什么还要描写，并且还不怕重复。《春》中所写的四幅图，从景致特点上看，都可以找到对应的古诗。

1. 春草图

天街小雨润如酥，草色遥看近却无。

最是一年春好处，绝胜烟柳满皇都。

——韩愈《早春》

诗中有春雨、春草、春柳三图。其中"春草"写得尤其传神。遥看——有；近看——无。这是视觉距离变化后所见的奇特之景，也恰恰表现了部分春草刚刚从泥土中偷偷"钻"出来的情景。开始萌发，还不多，近看稀疏，远看有一片绿意。

2.春花图

> 应怜屐齿印苍苔，小扣柴扉久不开。
> 春色满园关不住，一枝红杏出墙来。
>
> ——叶绍翁《游园不值》

"关不住"是因有"一枝红杏出墙来"，这同样有"你不让我，我不让你"的竞相争妍的生机。

> 黄四娘家花满蹊，千朵万朵压枝低。
> 留连戏蝶时时舞，自在娇莺恰恰啼。
>
> ——杜甫《江畔独步寻花》

写花，着一"满"字、"压"字，把"千朵万朵"的花儿写得生机盎然，同样是"你不让我"，"我不让你"，同样是"开满了花赶趟儿"，同样是"野花遍地是"。

写"蝶"用"留连"，就是"飞来飞去"；写娇莺"自在"啼，就是"春风图"里所写的"高兴起来了，呼朋引伴地卖弄清脆的喉咙，唱出宛转的曲子"。

3.春风图

> 古林阴中系短篷，杖藜扶我过桥东。
> 沾衣欲湿杏花雨，吹面不寒杨柳风。
>
> ——僧志南《绝句》

前两句写人在春天外出活动，正是《春》的末尾所写的"老老小小，也赶趟儿似的，一个个都出来了"。后两句"杏花雨""杨柳风"，分别用"欲湿"和"不寒"修饰；那就是"像母亲的手抚摸着你"的风。

4.春雨图

绿遍山原白满川，子规声里雨如烟。

——范成大《村居即事》

南朝四百八十寺，多少楼台烟雨中。

——杜牧《江南春》

"烟雨"是古人笔下特有的意象，朱自清文中也是袭用了"薄烟"，一写雨之细，如烟雾；二写"三两天"，下得久，才能形成飘散去的薄雾；三写一个"薄"字，因而近可看草之"绿得发亮"，远可见"黄晕的光"和"在雨里静默着"的"房屋"。尤其"晕"和"静默"极为传神地表现了细雨中的特有视觉。因雨如"薄烟"，才有昏黄不明亮的模糊的"晕"；才有声音的阻隔而显出自我沉思之状。

（三）第三次教：教"脚步"

综上所述，我们在一一对应的描写中看到《春》的特别之处在哪里呢？我试着做了以下两方面回答：

第一，综合"化"用。写的景物无非是草、风、雨、花、人等，但古人多为一诗一景一物，而朱自清则是把古人所写到的景物一网打尽，一文囊括，用现代白话"化"一般景语为赞美春天的"情语"。《春》之全篇，确乎是对古人传神凝练描写的现代版"扩写"。

第二，在白话文诞生之初，白话文入编教材是有强烈争议的。当时反对派讥讽白话文为"牛马之言"，主张教材必须是"经史子集"。鲁迅、叶圣陶、朱自清等现代文学大家分别用自己的语言创作来树立现代白话的艺术形象，与古代汉语相媲美。事实也是如此，大量优秀的白话文著作无论是语言形式还是语言旨趣方面都深受广大青少年的喜爱，产生了巨大影响。这样说来，《春》的旨趣不只在内容上创新，而且语言形式上也有新创造。

从以上两方面思考，不能说没有道理，但只能用来作为《春》所以用作教材的理由。《春》的旨趣还是没有点透。

后来，我读王湾的诗才突然有悟。

> 客路青山外，行舟绿水前。
> 潮平两岸阔，风正一帆悬。
> 海日生残夜，江春入旧年。
> 乡书何处达？归雁洛阳边。
>
> ——王湾《次北固山下》

其中"海日生残夜，江春入旧年"一联，历来为人称道。残夜将尽未尽之时，新一天的朝阳冲出水面上升；旧年将尽未尽之时，新一年的春风由南而来悄然入怀。这正是新旧两年的分隔瞬间。这个"瞬间"又是通过"生"和"人"两个动词来表现的。年岁交替，昼夜变化，人生漂泊全在这两个词里边，动态的过程就写出来了。

由此，我想到了朱自清《春》的开头一句："盼望着，盼望着，东风来了，春天的脚步近了。"连用两个"盼望"，是写心理期盼的加紧，有一个过程推移、程度加深的情形。再写"东风来了"，正是"江春入旧年"。"来了"，"入"也。怎么来的？"脚步近了"。一个"近"，把"来"的由远至近（也就是把"入"的由远及近），把春意的由淡而浓的变化动态揭示出来了。而这个"变化着的动态"又是如何体现的呢？

这，就是"脚步"。

《春》中所写的画面就是"春天的脚步"。这个"春天的脚步"又是怎样前行运动着的呢？如此思考，《春》的教学线索便摸清楚了。我的教学构思是这样的：

甲、全景的"脚步"。

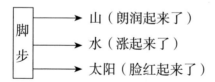

从整个天地之间的大视野入笔。平视所见之"山"、俯视所见之"水"与仰视所见之"太阳"都在发生变化。这是简笔勾勒大自然的春的"脚步"。"朗润""涨""红"是"脚步"，同时也是越来越"近"的标志。

乙、分景的"脚步"。

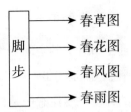

由"草"而"花"，又由"风"而"雨"，逐步写出了春意增浓的变化过程，同样是"脚步"，同时也是越来越"近"的标志。

丙、细节的"脚步"。

这就是每一幅画面中所描写的景物特点。这里要重点指出的是，写景始终重在动态，同时又注重彼此关照，构成一连串的合乎逻辑关系的"脚步链"。例如：

①小草偷偷地从土里钻出来，嫩嫩的，绿绿的。

写草芽刚刚萌生，"偷偷"既写小草探头探脑顽皮之态，也是土块大，草芽小的实写，与"钻"呼应。"钻"又写出了力度，也即"脚步"的不停。"嫩"写草之质地，"绿"写草之初色。因为"嫩"，所以"绿"；又因为视觉见"绿"，所以心里才判断草质为"嫩"。此处之"嫩"之"绿"与文后"软绵绵""青得逼你的眼"又相互呼应着。"软"，显然是在"嫩"的基础上增加了弹性，这是有了生长过程的草了，自然是春之"脚步"又迈进了一步。"青"，显然是在"绿"的层次上增加了色度，经过烟雨滋润，"青色"正浓，"逼"眼之"逼"看起来是写视觉所感，实际上是写小草内在生命的扩张力、膨胀力、爆发力。这还是写春天的"脚步"，也是春天的大自然万物生长的力量标志。

②园子里，田野里，瞧去，一大片一大片满是的。

这还是写草。先写由近（园子）及远（田野）的空间变化，这可不再是"草色遥看近却无"的视觉所感，而是突出一个"满"字。连用两个"一大片"是强调"满"的程度。要注意的是，这个"满"既写面积之广，到处是萋萋春草；也写草色之亮，这个草色是这个时节的"代表色"了，是"春风又绿江南岸"的一"绿"以蔽之的最逼人眼的色彩。还写了草性之狂，到处都有青草，正是白居易所咏之"草"："离离原上草，一岁一枯荣。野火烧不尽，春风吹又生。远芳侵古道，晴翠接荒城。又送王孙去，萋萋满别情。"离离，草长垂之态；烧不尽，生命顽强；远芳，远处也是绿草一片；晴翠，阳光下反射着碧草之色；萋萋，草盛貌。一词一句皆写草之本性也，恣肆而生，张狂而长。

③坐着，躺着，打两个滚，踢几脚球，赛几趟跑，捉几回迷藏。

由静而动，由小动而大动，由规范之动而自由之动，写出了儿童在草上运动的奔放情景及其不断自由化的演进过程。这是春天的脚步，自然也是表现少年畅快心情变化的脚步。

④风轻悄悄的，草软绵绵的。

这是对整个情境的补写。

综上所述，由①到②，由②到③④，主体是写草的变化，即由小到大，由少到多，由嫩到软，由绿到青。同时也带出了人的活动变化，即由观看到坐玩；由静坐到奔跑；由赛跑到乱跑。这样看来，这一段文字既是全文中的一个脚步，其内在也揭示着动态，同样有一串脚步。只要我们分析各自然段所写的内容层次，便不难看出各段均有这样的内在巧构。

丁、全篇的"脚步"。

文末三句排比点明了三个关键词，即"新的""美的""壮的"。"刚落地的娃娃"写其新，"花枝招展的小姑娘"写其美，"铁一般的胳膊和腰脚"写其壮。尤其要指出的是，新、美、壮构成了逐步成长、逐渐发展的壮大过程。这个过程，恰恰揭示了春天脚步的生命特性，这就是生长，这就是生命的活力。

三、体会

以上的设计就是我抓住"脚步近了"这个文眼而牵起的"教学线索"。我感到这样教会显出层层登楼、重点突出的特点，尤其是把主旨定位在生命的成长与活力这个层面上，也许更能抓住朱自清《春》的本质特性，更能突出这篇课文的教学价值。

以上，就是我对《春》的教学改变。第一次教，教得单一，教一幅画是"春"，教两幅画也不过是春。第二次教，教得繁杂，教文还要学诗，比较打通虽好，但学生力量跟不上。第三次教，教有线索，学有切口。单刀直入能显主旨。这个改变，不过是我这个读者的个人所得在教学中的实施。我的这个实施目的是什么呢？不一定非得扭着学生都像我这样去读。我充其量是贡献了某一种阅读智慧。我希望这个智慧能像火星一样去点燃学生思考的火堆，期待的，还是学生的智慧熠熠生辉。如果我的研究真的科学准确，果真有点创意，那么，我的教学效果就可以再提高一分啦：我的这个智慧有可能是一块思考的酵母，能使学生的思考更具生命的催化力。

"激于义"激在何处

——"磨"主旨：以《五人墓碑记》教学为例

任何一篇作品都有它的主旨。读作品，必深入研究其主旨，这是读文章或写文章的一般要求，教文章，自然也要研究主旨。但是，阅读学上的研究主旨与教学上的主旨切入不是一回事。比如教读朱自清的《春》，从总绾全文的关键词句"春天的脚步近了"切入，读到最后，主旨的味道读出来了，这是水到渠成，自然而得。教读主旨，要直点主旨穴位，从作品的立意上点拨。

一、主旨点拨的含义

主旨点拨，就是从作品立意上突破，引发学生深度思考。换句话说，就是把课堂学习的思考精力全都聚焦到主旨上来，分成若干讨论环节，研究主旨的深度、高度，发现作品的创意所在，从而学有所得，思有所成。

什么样的文章需要这样来处理呢？

一是主旨似乎模糊，难以一时明断的作品。比如以前教鲁迅先生的《药》，在主旨上就颇费周折，是讽刺辛亥革命不彻底，还是讽刺人民群众不觉醒？又如教莫泊桑小说的《项链》，如何看待路瓦栽夫人？作者是讽刺她还是同情她？人物形象分析与主旨理解直接相关。这样的作品，我在教学设计时，总是力求在主旨探讨上寻找切入点并且一以贯之地组织教学。

二是主旨明了，似乎不用分析也能理解的作品。比如苏轼的《石钟山记》，只要认真读一遍，用不着多讲，文中"事不目见耳闻，而臆断其有无，可乎？"这句话便能抓住。你问学生什么意思，学生立即就能回答。但是，激活思维的地方恰恰就在这明白处。为了讲这个道理，就要问：前面大段描述"我"与苏迈夜探石钟山有什么作用？学生回答：在于亲身探索，调查研究。好。又问：清人俞樾在枯水期探访石钟山得出结论"山形如钟"，这又做何解释？再问：苏轼有诗云"横看成岭侧成峰，远近高低各不同。不识庐山真面目，只缘身在此山中"，已在山中了，难道还不耳闻目见吗？为什么又不识真面目了呢？这与《石钟山记》的哲理是否抵触呢？……这一连串的发问都由该文主旨而来，讨论之后，自会更深入理解。

三是主旨引而不发，需要进一步剖析的作品。有些作品读过之后，主旨是大致可以明白的，但是又感到不是很踏实，总觉得有微言大义在，须透进去解剖，方可识其用心。比如本文要讨论的张溥的《五人墓碑记》。文中有一句话也是一眼能看得出主旨的，即"亦以明死生之大，匹夫之有重于社稷也"。用现代话讲，就是人的死与生不一样，有轻重之分。死生有价值，只有对国家安危有重要作用的"死生"才有价值。这就是"国家兴亡，匹夫有责"啊。这句话在明朝末年说出来，真的是石破天惊。何以见得呢？

这就要切入进去，加以教与学的突破。以前把张溥《五人墓碑记》当一般文言文读，觉得没什么特别之处，只是感到抒发了一口愤懑之气而已。当我们从主旨上切入，逐层推敲，特别是联系时代背景，借助相关资料来研读之后，便感到这真是一篇千古大文、奇文、雄文啊。下边就具体讲讲如何突破，如何切入。

二、《五人墓碑记》的点拨与突破

1.切入点的确定

> 故予与同社诸君子哀斯墓之徒有其石也而为之记，亦以明死生之大，匹夫之有重于社稷也。

这是文章末尾最关键的一句话，卒章显志，作者直接说出写作意图。通读全文，讲清大意之后，迅速切入这一点，提出问题，引发思考、讨论：

①"匹夫"的解释：老百姓，平民。

②文中哪些地方突出了"五人"作为老百姓的普通特征？又用怎样的词句高度赞赏了他们不普通的地方？

首先要抓住文章第二段，其中写道：

> 夫十有一月之中，凡富贵之子，慷慨得志之徒，其疾病而死，死而湮没不足道者，亦已众矣；况草野之无闻者欤？独五人之皦皦，何也？

这是理解"匹夫"平凡与不平凡的地方。平凡就是"草野之无闻者",生在民间,没有地位与名气。不平凡,就是"皦皦"一词的内涵。本来是"匹夫",死了却如同日月一样明亮,名声显耀,这是为什么呢?作者为了特别突出"五人",还拿"富贵之子""慷慨得志之徒"的死来比较,他们早就湮没了,唯独这五人却皦皦明亮。一个"何也"带出"五人"的具体表现。

2. 问题讨论的分层与推进

一个"独",一个"何也",是阅读思考的总起点。

上面提出了文章一头一尾两处文字的讨论,目的是了解"匹夫"的平凡与不平凡。全文始终抓住这一条逐层描述和议论。因此,以下几个问题的讨论是相当重要的。

①"五人"的具体行为是怎样表现的?作者评价"五人之力"的用意又是什么?

其实,具体行为写得极为简单,只一句:"乘其厉声以呵,则噪而相逐。"一是"噪",高声叫喊;一是"逐",追打,把老百姓奋起的力量与气势写出来了。迫使中丞躲到茅厕才得以幸免被打。

这实际是当地百姓的群体力量与表现,五人是其中的代表。对这样一种力量,作者大加赏评:"激昂大义,蹈死不顾",迫使阉党"不敢复有株治","亦逡巡畏义,非常之谋难于猝发"。作者的用意很清楚,是为了揭示"匹夫"的力量是伟大的。

②更加值得思考的是,作者为什么把"五人"与"缙绅"之流加以比较,从而进一步突出"五人"何以有如此大的力量?

比较是一眼就看得到的:

第一，大阉之乱时，缙绅而能不易其志者，四海之大，有几人欤？（绝大多数都变节了）只有"五人"蹈死不顾。

第二，那些投靠魏忠贤的高官一旦抵罪，逃的逃，装疯的装疯，人格极为可耻。而"五人"则是"赠谥美显，荣于身后"。

这样的比较，一般的理解是为了突出"五人"的不简单，即"皦皦"之处。我则认为，不仅是这样，还带出了更为深刻的东西，这就是"五人"何以能有这样的思想动机及其力量之源。

要特别注意第五段中的不为人注意而又意味深长、引而不发的一句话：

> 五人生于编伍之间，素不闻诗书之训，激昂大义，蹈死不顾，亦曷故哉？

对于作者这一设问的思考，便可直通于对主旨的本质意义的探索。

"编伍之间"，地位极低，平民百姓而已。"不闻诗书之训"，没有受过教育，实质上是指没有受过儒家入世之正统教育（与"缙绅"暗比）。这样一种情况，埋设了两个问题：一是激于"义"的"义"是什么？二是何以能够被这样的"义"而激起？要回答这两个问题，就要回到课文第三段的阅读上来。

周公被逮捕，首先是"吾社之行为士先者，为之声义"。一般说来，"士先者"是读书人的表率，敢于抗议，可以理解。倒是老百姓往往是无动于衷，没想到的是，"吴之民"亦是"痛心"，于是也"噪而相逐"，积极而又自觉地参与了抗争。"五人"是"吴

38

之民"中的代表。

这里就有了一个问题,这个"义"究竟是什么?"五人"者的抗争是不是等同于历史上常见的农民起义?比如陈胜、吴广起义,他们的理念很清楚,就是想取而代之,当君王。他们说:"王侯将相宁有种乎?"对王权世袭表示质疑。"五人"是这样的吗?非也。陈涉起义,是逼上梁山(后来封建时代的起义者都是这样),是自己的生命受到威胁,自己的利益受到侵夺,起义是死,不起义也是死。而"五人",整个事态与他们无关。阉党逮的是周公,整个吴地市民为什么如此激愤呢?显然这个"义",已不仅仅是周公平时所表现出的刚正性格与"道义"了,而是市民所认同的"公义"了。表现市民不为私利而为公义敢于拼死抗争统治者,正是本文的价值所在,是张溥写作本文的用意所在,也正是本文思想远远超越《陈涉世家》,明确宣扬"国家兴亡,匹夫有责"的亮点所在。这是千百年来,第一次写平民百姓激于国家公义而敢于抗争的鸿篇雄文。

③国家公义又是怎么一回事?这样分析的根据又在哪里?文中两次写"吾社""同社诸君子"又给人以怎样的启示呢?

当我们把"五人"的抗争与陈涉起义在性质上划分开来的时候,我们就必然要想到"五人"激于"义"的"义"的真正内涵是什么了。上面讲到"国家公义",实际上就是指在我国最早萌发的为市民阶层所拥有的市民正义。本文作者是张溥一人,但就张溥的代表性上看,本文又是一个社团的宣言书。张溥写的是"五人",其实这"五人"是"吴之民"的代表,是追求市民意见的自觉者的代表。

　　在这里，就要深入研究一下张溥所领导的社团。

　　张溥直接领导的是"复社"，主要进行政治和文学活动。"复"者，就是恢复"东林党"的思想与主张，因此又要了解一下"东林党"。明代后期，江南地区资本主义开始萌芽，工商业和城市经济都有一定的发展和繁荣，出现了市民阶层。市民阶层的最大特点就是经济独立，思想活跃，主张言论自由。在这样的社会背景下，东林书院成为思想言论自由交流中心，每月的学术大会就是思想交流平台。东林党人的主张，就是开放言路，改良政治，反对阉党对江南地区的政治压迫和经济掠夺，既代表了江南中小地主阶级的利益，也符合江南工商业者和广大市民的要求，因而也得到了他们的支援。东林党人的政治集会可以有社会人士特别是市民的积极参与，政治思想上的自由交流成为江南地区的一道奇观。东林党人推崇的"风声雨声读书声，声声入耳；家事国事天下事，事事关心"的精神境界也逐步显示出市民普遍认同趋势。学习东林书院的相关知识，对于我们教好本课是极有帮助的。

　　正是从这样的背景上来认读本文，所以著名文论家霍松林指出："张溥的这一篇，却是为下层人民写的，'五人'本无令人艳羡的世系、功名、官爵，作者摆脱旧框框的束缚，突出重点，集中地写他们轰轰烈烈的反阉党斗争及其历史意义，从而为我们留下了明末市民暴动的珍贵文献。"[①]"珍贵"这个词，下得相当准，也相当重。所以"珍贵"，是因为这是中国文学史上第一次表现

---

　　① 首席顾问朱东润，执行主编吴功正：《古文鉴赏辞典》，江苏文艺出版社1987年版，第1346页。

市民的思想觉醒，第一次表现市民的自主抗暴，第一次表现市民百姓阶层出于国家利益而非一己之私敢于"蹈死不顾"。这，正是本文的要义所在。虽然，我们不能把"民主"的桂冠戴在他们头上，但是，"市民意识"这一思想亮光分明映照在我们眼前。如果我们放开视野，了解到明朝江南地区的经济情况与市民阶层的思想动态，教课就更加自信有力。

在张溥的行文里，这层引而不发的意思是可以看出来的。比如，文章一开头，不同于一般墓碑志文的写作，从姓名、身世等方面加以叙述，而是开门见山，以评价起笔，点明"五人"是"激于义而死焉者也"。可见"激于义"是文章思想的核心所在，是人物思想的核心所在。按一般行文顺序，接下来应当叙述"五人"是怎样"激于义"的，他们的行为表现是什么，但作者由"死"写到"葬"，由"葬"写到"立石"；写了"立石"之后再用比较法写"慷慨得志之徒"的"湮没"和"五人"的"皦皦"。"皦皦"又在哪里呢？作者写得很少，仅"噪而相逐"一语带过。这种行为就算得"皦皦"吗？古代此类义举多矣；"五人"临刑时"意气扬扬""谈笑以死"，"皦皦"吗？古代此类慷慨赴死者也多矣！原来"皦皦"的本质在于"五人之力"代表了民力，在于匹夫之死原来对于国家有如此重大意义。

这里还要提及的是，文中多次讲到"吾社""同社诸君子"，作者的用意有二：一是表明"五人"之死对豪杰、志士即贤士大夫的积极影响，是贤士大夫的学习榜样；二是表明贤士大夫将要继续推进这场市民斗争，为自己的公义而斗争。这正是作者写这篇文章的目的，所以文末直抒胸臆，告诉读者："予与同社诸君子哀斯墓之徒有其石也而为之记，亦以明死生之大，匹夫之有重于社稷也。”

④综上所述，纵观全文，张溥批评与否定了所有人，只突出"五人"。发出"独五人之皦皦，何也？"的提问就显得特别的意味深长了。其中的思想意味又是什么呢？

全文始终突出一个对比。指斥阉党之奸、之恶，自不必说；还毫不留情地批判了"富贵之子，慷慨得志之徒"以及"缙绅""高爵显位"等。要知道，在儒家正统观念中，"缙绅"可称得上是国家栋梁啊。但是，在张溥眼里，面对大阉之乱，"缙绅而能不易其志者，四海之大，有几人欤？"对"缙绅"的失望之情溢于言表。因此，这就得出一个非常重要的结论：匹夫有重于社稷。"民间"又不是一般的"野民"，而是有"公义"的"市民"的阶层。这个"市民"，是封建专制的强大的崭新的反抗力量！

三、《五人墓碑记》主旨的引发

《五人墓碑记》不是写"肉食者鄙，未能远谋"一类的"卑贱者最聪明"这样的哲理，也不是写"王侯将相宁有种乎"一类的以封建换封建、以专制代专制的农民起义暴动，更不是写梁山好汉一类的仗义执言、打抱不平的豪士侠客的义举，而是写中国历史上最早的带有民主觉醒意识的市民暴动。性质上截然不同：前者是以专制代专制，出于私，将国家据为私有；后者是以民主推翻封建，出于公，将国家看作是百姓的国家。这就是"匹夫之有重于社稷"的全部意义。明朝末年，是封建思想、封建统治天崩地解的时期，平民的民主意识的萌芽是天崩地解的内在原因。

当时提出的"国家兴亡，匹夫有责"，前提就是这国家是我们大家的，所以我们对国家有责任。这是非常了不起的思想。

清人入关，清朝统治，这一思想湮灭了。到清朝末年，特别是1840年鸦片战争以后，光辉的"民主意识"又抬起了不屈的头颅。特别是五四运动前后的文学作品（尤其是鲁迅作品）更是张扬着以民主反封建的思想。

这里可以安排一个拓展性练习，引导学生了解由"市民意识"到"民主意识"的历史演进过程，深化思想：

阅读下面一段对话，分析作者想要表达的思想含义。

> 小栓慢慢的从小屋子走出，两手按了胸口，不住的咳嗽；走到灶下，盛出一碗冷饭，泡上热水，坐下便吃。华大妈跟着他走，轻轻的问道："小栓，你好些么？——你仍旧只是肚饿？……"
>
> "包好，包好！"康大叔瞥了小栓一眼，仍然回过脸，对众人说，"夏三爷真是乖角儿，要是他不先告官，连他满门抄斩。现在怎样？银子！——这小东西也真不成东西！关在牢里，还要劝牢头造反。"
>
> "阿呀，那还了得。"坐在后排的一个二十多岁人，很现出气愤模样。
>
> "你要晓得红眼睛阿义是去盘盘底细的，他却和他攀谈了。他说：这大清的天下是我们大家的。你想：这是人话么？红眼睛原知道他家里只有一个老娘，可是没有料到他竟会那么穷，榨不出一点油水，已经气破肚皮了。他还要老虎头上

搔痒，便给他两个嘴巴！"

"义哥是一手好拳棒，这两下，一定够他受用了。"壁角的驼背忽然高兴起来。

"他这贱骨头打不怕，还要说可怜可怜哩。"

花白胡子的人说，"打了这种东西，有什么可怜呢？"

康大叔显出看他不上的样子，冷笑着说，"你没有听清我的话；看他神气，是说阿义可怜哩！"

听着的人的眼光，忽然有些板滞；话也停顿了。小栓已经吃完饭，吃得满身流汗，头上都冒出蒸气来。

"阿义可怜——疯话，简直是发了疯了。"花白胡子恍然大悟似的说。

"发了疯了。"二十多岁的人也恍然大悟的说。

店里的坐客，便又现出活气，谈笑起来。小栓也趁着热闹，拼命咳嗽；康大叔走上前，拍他肩膀说：

"包好！小栓——你不要这么咳。包好！"

"疯了。"驼背五少爷点着头说。

——鲁迅《药》

这段情节，用吴中杰先生的话说，就是"既显示出革命者的傲岸，也显示出他的孤寂"。"孤寂"这个词用得好，不仅仅是人数上的孤单，而且是思想上得不到呼应的沉寂。

这个情节中有一句话便是民主革命的经典。这就是"这大清的天下是我们大家的"。这与"匹夫有重于社稷""国家兴亡，匹夫有责"一脉相通。

还可再读闻一多先生的诗《一句话》：

> 有一句话说出就是祸，
> 有一句话能点得着火。
> 别看五千年没有说破，
> 你猜得透火山的缄默？
> 说不定是突然着了魔，
> 突然青天里一个霹雳
> 　　爆一声：
> "咱们的中国！"
>
> 这话叫我今天怎么说？
> 你不信铁树开花也可，
> 那么有一句话你听着：
> 等火山忍不住了缄默，
> 不要发抖，伸舌头，顿脚，
> 等到青天里一个霹雳
> 　　爆一声：
> "咱们的中国！"

（1925年）

——闻一多《一句话》

扣住反封建，突出"咱们"，就读准确了。

为什么举诸葛庐和子云亭为例

——"磨"用例：以《陋室铭》教学为例

《陋室铭》全文仅81个字，脍炙人口，千古传诵。从字词上看，课文没有什么障碍，学生凭借注释是可以读通的，像"馨""鸿儒""素琴""案牍"等，稍加解释就能明白。从文言句式上看，特殊一点的就是倒装句，或叫宾语前置句"何陋之有"（有何陋），其他的是大量的对偶句，读起来朗朗上口，学生也能感受到。文章的主题也比较容易把握，就是自我清高，不羡慕荣华，不与权贵同流合污。

难点是什么呢？就是读出作者的性情。只有读出作者的性情，才能够读到《陋室铭》的文气与个性。也只有读性情，读个性，才能把这篇课文教得波澜跃动，高潮迭起。而这个性情的把握，在本文中有一个突显点，这就是用例。因此，我就以这篇课文为例，讲一讲从"用例"上切入的教学设计。根据需要，我们还带出另外的课文加以讨论。

一、用例点拨的含义

例，就是人事方面的事实。议论文中，叫举例论证，或者叫摆事实,讲道理。摆出的"事实",就是真实可靠的人事方面的例子。说明文中,也要举例,叫举例说明,尤其是说明一般读者感到难以理解的事理或感到比较陌生的事物时,举一个例子,非常管用,读者马上就能明白。记叙文中,我们不说举例子,而说"叙事",因为通篇文章都叙述一件事,目的也就是叙这件事。我们不能说"用了一个例子"。"用例"是手段,目的则有所指。叙一件事,"叙"是手段,把"这件事"写清楚也就是目的。因此,在记叙文中,我们通常不能说叙事写人是用例。但是,还有另外一种情况,有些记叙文写几件事写几个人。这几件事几个人写得有详有略,各自发挥着共同作用——表现主题,也各自发挥着不同作用,各有各的用途。那么,对于这样一类的选材和用料,我们不妨从功能上也看作是用例。

以上所讲的是课文里普遍存在的用例情况。既然是普遍存在的情况,那么在教学设计上就必然要多加考虑。怎么考虑呢?根据我个人的经验和粗浅体会,可以从三方面抓用例切入的教学设计:

第一,抓"详"例。也就是对详写的例子予以特别关注,从这里切入比较方便,比较有效。一篇文章写了几个事例,为什么这一则写得特别详细?这就是思考的突破口。

第二,抓"孤"例。一篇文章通篇只举一个例子,这就显得特别典型了,有代表性了,这当然是值得特别注意的地方,这一个例子搞透了,全文的要义与艺术也就明白了。

第三,抓"比"例。比,就是比较。几个例子之间形成比较关系,或比较优劣,或比较正反。这是作者的用意所在,也可以作为教学设计的切入点。

下面讲两篇课文的用例。其中《陋室铭》用例，看起来是讲两个人，实际上是同一类，也就把它当作"孤例"来看。

二、《陋室铭》的用例点拨

这篇课文的教学可分两个阶段，一是全面认读阶段；二是重点研思阶段。我的想法是，没有全面认读，就缺少学习思考的底子，就没有完成整体感知的任务。如果只有全面认读而没有重点研思，那么，对文章理解就停在表面，没有"透"进去。

"磨"课中，我反复揣摩的问题是：读这篇文，就是读刘禹锡这个人，读刘禹锡这个人，重点又是读出他的性情。怎样读出性情呢？字字句句都与性情有关，而最为突出的就是用了"诸葛庐""子云亭"这个例子。

下面，是我的课堂教学的两个阶段。

（一）全面认读

1.认读字词

①馨：香气，指德行美好。语出《左传》"明德惟馨"。

②鸿儒：大儒，博学者。

③白丁：白衣，平民。

④素琴：没有华丽装饰的琴。

⑤金经：古时用泥金书写经文的佛经。泥金：颜料名，用黄金制成，有青赤二色。唐进士及第，用泥金书写帖子报喜。以示重要。

⑥丝竹：弦乐和管乐。泛指音乐。

⑦案牍：官场文书。

⑧南阳诸葛庐，西蜀子云亭：诸葛亮在南阳隐居住的草庐；成都城西南有辞赋家扬雄宅，亦称草玄亭，因扬雄字子云，故称子云亭。

⑨何陋之有："有何陋"倒装。《论语·子罕》篇："君子居之，何陋之有？"

2. 自由朗读，力争背诵

3. 重点理解

①比兴：用"山不在高""水不在深"来比喻陋室；以"有仙则名，有龙则灵"来赞颂"惟吾德馨"。

②比较：A. 有鸿儒——无白丁

B. 可以调素琴，阅金经——无丝竹之乱耳，无案牍之劳形。

③比衬：苔痕上阶绿——草色入帘青，一"绿"一"青"相互映衬，写环境之清幽。

（二）重点研思

比美：

A. "我"与诸葛亮、扬子云比美——自视与其二人一样；

B. "我"与"龙""仙"比美——自感德行美好；

C. "我"与孔子所说的"君子"比美——自认为孔子所赞赏的君子。

这里的"自视""自感"与"自认"，都是一种自傲的表现。而这，恰恰就是刘禹锡的性情所在。刘禹锡处于陋室，不同于陶渊明归园田居。陶渊明是彻底归隐，刘禹锡是暂时无奈的自慰。为了突出这一层意思，上课至此，我设计了以下问题供学

生讨论:

　　作者将自己的陋室比之于诸葛庐和子云亭，实际上是用诸葛亮与扬雄为例来证实自己，勉励自己，换其他人为例可以吗？比如改为"采菊东篱下，悠然见南山"，好不好？为什么？

　　这个讨论，旨在强化学生对本文用例的独特性的思考。独特性在哪里？就在于刘禹锡认为，诸葛亮、扬子云与自己本性一致。

　　诸葛亮，躬耕于南阳，看似隐居，实际上是心系天下，胸有大志，"武"中第一。扬子云，西汉后期最著名的辞赋家，与司马相如并称，才华卓越，文辞宏伟，傲于当世，"文"中第一。刘禹锡举两人为例自比，毫不隐讳地表现自己是文武兼备之才。自命不凡、清高脱俗、蔑视权贵、不甘寂寞之性情于此昭然若揭。

　　刘禹锡果真是这样的人吗？在这里有必要与学生一道回忆刘禹锡的基本情况，更透彻地理解作品。

　　刘禹锡（772—842），原籍洛阳，后迁居嘉兴。唐代杰出诗人。白居易极其钦佩刘禹锡的诗歌才能，称他为"诗豪""国手"。刘禹锡有忧国忧民的抱负，唐顺宗时，他与柳宗元一道参加政治革新，失败后被贬，长期过着流放的生活，但他坚持革新的主张从不改变。他的傲然不屈，除了《陋室铭》里有充分表现外，在《酬乐天扬州初逢席上见赠》一诗中也有鲜明的表现：

　　　　巴山楚水凄凉地，二十三年弃置身。

　　　　怀旧空吟闻笛赋，到乡翻似烂柯人。

　　　　沉舟侧畔千帆过，病树前头万木春。

　　　　今日听君歌一曲，暂凭杯酒长精神。

"二十三年"，指刘禹锡从宪宗永贞元年（805）贬连州刺史出京，到宝历二年（826）冬应召，已历22年，次年返乡回家，共23年。"烂柯人"，用晋王质入山砍柴遇仙，归时斧柯已烂的典故，写自己被贬离家时间之久，有隔世之感。尽管如此，诗人还是表达了坚定的信念。"沉舟"一联，既写出了过去的辉煌，又写出了现实的艰难，更表达了对未来的自信。从思想内容上看，这两句诗表现了诗人坚强自信的胸怀，指出个人的磨难困苦算不了什么，时代总是要向前发展的，病树前头，必有万木葱茏的明媚春光。为了鼓励人们战胜困难，树立自信，后人常用这两句诗加以劝勉。这首诗与《陋室铭》是同一主题不同形式的表达，可以联系起来阅读。

《陋室铭》教到这个境界，"何陋之有"的反问情绪就从文字里站立起来了。

三、《谈骨气》用例切入

大家知道，《谈骨气》是吴晗的一篇著名杂文。这是一篇立意高远，结构精巧，用例典型的作品。我给初中生上课，就一定要教这篇课文。怎么教呢？各人有各人的设计。我最常见的一种教法就是——

首先，朗读课文，找出中心论点。这比较容易做到，学生很快就画出开篇第一句："我们中国人是有骨气的。"知道这是开门见山的写法。

其次，根据孟子的话，对应着找论据：

A. 富贵不能淫——高官厚禄收买不了（文天祥的故事）；

B. 贫贱不能移——贫穷困苦折磨不了（嗟来之食的故事）；

C. 威武不能屈——强暴武力威胁不了（闻一多的故事）。

这样对应理解，好处是使孟子的话与现实人事联系了起来，明确了"骨气"的含义及具体表现。不足之处也是显而易见的，即孟子的话说了三方面情况，但对于一个有骨气者而言，可能是三方面都具备，比如作者所举的文天祥的例子，既是"富贵不能淫"，也是"贫贱不能移"，还是"威武不能屈"。更多可能是只具备某一方面。骨气，是大丈夫气概，在不同的情况下，面对不同的问题，其表现也有不同。吴晗写作时，只是分开来讲了孟子的话的意思，也并没有生硬地逐一对应。

最后，讨论三个用例的典型性。文天祥的故事是被俘后的表现。嗟来之食的故事是快饿死的表现。闻一多的故事是对于外敌的表现。

这样讲典型性比较勉强。有的参考资料这样讲："从古至今，不同的历史时期，我们中国人都是有骨气的。"也讲得通。再一个就是通常的说法，就是三方面逐一对应，每一方面用一典型事例，三方面齐全了。

这样一路教下来，接着大多是写作训练，即学习本文的写法，给中心论点选配用例。

以上是我曾经教过的一些做法。后来越想越感到不理想。也曾为自己开脱：教课原本是遗憾的艺术，课上完了事后发现问题也没办法再教一遍加以改正了。但这还是说服不了自己。为什么呢？我总感到这篇课文教得干巴巴的，没有激动人心的时刻。我充其量只是带着学生把这篇课文通读了一遍，没有运用"课"的吸引力让学生感到这篇课文在撞击他们的心。

像这样过去了很长一段时间，也许有三五年。一次再教这篇课文，也不知道是什么触发了灵感，我忽然想到"抉择"，尤其是"生死抉择"这个词。

抉择，从词义上讲，也就是选择的意思。抉，剔出，剜出。挑选后迅速地做出选择。但是从程度上讲，抉择比选择要来得重。眼前是几本书，你要哪一本？这是选择而不是抉择。眼前是生与死，你要哪一样？这还是选择，但用抉择更有情感倾向性，更能体现选择的重要性和艰难性。

带着这样的思考，再读《谈骨气》中的三个"用例"，便感到三个事例中都有着生与死的考验与抉择了。文天祥面对的是生死，那个"穷人"面对的也是生死，闻一多明知是死也敢于冲上前……同样是舍生取义。三个用例，时代不同，情况也不同，但共性都是舍生取义，都是有骨气的表现。一个人有没有骨气，一般情况下看不出来，只有在关键时刻，在大是大非面前，在利与义并存必须做出选择时才能充分体现出来。呜呼！吴晗"用例"之妙，功力就在这里。

于是，我感到，教《谈骨气》，讲论点容易，讲论据也容易，关键的就是这个"用例"的精妙之处难以体会，更难的，是生死抉择的价值取向难以理解。而这，便是我所追求的上课能够打动人的地方。

再教《谈骨气》，在朗读全文，了解中心论点之后，我把重点放在以下两个步骤上。

（一）研读例子

看文中第一个例子：

南宋末年，首都临安被元军攻入，丞相文天祥组织武装力量坚决抵抗。失败被俘后，元朝劝他投降，他写了一首诗，其中有两句是："人生自古谁无死，留取丹心照汗青。"意思是人总是要死的，就看怎样死法，是屈辱而死呢，还是为民族利益而死？他选取了后者，要把这片忠心纪录在历史上。文天祥被拘囚在北京一个阴湿的地牢里，受尽了折磨，元朝多次派人劝他，只要投降，便可以做大官，但他坚决拒绝，终于在公元 1282 年被杀害了。

临安失陷，元军攻入，敌强我弱，在这种情况下，文天祥选择了什么？

坚决抵抗。

失败被俘，元朝劝其投降，在这种情况下，文天祥选择了什么？

写诗明志。

介绍了两句诗之后，为什么还要用几句话加以解释，不与诗句重复吗？

与诗意是一致的，但不显重复。因为更加突出表现了文天祥的内心活动，即心中深深的准备与选择：忠心报国。

再写被关押，受折磨，再写不投降，表达的还是上面已经讲到的意思，是否多余？

一点也不多余。一则表明折磨之久，痛苦之深；一则许以"可以做大官"，表明利诱之重；由此，更加表明文天祥的坚决、坚定、坚强。坚决是态度，坚定是信念，坚强是意志。

通过以上四层分析，学生把叙述的例子读透了；知道字字句句写文天祥的骨气；知道文天祥为了忠贞不屈受到了多么深重的折磨；知道在利诱面前坚定不移是多么的不容易；知道为了保持节操、骨气，文天祥慷慨赴死是多么的坦然……这样的教学，就是在情感上打动学生，知道"骨气"这个词不是干巴巴的，而是沉甸甸的。

接下来的两个例子，教师略加点拨，由学生来讲析，没有什么障碍。

（二）用例评价

即组织学生在刚才讲析各例的基础上，归纳用例的共同特点。这就是上面我讲到的"舍生取义，生死抉择"。

教课真是一件快乐的事情，能常教常新。

有一次上公开课，我还是教《谈骨气》，还是从"用例"上切入教学，开始感到很顺手。教到途中，讨论"嗟来之食"这个"用例"时，一个学生打出了"横炮"，说："这个例子不好。这个穷人也太傻，吃了饭，就能保住性命，有性命才谈得上骨气。"有几个学生随声附和："对呀对呀，吃了施舍的饭，跟骨气又有什么关系呢！"我一下子感到：这是一个教学难点。弄得好，这是激活思考的地方；弄得不好，就不大容易讲清楚了。怎么办呢？

还是从"用例"上切入。

先从词句上看。

"丢给他一碗饭"中的"丢"是施舍者的动作，显然是看不起的意思；再说"嗟"，就是不加称呼像唤牲口那样叫了一声，显然还是看不起，甚至有蔑视的态度。

同学们，这饭怎么能吃得下呢？所以作者说"这个味道是不好受的"。尽管这样讲了，学生还是坚持自己的看法：是啊，先委屈一下嘛，保住性命要紧嘛！

再从词句上看。

作者写道："吃了这碗饭，第二步怎样呢？显然，他不会白白施舍，吃他的饭就要替他办事。"这是问题的实质。吃饭是保了命，保了命是任人摆布，为人效命，失去尊严。这样想一想，就会看到：接过饭的同时也就是放弃自我尊严之时。看起来，接一碗饭是小事，其实在特定的情境中又是做人的原则，是节操大事。

这样讲过之后，学生似乎能接受了。但还是有学生小声嘀咕：先想办法保住性命。酒肉穿肠过，佛祖心中留。做人节操守住不放就是了，吃完饭，拒绝他的无理要求不是可以吗？

至此，这一问题的关键环节显示出来了：是讨论解决问题的办法，讲"方法论"呢，还是讨论为什么不这样去解决问题，讲"价值观"呢？学生的失误，是从解决问题的办法上来思考：吃饭，是救命的好方法；至于吃饭之后继续保持节操就行了。而这则故事本身的意义是什么呢？不是讲解决问题的方法，而是讲为什么不这样做的原因，是讲价值观的重要，也就是讲自尊，讲骨气。本文全篇的主旨就在这里啊。否则的话，那就让文天祥假投降，让闻一多暂时躲一躲好了……显然，这是生死关头所不允许的，也是不可能的。

　　这样一讨论，学生才真正心领神会了。

　　通过这次教学，我更坚定了教《谈骨气》一课从用例上切入的教法。我感到，这既发挥了用例论证的典型性作用，也发挥了用例说理的情感召唤性作用，还发挥了用例内容的思考辨析性作用。

　　用例切入，一石三鸟。

祥林嫂是怎么死的

——"磨"语言：以《祝福》教学为例

　　近几年，鲁迅作品在中学语文教学界似乎不大受欢迎，数量在减少，都说难教。最后的原因都从学生那里说出：学生说的，不喜欢鲁迅作品！这是多么天经地义的理由！我们的教学要以学生为本，学生不喜欢，不能强制学习。何其冠冕堂皇！

　　其实，这是十分错误的观点，对广大青少年成长是有害的。青年人成长的内在要素是思想成长、眼光成长、情感成长。鲁迅作品的思想性（也包括艺术性），是青年人成长的养料之一。尤其是对于生在中国、长在中国、必须要了解中国的青少年而言，更是如此。

　　是的，一开始接触鲁迅作品，也许学生不喜欢。这完全正常。不喜欢的，往往就更需要教；喜欢的，是不是真正读懂了，也需要教。教育，是引导学生成长，不是迎合学生口味。我们教鲁迅作品，就是要教出语言的吸引力，教出思想的吸引力。有了吸引力，学生一生都会关注鲁迅作品以及同类的极富思想的作品。

　　我们就以《祝福》为例，讲一讲语言切入这个教学设计，并谈谈我对这篇作品的粗浅看法。还是依旧例，先讲一讲语言切入是怎么回事。

一、语言切入的含义

语言是文章的砖瓦，读任何一篇文章，都要从语言切入。这是一般意义上的语言切入，是"读什么"的问题。我这里讲的，单指从文章语言表达的特殊方面切入，是"从哪里读"的问题。文章语言表达的特殊方面大致有以下几种情况。

一是语言风格与众不同。豪放斑斓的，细致简明的，朴素清新的，等等，凡是优秀作品，其语言风格必定是鲜明的。抓住这与众不同的方面，构成教学切入点，比较容易引人入胜。

二是语言表达手法出众。像在表达方式上，有的多用描写，有的多用抒情，有的侧重叙述，有的侧重议论，有的重在说明。又如在句子形态上，有的整句多，有的散句多，有的整散句并用；有的关联词用得多，有的省略号用得多，有的修饰语用得多，有的长句用得多。再如在修辞上，有的善于比喻，有的长于排比；有的巧于反问，有的工于拟人……总之，抓住课文中某一特别出众的地方切入，也比较容易打开思考的缺口。

三是人物语言含义特别。这里专指叙述作品中的人物对话。人物对话是人物的心理语言，或者是表达人物的真实思想；或者是掩饰人的特殊情感；或者是推动情节变化发展；或者是点示题旨明确作品用意；或者是自我揭示性格特点；或者是旁敲侧击，话里有话……总之，作品中的人物语言是作品思想的"焦点"，由此入手，课堂教学也能比较快捷地形成思考波澜。

　　四是内容展开作用特殊。我们常常讲要抓住关键性词句组织教学，这也是从语言上切入。开头的总起句，中间的过渡句，内容的分述句，点题的议论句，等等。还有各种各样的淹没在作品中的不起眼的词语，一经敲打，便焕发神采，对于全文的理解至关重要，常常给人以恍然大悟之感。

　　以上四种情况也是大致的划分。作品语言是一个丰富多彩、个性鲜明的世界，因此，需要我们多一份敏感，随机捕捉。接下来，我就从自己几次教鲁迅的《祝福》入手，讲一讲我是怎样不断改进教学，从语言切入的。这也仅仅是我个人的探索而已。

二、《祝福》教学的几次变化

　　1985 年的秋天，我从教刚刚两年多，就面向全县的高中语文教师代表（大约 50 多人）开公开课，上的就是鲁迅的《祝福》。这真是初生牛犊不怕虎。我没有开课经验，《祝福》又很难教……但我还是把课上下来了。当时评课的老师考虑我比较年轻，因此激励的话比较多。

　　我是怎么教的呢？

　　从描写上切入，抓住三次肖像描写组织教学。

　　最初的祥林嫂：

　　　　她不是鲁镇人。有一年的冬初，四叔家里要换女工，做中人的卫老婆子带她进来了，头上扎着白头绳，乌裙，蓝夹袄，月白背心，年纪大约二十六七，脸色青黄，但两颊却还是红的。

变化着的祥林嫂：

　　但有一年的秋季，大约是得到祥林嫂好运的消息之后的又过了两个新年，她竟又站在四叔家的堂前了。桌上放着一个荸荠式的圆篮，檐下一个小铺盖。她仍然头上扎着白头绳，乌裙，蓝夹袄，月白背心，脸色青黄，只是两颊上已经消失了血色，顺着眼，眼角上带些泪痕，眼光也没有先前那样精神了。

临终前的祥林嫂：

　　五年前的花白的头发，即今已经全白，全不像四十上下的人；脸上瘦削不堪，黄中带黑，而且消尽了先前悲哀的神色，仿佛是木刻似的；只有那眼珠间或一轮，还可以表示她是一个活物。她一手提着竹篮，内中一个破碗，空的；一手拄着一支比她更长的竹竿，下端开了裂：她分明已经纯乎是一个乞丐了。

　　小说分片段描述，从祥林嫂临死前的情况写起，再交代第一次来鲁家的情形，最后写两次丧夫后再来鲁家的不幸……其中，是以三次肖像描写为线索的，因而情节推进井然有序。

　　从三次肖像描写切入，首先保证了这节课不会上得乱，同时也保证了教学重点突出。围绕肖像描写，我主要设计了以下问题，组织学生思考讨论。

　　①找出三次描写有变化的地方，了解所以变化的原因，口头

概述祥林嫂的经历。

讨论这个问题时，学生把重点放在"变化着的祥林嫂"的肖像上，这当然是正确的，因为根本的原因似乎在这里：丧夫、丧子，祥林嫂失去了生活的依托。多数学生忽略了第一次出场的祥林嫂与未出场的祥林嫂的变化，这就是她"头上扎着白头绳"，她成了寡妇。这个变化很重要，故事就是由此而开始的。

②我们可以归结祥林嫂之死有多种原因，最根本的一条是什么？

讨论这个问题，也是众说纷纭。有的说，是鲁四老爷对她的蔑视，使她走投无路；有的说，两次丧夫，又丧子，婆婆又不喜欢她，使她没有生活的依托；有的说，祥林嫂的悲剧命运是社会造成的，对于一个两次丧夫的寡妇而言，整个社会都不接纳她，是封建礼教吃了她……应该说，这些看法都是正确的，"最根本的一条"这个提法，不过是一种教学策略，意在促使学生不要面面俱到，抓住主要原因谈看法即可。

③作者通过三次肖像描写的对比，来表现人物的悲剧命运，这样写的好处是什么？除此之外，还有哪些表现技巧引起了你的注意？你也可以谈谈。

对于这个问题的讨论最为顺利。突出了人物命运特征，作为串联内容的线索使结构更加巧妙，小说中的人物对话描写也是生动传神，开头结尾的环境描写烘托了气氛，等等。这些大都是教学参考书上有明确定论的东西，讨论起来也没有什么争议。

以上，就是第一次开公开课的情况。

第二次开公开课，主要是引进了鲁迅先生所讲的"画眼睛"

的艺术见解来解读《祝福》，"三次肖像描写"是"画眼睛"，人物的动作描写也是"画眼睛"，社会环境描写还是"画眼睛"……"画眼睛"是对事物的特写，也是对事物特征的高度概括，分类逐层讲"画眼睛"的妙处，也算是上了一节有头绪、有重点的课。

下面，着重讲讲第三次上《祝福》。请先看一看第二课时的部分"实录"：

师：上节课，我们逐段阅读课文，从表达艺术方面讨论了一些问题。刘×同学的发言很精彩，她把三个肖像描写的段落拈出来，就其中的关键性问题做了解说，赢得了大家赞赏。吴×同学就各部分所写的要点做了概括，也给大家以启示。这节课我们再做讨论。我想，我们一起来先做第一件事情，在课文中找信息，口头叙说《祥林嫂小传》，5分钟左右，可以吗？

（生翻读课文，相互小声交流，动笔写作）

师：交流一下，哪位同学先说一说？

生1：祥林嫂，女，生活在20世纪20年代，生卒日不详。

师：等一等，你凭什么说是20年代？

生1：我是估计的。《祝福》选自《彷徨》。我查了一下资料，《彷徨》又发表于这个时期，我想大概是这样子。

师：这不是估计，是推断，好的。卒日不知道吗？

（众生答"旧历的年底"）

生1：这也不准确，应该是农历十二月二十三日送灶日之夜。

师：唔，准确了。请继续。

生1：她是一个农家妇女，命运十分不幸。完了。

生2：我补充一点：她结过两次婚，生了一个孩子阿毛，最后贫穷而死。

师：等等。你怎么知道她是贫穷而死的？

生2：短工说的。

师：是的，短工是说过："怎么死的？——还不是穷死的？"用了反问，很坚决，似乎有鄙视问话者无知的意思。（众生表态：也不是穷死的，是受迫害死的）好。这个问题放一放，先完成小传，大家还有什么补充吗？

生3：她活了31岁左右。（全班大笑）

师：这……

生3：文中明明白白写着的。头一次见到，祥林嫂大约二十六七；新年才过即第二年，也就是二十七八岁嫁给贺老六。又过了两年，又站在四叔家的堂前了，就是30岁了。快够一年，又加一岁。

师：怎么说快够一年又加一岁？

生3：这一次来鲁四老爷家是"有一年的秋季"。

师：好，算账仔细。（众笑）不过，你这么仔细，还是细中有粗，其实作者已说过了呀？（众答：四十上下）

师："全不像四十上下的人。"这是作者写的。不过，按生3同学的算法，也确乎在理。有几年不详大概是作者疏忽交代了。大家再来找找看。

生4：就是第二次来到鲁家时一直到死，这当中可能不止一年，因为作者说"五年前的花白的头发"，这五年应是第二次才见到的。第一次见到的是青春的祥林嫂。（众笑）

师：这是有道理的。如果生3算到30岁二进鲁家，再加五年，那是大约三十五六了。也接近"四十上下"了。从88页到91页的内容再看一看，写到的都是祭灶的事。因为是小说，重在突出事件及人物变化，不一定非要拘泥于具体时间的交代。

生3：我不同意老师的意见。祥林嫂的年龄很重要，这么一个年轻人就这样死了，太悲惨了。

师：这个观点好极了，给我们很大启发。是啊，三十五六也好，四十上下也好，都是年轻的，至多算做中年吧。这样一条生命就这样没了，确实是悲之惨之啊！这个问题也放一放，我们先归纳一下祥林嫂的小传要素——

生4：年龄。

生5：身份是打工者。

生6：两次死了丈夫，一次丧子。

生7：坚信礼教迷信。

生8：被卖。

生9：被逐出鲁家。

师：好。小传的内容具备了。讨论这些，目的是了解人物的"生命历程"。可以搞清楚人物身份地位，年龄身世；可以搞清楚故事情节，是对全篇小说内容的基本概括。下面，我们进入第二层次的讨论。今天的核心问题是：祥林嫂究竟是怎么死的？这是第二层面的思考："死因探究"。生3同学说，年轻的生命如此惨死，大悲也，为我们讨论这个问题提供了催思的力量。何以致死呢？

生7：我刚才说过，分明是封建礼教戕害了祥林嫂。

师：你要拿出证据来。

生7：祥林嫂来到鲁家，看起来鲁四老爷对她不错，尽管"皱眉"，还是留下她，但骨子里是不喜欢她的。

师：皱眉的原因是什么？

生7：死了当家人。

师：死了当家人没关系啊，在家守寡不是很好吗？

生7：对的。问题就在于寡妇出门，没有恪守夫死从子或从公公婆婆的定规。

师：你用"定规"一词，很好。建议大家在84页第3段边上写上这一观点，分享见解。

生8：鲁四老爷最关键的一句话是"可恶，然而……"。"可恶"，是基本态度，十分厌恶祥林嫂；"然而"，是转折，想到祥林嫂被捉归家还是对的。"可恶"也好，"然而"也好，都表明鲁四老爷是在用礼教的标准衡量祥林嫂。

生9：第一次见祥林嫂，还不太明显。第二次则十分突出，请大家关注88页第4段叙述。照例是皱眉，但考虑雇用女工难又不大反对，这是写鲁四老爷自私伪善的一面，要紧的是告诫四婶，祭祀时绝不让祥林嫂沾手。

师："自私伪善"一词，好。大家继续分享见解，批上这几个字。

生5：正是老爷的告诫，所以四婶一再说"祥林嫂，你放着罢！我来摆"。先令祥林嫂放下，再说我来摆，语序不能颠倒，表明四婶坚决的态度。

师："令"，好。祥林嫂的反应呢？

生5："讪讪的缩了手"。讪讪，难为情的样子；缩，收回动作很快。

师：怪了？怎么难为情了呢？她并没有做错啊？

生5：她觉得自己已做错了。

师：没有错啊？第一次来鲁家时不也是这样做的吗？

生9：祥林嫂一开始时觉得这些是该做的，但听到四婶的话，她醒悟了，自己是二度丧夫的寡妇，这样做大不敬，就自愿地缩手了。

师：讲通了。大家分享见解，记下同学的这一观点。除了写鲁四老爷对祥林嫂的态度外，文中还写了其他几个人，也应该解读。

生10：使祥林嫂精神产生极大障碍的还有一个人，就是柳妈。

师：请看写柳妈的文字。

生10：当祥林嫂丧夫失子之后，柳妈说了一段话，意思是死了反倒好，现在落了一件大罪名。"将来两个男人要来争，阎罗王只好把你锯开来，分给他们。"

师：大罪名是柳妈定的还是礼教定的？

生10：礼教定的。

师："锯开来"也是礼教定的吗？

生10：不是。

师：这一骗人的鬼话，祥林嫂何以能相信呢？

生11：问题的实质正在这里。女子不事二夫，应该嫁一从终，这是封建礼教的内容。祥林嫂死了两个丈夫，罪莫大焉，这就是"大罪名"。"锯开来"，是柳妈一类人附和礼教的解释，这是极大的可悲之处。

师：有两个词值得揣摩。你说"一类人"，含义是什么？你说"可悲"又是指什么？

生 10：我同意"一类人"的说法，含义是指像柳妈这样在骨子里信奉礼教、自觉维护礼教的人很多，民众大多如此，包括祥林嫂在内。四婶不去说她了，就是卫老婆子、短工也是如此。这些人明明是礼教的受害者，却又不能醒悟，反而支持礼教，编出谎言维护礼教，这正是他们的"可悲"之处。

师：这段话，很有见地。大家应该分享。老师也来谈点看法。面对祥林嫂，鲁四老爷、四婶、柳妈、短工等等，都用礼教的标尺和谎言来施加迫害。他们构成了一个以礼教为核心的社会环境网络，任何人也逃脱不掉。可见封建礼教无处不在，无时不有，存身于每一个人的骨子里了。从这一点上讲，祥林嫂之死是由礼教为网的社会环境及舆论系统所造成的。

以上是从社会环境的迫害上来讨论的。在这个环境中，祥林嫂的反应又是如何呢？她的心路历程又有怎样的变化呢？下面从这一层面加以论证。为了概括表述，请同学们将不同情境下的祥林嫂心理状态分别用一个词语概括，然后勾勒出一个心理线索。

生 12：第一次来鲁家，"顺着眼"，一个"顺"字刻画了祥林嫂自知理亏的心理。

师：理亏？

生 12：对，她自己认为不应该逃出夫家。不该，但出来了，这就是理亏的原因。

师：好。

生 13：第 86 页写到祥林嫂反抗再嫁时用了"真出格"一词，体现了她"抗"的心理。

师：如何理解祥林嫂的反抗？

生13：越反抗越说明祥林嫂深中礼教的毒害。她嚎、骂以至拼死，都表明她遵从礼教之规，不事二夫。

师：这个评价好，大家分享其观点。

生14：祥林嫂再次来到鲁家，反复叨唠"我真傻"，叙述失去爱子的故事，这表现她的心理是一个"悲"字。悲告、悲痛，却又遭到他人的嘲弄，这更见其"悲"了。

师：这个评价也好。

生15：再接下来是"惧"。

师：请说说根据。

生15：第90页说"她脸上就显出恐怖的神色来，"这个"恐怖"不仅仅是听了柳妈的话而产生的。

师：还有前面谈到的"讪讪的缩了手"也是，对不对？

生15：是的。还有同样的描写。比如第91页写她"像是炮烙似的缩手，脸色同时变作灰黑，也不再去取烛台，只是失神的站着"，这更加突出了祥林嫂的"惧"。

师：言之有据。不过，用一个"惧"字，虽然是高度概括了，但心理恐惧的复杂性还未说透。大家集中智慧，好好研究一下"惧"的复杂性。

生14：首先是听到柳妈的话，她感到"恐惧"。

师：对的，文中写到的。文中还写到祥林嫂"恐惧"之后特地请假去捐了门槛，"神气很舒畅，眼光也分外有神"，这不是"惧"。如何理解？

生16：这个"高兴"心理的产生，是因为祥林嫂自认为按照要求做了就不会再遭到劫难了，就感到符合礼教要求了。

师：那么，为什么再次听到四婶的话之后，更惊惧了呢？请大家注意我用了一个"惊"字。

生17：说明祥林嫂感到最后一线希望也落空了。她认为，按照礼教去做，也不能逃脱灾难了。

师：好啊。前面的"惧"，行为是"讪讪的缩手"；这后边的"惧"，行为是"炮烙似的缩手"。同是"缩手"，程度不同，心理也不一样。再回头看开篇写"我"与祥林嫂的一段对话。（生默读）

师：这时还是"惧"吗？

生18：有"惧"，有"疑"。

师：有希望吗？

生6：没有。

师：如果用一个比"惧""疑"更能反映祥林嫂此时心理特征的词来概括，该是——

生15：空。

师：妙极。好了，我们拢一拢：顺、抗、惧、空，这就是祥林嫂的心理历程。"顺"是为礼教而"顺"，"抗"是为礼教而"抗"，"惧"是为礼教而"惧"，"空"呢？

生12：为礼教而"空"。

生15：不对。应该是为自己一直信奉的礼教最后也救助不了自己而"空"。

师：陷入了人生最黑暗最虚无的深渊。绝望啊！由上讨论，我们再来小结一下祥林嫂之死的原因。除了社会环境的逼迫之外，从祥林嫂自身看——

生16：她自身也心甘情愿地接受了礼教的迫害。从这个意义上讲，祥林嫂之死，未尝不是自杀。

师：好一个自杀论。我顺此也谈点看法：小说不仅仅是叙述了一个人被侮辱被迫害的故事，而且也描写了被侮辱被迫害者自我戕害的心理状态和思想根源。尤其要注意的是，受礼教之害偏又维护礼教，可见中国的这种礼教是何等的可怕！也正是这个可怕，所以，我们又要回到年龄上来了，一个不到40岁的中年健壮的女性竟然白了头发，竟然无疾而亡！

生2：使我想到了鲁迅的《狂人日记》，"吃人"也有"自吃"的情形。

师：好极了。这样的联系阅读，使我们不仅认识到小说本身的内涵，更认识到鲁迅作为伟大思想家的深刻。同学们，我们是多么需要这样的"深刻"啊！我们处于长思想的时候，今天这节课就是拨亮思想的一枚火炭。

下课。

我是怎么想到要这样上这节课的呢？

首先是因为读到下面一段人物对话而在心里产生极大震撼：

只有四叔且走而且高声的说：

"不早不迟，偏偏要在这时候，——这就可见是一个谬种！"

我先是诧异，接着是很不安，似乎这话于我有关系。试望门外，谁也没有。好容易待到晚饭前他们的短工来冲茶，

　　我才得了打听消息的机会。

　　"刚才，四老爷和谁生气呢？"我问。

　　"还不是和祥林嫂？"那短工简捷的说。

　　"祥林嫂？怎么了？"我又赶紧问。

　　"老了。"

　　"死了？"我的心突然紧缩，几乎跳起来，脸上大约也变了色。但他始终没有抬头，所以全不觉。我也就镇定了自己，接着问：

　　"什么时候死的？"

　　"什么时候？——昨天夜里，或者就是今天罢。——我说不清。"

　　"怎么死的？"

　　"怎么死的？——还不是穷死的？"他淡然的回答，仍然没有抬头向我看，出去了。

　　"我"的震撼是什么呢？一是震撼于"我"的强烈震撼；二是震撼于"短工"的没有震撼。

　　"我"对祥林嫂的关注是渗透在字里行间的，当听到鲁四老爷生气与祥林嫂有关时，"我"的心里特别放不下，是"赶紧的"；当得知祥林嫂死了时，"我"的心特别震惊，是"紧缩"的，脸上也变了色；当问及死因，听短工淡然地说"还不是穷死的？""我"的心无比悲哀，是悲凉的。这，是从这段对话中揣摩得到的"我"的心理震撼轨迹。

　　这段对话之后，"我"的心情依然没有平静，在与"四叔"

吃晚饭时，又掀起了波浪：先是"惊惶"，生怕自己催死了祥林嫂；继之"渐渐轻松"，感到祥林嫂之死是正常的"要来的事"；一会儿又感到"负疚"，毕竟还是说了"说不清"的话啊！接着又转到关心祥林嫂的死因上来，"还想打听些关于祥林嫂的消息"，面对"俨然"的"四叔"，想问又不敢问，"屡次想问"表明了"关切"的心情。最后是决定离开鲁镇。既然这样，那该是解脱了，心理坦然了，但是，还是深陷在"闷闷"之中。

你看，这一处文字，竟如此表现了"我"内心反复掀起的惊涛骇浪，读者能不感到震撼吗？

更有甚者，是短工的"淡然"，漠不关心，心底冷漠啊！不说"死"而说"老了"，这是与四叔一致的想法，这个时候不能说"死"；不知道什么时候也就算了，竟有反问"什么时候？"出之，表明根本就用不着想这个问题，也表明不光是短工冷漠，其他所有的人都这样，如果引起其他人的惊恐，那具体时间也就知道了吧？问"怎么死的？"回答又是反问："怎么死的？"这还用问吗？刚才的反问是表明什么时间死重要吗，用不着搞清楚啊；这里的反问是表明"怎么死的"还不清楚吗？这也是要问的问题？"还不是穷死的"，多么明白、干脆！说话如此，语调如此，动作也如此，短工始终"没有抬头"。作者惜墨如金，但还是写了两次。整个社会环境的冷漠如此，同样是令人震撼的！四叔冷漠，好理解；短工冷漠，本不应该，但又一想，这又是应有的冷漠。整个环境如此，其实，祥林嫂本人的内心也是如此。

因此，我就从"我"和"短工"的对话入手，围绕"祥林嫂是怎么死的"这一论题，展开了实录如上的教学。这节课，实际上呈现了这样的内在推断结构：

论题："祥林嫂之死"探究。

第一种论证：从三次肖像描写看祥林嫂之死；

第二种论证：从环境的冷漠与逼迫看祥林嫂之死；

第三种论证：从思想愚昧与自我负重看祥林嫂之死。

我对自己的教学探索是比较满意的。如果比较一下这次从语言切入与前次的肖像描写切入以及从其他描写切入的不同，那就是：

从描写的内容切入，研究的是看得见的人物表象及其周边的情景。

从人物对话语言切入，研究的是看不见的人物内心及其氛围的情景。

逻辑推断，是能激活学生思考，引发他们阅读注意力的重要环节。

附

九年三次教《祝福》：是老师教了学生，
还是学生教了老师？

二三十岁的时候，我喜欢发议论，如下面一段：

教师的幸福感与尴尬感恐怕是一回事。学生问老师而老师一时失语，是老师的尴尬。而当老师把这个尴尬转化为自信时，便有了教师幸福感。一个老师，总是淹没在学生的提问中的，无数的尴尬往往伴随一生。因此，把尴尬转化为自信，也许是老师一辈子的事，是老师幸福一生的事。学生什么都懂又什么都不懂，是老师获得幸福的最好条件。换句话说，教师幸福感源于教师与学生一起在问题中成长……

这是写在 1987 年教学笔记本上的一段话，语言乳臭，内容倒是还可以。有所感，是因有些经历。22 年前的深秋，我在安徽宣城的一个乡村中学——寒亭中学教高中语文。

从教已有两个年头了。

寒亭，我在多篇文章中写过，是我一生难忘的地方。想到它，我的眼前就会浮现青春年代的斑斓片段。在寒亭，我是从文学创作和练习书法起步的。在一些文学报刊上，我的豆腐干式的短文时时出现，于是每年自剪一册《花边豆腐》文集。我还与朱老师等几位青年教师组建了一个"墨池书画社"，跟学生一起习字，在宣城文化馆办过书画展。作品居然还发表在《中国教育报》上。正是这些原因，当时的宣城教研室主任龚继武先生便下令组织全县高中语文教师到寒亭听我上课，有点像教学现场会的味道。我不过 22 岁，懵懂得很，没想到这是机会，也没想过这是荣誉，挑战感也没有，反正稀里糊涂地也就上了，而且还要发言，汇报工作。

课，很平，没有什么轰动。

我，很平，没有什么激动。

一天的研讨结束后，来听课的 50 余位老师在小街上的一家旅馆过夜，有几位老教师找我谈话，给了我很多鼓励。坦诚爱我的情态至今还在眼前，但说过哪些鼓励的话，我也忘了。

有一张脸，有一个问题，却怎么也忘记不掉。

那天，我上的是《祝福》。整个课的线索就是人物描写——三次写祥林嫂的外貌，特别是情态有怎样的作用——这个问题的推进式讨论。这是很平常的，现在的青年教师哪一个不会这样做呢？当时的课堂情景也模糊了，我是怎么上的，学生是怎么学的，记不清了，大致是线索比较清楚，没有什么拓展，也没有多媒体，一支粉笔而已。

下课，也就是下课，没有很多人围着你聊课。

上厕所的路上，碰到一个学生。他轻轻地问了我一句："老师，祥林嫂是怎么死的？"

"怎么死的？"我一时语塞，差点用文中写到的短工的话回答："怎么死的？还不是穷死的！"

我没有这样回答，因为显然不能这样回答。

究竟该如何回答呢？我实在是回答不出了。我也知道，用"精神压迫而死""途穷末路而死""孤独悲伤而死"之类的话也许可以抵挡一下的，但感到难以一语中的，非得绕个圈子通过对种种问题的解读之后，才可以勉强让学生同意。正当我沉吟之际，上课铃响，他拉紧了一下裤带，挠了挠他那营养缺乏的一头乱发，便跟别的同学一道呼啸上课去了。

这个学生的样子，我是记得的。干黄的一头乱发，似乎发丝中有些头发非得要直伸着。小眼睛。鼻腔里有呼呼的声响。个头不高，瘦，颈下是一圈又一圈皱卷着的衣领。他是把三件外套一齐穿在身上的。下摆，最外边的比里边的短一截，外黄内灰，再内黑。裤子有点不像裤子，衣裤比较，上新下旧，十分显眼。没有袜子，脚拖一双塑料凉鞋……这是一个很平常很平常的乡下男孩，跟我少年的样子差不多。

现在想来，他不是天才，但他的这个问题与诺贝尔奖获得者在实验室里的问题又有多大区别呢？

但当时，我只是短暂地非常清楚地记住了他的这一提问。可惜的是，这个同学没有再来问我这个问题，他大约是随便问的，自己也忘记了。他的忘记导致我也很快地忘记。虽然，当时有一瞬间的尴尬，但由深秋到初冬，季节晃了一下，我还是彻底忘了。现在，我连这个同学叫什么名字也不记得。忘掉一个乡下孩子是一件非常容易的事。

4年之后，我调到安庆一所学校任教。

又是由市教研室组织教师来听课。也真是巧得很，我又选《祝福》一文教学。

怎么教呢？我要写教案，要构思，要上得出彩一点。因为我似乎有了一点小名气，26岁了，我登上了《语文教学通讯》"封面人物"。第一种方案，因循老路，以人物描写为讨论抓手，想一想，不行。这显示不了水平。第二种方案，以当时风行的文艺阐释学、文艺美学之类的观点作支撑（特别是性格组合之类的观点），来点与众不同，我想以"鲁四老爷"为话题展开讨论，敲"老爷"而击打"祥林嫂"，想一想，还是不行，因为我自己对这些观点还是半生半熟，况且要绕大圈子，于是放弃。到底怎么上呢？这时，寒亭的那位一头乱发的同学的提问竟然跳在我的桌面上，站立起来，向我吁请。对了。就以"祥林嫂是怎么死的"为线索组织教学吧。

"怎么死的？"我反复问自己。

读作品，查资料，似乎找不到答案。于是我开始用自己的思考来解答。

1.这个问题与三次肖像描写有关，肖像的变化反映了祥林嫂生理上的衰老。

2.生理上的衰老是反常的，祥林嫂不过中年。她怎么会变得老态龙钟了呢？

3.心理与精神上的打击者是鲁四老爷吗？祥林嫂是如何看待自身命运的？再嫁，本来有利于新生，她为什么撞翻桌？

4.是穷死的吗？不是，祥林嫂对生活容易满足，她丧夫之后来到鲁家，不是有了"笑影"，也"白胖"起来了吗？

这，就是一节课的问题安排。最后，小结如下：

从内容上判断，可推出祥林嫂是"老"死的。犹如一盏油灯，油竭芯尽灯灭。如果泛泛而谈是因为在封建绳索的捆缚下而死，虽正确但不具体。从祥林嫂临死前的神态、心理以及短工的旁证，可见祥林嫂是自然死亡。这是一个畸形的生命。"老死"的结局丰富了人物形象内涵。她是那样勤劳、那样善良，希图依靠于此度过一生，而她的那种"生活"和她的那种"内心"不断地摧残她，使她未老先衰。未到老死之年而老死，世上还有比这更惨厉的侮辱与自伤么？

课，还算比较成功，切口小，探索透，本质明，这是别人的称赞。在我，当然也感觉到比寒亭的《祝福》好些，因为多少有些探索的味道。

又过了9年，我到了上海。

又教《祝福》。

与以前相比，这次上海的《祝福》是我上得最精彩的一次。不过，这一次一个听课人也没有。我这个人特别怪，有人听课，上不好；没有人听，我跟学生一起，彻底放开来，反而好。我有多次这样的体会。为什么这次好呢？很简单的教学：干脆把"祥林嫂是怎么死的"这个问题写在黑板上，让学生发表看法。也真是奇怪，没有什么反复讨论，学生静静地写作，每人写出了一张纸的文字。读一读，我在安庆《祝福》课上的问题，学生全都想到了，先后读了两节课，结束。

我不教，学生反而学得好。这真是伤脑筋的事。我不教了吗？显然不是，问题有召唤力，恐怕是根本。

是他，那个一头乱发的乡下男孩，让我在教学的日子里注重先把问题想好；还是他，用一个问题把我引上了特级教师之路。

天下的课堂，究竟是老师教了学生，还是学生教了老师？

石钟山得名的思想拓展

——"磨"层次：以《石钟山记》教学为例

文章是由多方面内容组织而成的。内容表达总是有层次的。层次反映了思想的深度和广度。

层次和段落不一样。段落是自然分界和隔断，称自然段。层次可以包括几个自然段，也可以是一个自然段内部内容的再划分，以内容相对独立集中为标志，因此可称作意义段。

所谓层次切入，就是从文章内容的分析入手，探究行文的路径和内容的区分，从而看出思想深入推进和展开的过程。这个过程看清楚了，思想的丰富性、深刻性也就可以看出来了。分析层次不是目的，而是为了研究思想内容。

大凡经典作品，都是思想丰厚、层次丰富的作品。因此，层次切入是进行优秀作品教学的通常做法。划分段落层次，归纳大意是极为重要的。反对这一条，是教学的无知。问题不是要不要这样做，而是应该怎样做。

怎样做呢？我个人体会就是启发学生寻找标志，自主思考，自主归纳，从而养成习惯。这个习惯就是只要一读文章，就知道要进行内容层次的划分和思考。

如《石钟山记》内容层次：

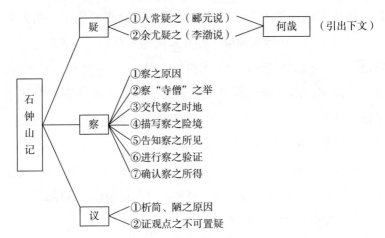

《石钟山记》的内容层次不复杂，但这样做，缺少思想的波澜。一次教学中讨论苏轼的观点，使我想到了思想的再拓展。

有一种教材就《石钟山记》设计了这样一个思考题：

苏轼认为："事不目见耳闻，而臆断其有无，可乎？"你同意吗？你有没有新的看法？

揣摩这道题题意，是希望学生提出与苏轼不同的看法。

这样的讨论与思考有意义吗？没有。而且有害。因为苏轼做出判断明显有一个前提——臆断。凡是臆断，不管是不是耳闻目见，判断都错。因此，苏轼的话一点也不错。忽视苏轼所用的"臆断"一词，草率"反弹"，连读懂原句意义都没有做到。长此以往，就会养成断章取义、马虎从事的坏习惯。

那么，苏轼这句话就没有思考的意义了吗？有的。我反复揣摩，引用材料，搭建了一个思考平台，使学生的"学"尺水兴波。

请看下面的思考过程的设计：

第一步，苏轼通过考察，叹郦元之简，笑李渤之陋，做出了自以为正确的结论。但读了明人罗洪光《念庵罗先生文集》卷五《石钟山记》和清人俞樾《春在堂随笔》卷七记载的彭雪琴的实地考察，才知道苏轼也受了大自然的捉弄。原来苏轼六月访山，适逢涨水期，因而未能得见全貌。罗、彭二人在冬春时节江水下落时才明白："盖全山皆空，如钟覆地，故得钟名。"对此，你对"目见耳闻"有何理解？

经过讨论明确："目见耳闻"强调了实地考察的重要，这是对的；但时空限制往往使"目见耳闻"也有局限性。这样就发现，时空限制是认识的第一困难。

第二步，苏轼有诗写道："横看成岭侧成峰，远近高低各不同。不识庐山真面目，只缘身在此山中。"按苏轼的观点，"身在此山中"了，耳闻岂不真切？目见岂不具体？为什么又"不识庐山真面目"呢？用苏之诗来证苏之文，苏轼自相矛盾了吗？

经过讨论明确：不矛盾。苏文强调考察，苏诗强调视角。二者结合，才有可能准确认识事物。这样就发现，视角限制是认识的第二个困难。

第三步，苏轼在《石钟山记》一文中描写了夜探石钟山的惊险。这倒不是虚夸，石钟山确乎险峻。从江天一览亭西出月亮门，登上矶头石俯瞰，但见石壁如削，直下百十丈。可以想见苏轼深夜出没于绝壁深潭间，确乎有性命之忧。苏轼的考察与其他人简单行事便得出结论形成了鲜明对比。可见苏轼写考察之险是有寓意的。怎样认识？

经过讨论明确：要打破时空限制，勤于变换角度，往往会遇到意想不到的困难，有时甚至是牺牲生命。追求真理要有勇敢精神。这样就发现，勇气是认识的第三个困难。

第四步，有人新近探访石钟山认为"全山皆空"的说法还需证明，空山内长、宽、高、低、大、小等数据至今还未得到。"如钟覆地"能说是最终探查、研究的成果吗？对此，你得到怎样的启发？

经过讨论明确：认识事物有一个不断探索的过程。这个"不断探索"往往需要几代人的共同努力。认识无涯而生命有限是认识的第四个困难。

如此让学生抓住一个问题层层深入地讨论，等同于让学生的思维进行"跨栏赛跑"。从这个意义说，教师不是一个释疑解惑者，而是一个设置思考障碍者。之所以如此，是让学生思考的"火轮"不停地螺旋上升地飞转。应该说，这是富有教学论意义的。题海战术不对，因此靠量的增多难以奏效；抓住一个问题，分层探索，量不多，而难度在增大，学生思而得之的乐趣能应运而生。最大的乐趣是战胜种种困难之后的喜悦，而不是围着肤浅的问题做一番游戏后的轻松。

以后，每教《石钟山记》，我都与学生共同进行"四步运思"。课后由读引发写。学生在小论文中展现着思考的结晶，令我格外欣喜。

这个梦积极乎？消极乎？

——"磨"逻辑：以《梦游天姥吟留别》教学为例

我们都知道，语文课堂要唤醒学生的内心，生成鲜活的问题与思想。生成是学生自主学习的体现，是个性化培养的需要。如果学生能生成批判性问题，那更是一个高境界。在课堂实践中我越发感到，个性应该是有逻辑的存在。而个性化学习，事实上是有思考理性的学习活动。语文学习实质上就是把不理性、无逻辑的学习之弊改正为理性化、逻辑化的思考活动。否则，就是粗鄙、无知乃至野蛮。这个问题很复杂，我认为，主要还是语文教学知识论问题，一是需要回答语文学科的知识内涵与尺度；二是强化知识论的一个基本层面——课堂学习的逻辑规则。

就我的实践而言，目前注重的是学生与教师讨论问题的一个起码要求，即面对课文问题展开思考的逻辑推断规则。

一、逻辑切入的含义

说到思考逻辑，我们知道，它是指思维的规律而非专指逻辑思维，也即"理应这样思考"的"理"。逻辑思维与形象思维相对，这是思维方式的区别。而思考逻辑，则是指各种思维方式都共同遵循的前提，即判断的依据、推理的条件与认知的范畴。有人认为，语文学习多注重形象思维，因为作品是形象的，这其实是不全面的推断；有人认为，形象思维就是形象化，这也是错的，作家的想象是形象的，而典型化又是概括与归纳的；还有人认为，形象化就是个性化，由于个性化就是突出个性特点，因此思想可以自由言说，这更是一种失去逻辑的随意牵扯。语文学习过程中的思考现状之病根也许就在这里。

我是怎样防治这些毛病而致力于思考逻辑点拨的呢？以《梦游天姥吟留别》的教学为例来说明。

二、《梦游天姥吟留别》的教学示例

李白《梦游天姥吟留别》是传统教材，一节课可以教，两节课也可以教。为了有意突出研究与思考，我用了两节课。第一节，读读议议，解决一般问题。第二节由一位学生的质疑而引发思考推进与点拨。关于作者的思想感情讨论，很多学生都落脚于"安能摧眉折腰事权贵，使我不得开心颜"这句上，这是没有问题的。众多诗论家都这么认识，这是一个定论。尤其是章培恒、骆玉明主编的《中国文学史》写得更是酣畅淋漓："在中国古代诗人中，李白的个性之活跃和解放是少有的"，"以大胆反抗的姿态，推进了盛唐文化中的英雄主义精神"。"李白反权贵的思想意识"是魏晋以来"重视个人价值和重气骨传统的重要内容"。确实，"安能"一句，便是李白这一精神的最有标志性的艺术概括。但是，在第一节的课堂教学中，有一个学生提出疑问：如果是蔑视权贵，说明精神是积极的；如果精神是积极的，那么，"世间行乐亦如此，古来万事东流水"这个消极的感慨是不是不合拍呢？

这个学生的提问引起了我的警觉，因为学生在诗中发现了情绪对立的词句。

我似乎觉察到了其中的教学价值，没有用"虽然情感在句中有对立，有不合，但总体上把握还是末句压住了全诗的阵脚"这一类的、"从整体上看""基本上"这样的貌似符合解读逻辑的"教学正确"的语言搪塞过去。

我开始查阅资料，如金性尧说"执笔时当然还经过精密的构思"，"增加了许多现实生活里的东西……在离奇恐怖的气氛创造上尤为出色"，使我深受启迪的便是"构思"与"恐怖"的点示。沈德潜称李诗"诗境虽奇，脉理极细"，又是别开生面之评，所言脉理何在？是否与金性尧所指构思同指？这首诗为人激赏的是反抗的思想情感，是梦境的瑰丽，为什么两位论家都重击构思之巧？通过查阅不同唐诗选评，最后我的点拨教学茅塞顿开，与学生一道完成了一个初步体现思考逻辑的对话过程。

当然，这个"对话"不是你问我答的散谈，而是凭借"思想材料"的师生"再认识"。

首先，我将学生对消极诗句的疑问和施蛰存先生所论和盘托出。

学生："古来万事东流水"，是消极的感慨，与全诗思想不合拍。

施蛰存：

我们可以找到两个概念。一个是"世间行乐亦如此"，是消极的；另一个是"安能摧眉……"，这是一个不为权贵所届的诗人，它反映一种积极的世界观，一种反抗精神。这就引出了一个问题：到底哪一个是作者的主题呢？①

学生的发现与学者的判断相一致，值得珍视。但很快，学生意见达成一致："诗无达诂。"有的说消极时有积极，有的说整体上看消极为次积极为主，有的说可以多侧面地读、多角度理解。显然，学生心中的思考似乎有两个逻辑起点：一是"整体性"，二是"诗无达诂"。整体把握与诗无达诂确实是阅读思考的逻辑，但所指截然不同。为了不陷入"问题丛林"，我回避了这个概念问题的讨论。我只是想，所谓"整体性"与"诗无达诂"，目前还不过是刻记在学生脑中的时常用来作为搪塞甚至自嘲的一种"别人的判断"，并非是学生内心求证过的坚实的逻辑。

我要帮助学生挑除那些一鳞半爪的囫囵吞枣的"概念"词句，夯实内心的建构，用思考的砂轮磨出自己对思考逻辑的真实体验。

于是，我将唐汝询《唐诗解》的观点和陈沆《诗比兴笺》的观点②呈现给学生们：

《唐诗解》：将之天姥，托言梦游以见世事皆虚幻也……于是魂魄动而惊起，乃叹曰：此枕席间岂复有向来之烟霞哉？乃知世间行乐，亦如此梦耳。古来万事，亦岂有在者乎？皆如流水之不返矣。

①② 参见施蛰存：《唐诗百话》，上海古籍出版社1987年版，第233—234页。

第二辑 磨课

师生讨论：唐汝询的逻辑是，写梦游之境的虚幻是为了感叹人生行乐也是虚幻的，因此，诗人感叹"失向来之烟霞"。怎么办呢？"且放白鹿青崖间，须行即骑访名山。"也即离开权贵，走向自然。这样一来，新的问题来了，既然世间行乐亦如此，那么李白希望须行即骑访名山是不是明知虚幻而不得不再寻虚幻呢？这岂不是逃避乎？

> 《诗比兴笺》：此篇即屈子《远游》之旨，亦即太白《梁甫吟》……之旨也。太白被放后，回首蓬莱宫殿，有若梦游，故托天姥以寄意……题曰《留别》，盖寄去国离都之思……

师生讨论：陈沆的逻辑是，由于李白回忆唐宫生活有如噩梦，心有余悸，因而所写梦境之目的是对皇宫生活的如实刻画。所说"世间行乐亦如此"的"此"就是这个皇宫情境。李白恨之，因而一旦梦到便"恍惊起而长嗟"，梦境是对现实宫廷的表达，令人恐怖。李白不是对天姥梦境的向往，而是对这一现实的否定。

到这里，问题似乎可以了结。但是，依然还有二选一式的被迫勉强投票之嫌。唐立于诗本身，对消极情绪的"自圆其说"，不能说错。陈比类他诗，也是对消极情绪的"自圆其说"，似乎还不能完全肯定。

为此，我抓住陈沆所指的李白另一首诗《梁甫吟》之旨继续敲打。《梁甫吟》片段：

> 我欲攀龙见明主，雷公砰訇震天鼓。帝旁投壶多玉女，

88

三时大笑开电光，倏烁晦冥起风雨。阊阖九门不可通，以额
扣关阍者怒。

师生讨论：这，实际上就是《梦游天姥吟留别》所写梦境的
另一描写。大家的认识是，唐汝询在此诗中沉吟，是就诗论诗，
陈沆则引别诗而又开拓了李白的心灵空间，显然思考的逻辑基石
要有"证"得多。

所以，施蛰存先生说：

陈沆引用李白另一首诗《梁甫吟》来作旁证，确实也看
得出这两首诗的描写方法及意境都有相似之处。李白有许多
留别诗，屡次流露出他被放逐的愤慨。把这些诗联系起来看，
更可以肯定游天姥山是游皇宫的比喻。[①]

师生讨论：上文加着重号的词句，反映了施蛰存先生对于陈
沆所持见解的学理分析。旁证，理一也；联系，理二也；更可以
肯定，理三也。这是对陈沆逻辑的评价，是"逻辑"的"逻辑"，
对于学生的启迪与教育是极为重要的。

至此还没完，我又引用了施蛰存先生自己的判断：

有一首《留别曹南群官之江南》的五言古诗，就紧接编
在《梦游天姥山》之后。曹与鲁是邻境，前诗留别东鲁诸公，

---

① 施蛰存：《唐诗百话》，上海古籍出版社1987年版，第234—235页。

后诗留别曹南群官，可知是作于同一时期。这首诗开头说自己早年修道求仙，后来碰上运气，供奉内廷。有过一些建议，很少被采用，只得辞官回家。下文说："仙宫两无从，人间久摧藏。"这是明白地说学道做官都失败了，只落得在民间没落和流浪。《梦游天姥山》开头二句是说求仙"无从"，其次二句又说进宫或有希望。此下描写天姥山景色一大段实质是描写宫廷。结论是宫廷里也"无从"存身。"仙宫两无从"这一句可以说是《梦游天姥山》的主题。①

师生讨论：施的补充，既强化了陈说，又强化了学理。可见"旁证"的空间是可以拓展的；旁证要"证"才有说服力，施之分析两首留别诗内容的相通，正是"证"的逻辑。又，"可以说"，是一个判断，但没有打下死结，这才是真正的"诗无达诂"的思考空间。

讨论到这里，一节课的时间也差不多了。我问学生，是不是可以下一个结论，拥护陈沆而否定唐汝询呢？学生很聪明，因我的提问而警觉起来，有的说可以拥陈否唐；有的说，不必急于下结论吧，我们对陈沆的讨论占有资料多，对唐汝询的思考占有资料少。这是一个极为重要的思考所得，我真是喜出望外！

我说，我们今天讨论的材料全都是从文史大家施蛰存先生的《唐诗百话》中摘录的。当然，我的摘录与提取是遵循施的文章思路来进行的，实际上是既传达了施老先生对于《梦游天姥吟留

---

① 施蛰存：《唐诗百话》，上海古籍出版社 1987 年版，第 235 页。

别》一诗思想主旨的认识，更展现了施老先生"说什么"和"怎么说"。他"说什么"很清晰，有分寸；他"怎么说"注重立据与推断。我们经常讲语文理解要注重整体性把握和个性化认识，这是正确的认识原则和追求。

就本节课的讨论来说，语文研读有两个既独立又叠合的思考逻辑模型，图示如下：

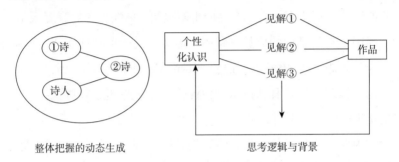

整体把握的动态生成　　　　　　　　思考逻辑与背景

先说整体。唐汝询就诗论诗，整体只有诗①；陈沆有"诗人"和"诗②"，整体发生了变化；施蛰存把唐和陈叠加并比较，又建了施的整体。这，便是语文整体把握的难处。再说思考逻辑，在认识作品、发表见解过程中，都应有施老先生的用证推断的过程，常常要占有众多见解（①②③……）而比较、取舍、归纳。只有思考背景材料越丰富，思考本身才更有活力，逻辑推断才更有力量。

我上语文课，常常引导学生画图，不是对文字再加以形象表达，而是对文字形象中的理性推断加以线条勾勒和符号揭示。尤其对于高中生而言，文字是最美的形象，不必再用图片、影像来蛇足一番。我以为，从黑压压文字中抽绎思想路线，勾勒内容关系，推断心理过程，等等，才是高中语文教学的必由之路。

我的"时习论"，尤其强调"时"的教学意义。"时"有时代、时间、时机、时段等的安排与区别，相当复杂。为什么要特别强调这个"时"呢？因为高中生正处于"人生的第二次诞生"时，也就是说，在进入青春发育期之后，高中生不仅能认识和评定自我的所作所为，还能把做出这些行为的自我作为客观的对象加以分析、评定。这是高中生思维的基本特征。当然，这也是我们高中教育对学生能够进行自我"分化"的总期待。学生也正是在我们的期待中逐步实现自我个性的重新改组、理性思考的螺旋深化。在高中生自我意识的成长过程中，语文学科的独特性功能不再是单纯的思想情感的熏陶，而应是引导学生个体能够认识语文熏陶的内在机理和对自我认识做理性评价，尤其是建立起对自我认识的认识。这一点格外重要，倘若失去，无法弥补。

因此，我教《梦游天姥吟留别》这一课，不仅是一个简单的学术化学习，还隐含着一个追求，即：学术化的学习是个性的知识化过程；思想的逻辑化建构，说到底就是语文课程中的科学人生的奠基。

这，也是我的语文育人观。

《蒹葭》两千五百年教学史是怎样的

——"磨"教史：以《诗经》爱情诗专题研究为例

《诗经》里的爱情诗，是指描写男女表达爱慕之情兼及女性婚姻生活的诗。在中学语文课本中，如《关雎》《蒹葭》等篇章，已经成为常教不衰的经典课文。

这些经典诗作怎么教？或者换问之，当代中学生研读这些作品的目的是什么？似乎我们都很清楚，是传统文化继承的需要；似乎我们又不很清楚，注音识字之后，了解诗作的内容与形式，不过是"赋、比、兴、风、雅、颂"之类，或者再加之以意境欣赏等。这样的教，没有脱离以作品说明文学常识的窠臼。由于长期以来以考代教作祟，考，就考这些"常识"，学生所记的也就是文学知识而已。学习文学常识有利于继承传统文化，但与文化内涵的体认还相距尚远。近年来，特别强调传统文化，于是，不少教材和辅读资料又把《毛诗序》等古代诗注的内容搬出来，以为古人讲的东西就是传统文化。比如教《蒹葭》，不单是讲爱情，还讲"招贤"，这就"文化"一番了；讲《关雎》，甚至不讲爱情而专讲"后妃之德"了，这就更"文化"两番了。对此，学生心中往往生出许多疑惑。到底讲什么呢？难道如此模糊就是《诗经》的朦胧吗？

确实，《诗经》作为我国最早的诗歌总集，作为一部儒家的经书，历来为人们所重视，《诗经》研究渐成专门之学——"诗经学"，众多著述，汗牛充栋。著述之多，当然为我们的中学语文教学提供了丰富资料，但取之不当，定位不准，消化不良，则反受其累也。

另外，多年来，时有针对爱情作品教学的争论。有些教材编者在语文教材中专设爱情单元，以为这就是当代的一大创新。有论者对此嘲讽：难道孔子教授《关雎》不是教爱情作品吗？也有些教学研究者从现代爱情意义立论，讥刺中国古代教者虽然教的是《诗经》中描写爱情生活的作品，但教学内容则确定在道德层面，教学目的则在"王化之基"的人伦教化上。思想之所以对立，症结就在于双方都不太了解《诗经》爱情诗作品的体认与教学，在中国有着巨大的历史变迁和鲜明的时代特征。我认为，我们当代教学《诗经》中的爱情作品，无视漫长的中国诗教历史，显然是虚无主义态度，易生无知之骄；同样，如果只是一味沿袭传统诗教，而无视当代学生在现代化进程中的人格需要，那么，这种泥古式教学，显然不能引导学生面向未来。我们教《诗经》里的爱情，目的是养育当代学生的青春，传承中国先人的朝气，走向现代化。

一、先秦孔子奠定了从人生出发读"诗"的基础

以诗为教学内容的第一人当是孔子。孔子是怎样认识爱情作品《关雎》等诗的教育价值的呢？最典型的讨论见《论语·阳货》：

子谓伯鱼曰："女为《周南》《召南》矣乎？人而不为《周南》《召南》，其犹正墙面而立也与？"

《周南》《召南》是《诗经·国风》首二篇名。南，南国也。指洛阳以南至江汉一带。《周南》11篇，《关雎》第一，言夫妇男女者之情诗有9篇；《召南》15篇，言夫妇男女之情诗有11篇。所以，"二南"是男女爱情生活的集中反映。孔子高度重视"二南"的学习，揭示其教示意义在于做人。虽然做成什么样的人孔子在这里没有直指，但反面的危害性则极为清楚，即"正墙面而立"，用杨伯峻、钱穆的话说就是"面对墙壁，一物不可见，一步不能行"。

孔子全面论诗的教育作用是："《诗》可以兴，可以观，可以群，可以怨"（《阳货》），这自然包括爱情诗在内。何谓"兴"？朱熹说是"感发志意"，孔安国说是"引譬连类"。朱说的是内容在于唤醒内心，孔说的是表达艺术即唤醒方式。何谓"观"？郑玄说是"观风俗的盛衰"，钱穆补之，说"观于天地万物"也很重要。何谓"群"？孔安国说是"群居相切磋"。何谓"怨"？孔安国说是"怨刺上政"，其实后人如钱穆等更强调性情的宣泄。王夫之综合言之说得妙极："于所兴而可观，其兴也深；于所观而可兴，其观也审；以其群者而怨，怨愈不忘；以其怨者而群，群乃益挚。"兴观群怨可侧重说，其实也是互为表里、相辅相成的。用现在的话说就是诗之教育价值，在于其内容能培养人的综合素质。由此看来，孔子认定的《关雎》这类爱情诗歌的学习目的，也在于"兴观群怨"。孔子讲的是综合教育观，这是非常了不起的。讲"综合观"是不是孔子加之于诗呢？不是的，诗的内容使然也。孔子说，《诗》三百，一言以蔽之"曰思无邪"，指其内容诚也。有学者很赞赏郑浩《论语集注述要》的话："无论孝子、忠臣、怨男、愁女皆出于至情流溢，直写衷曲，毫无伪托虚徐之意。"这样的内容本是"兴观群怨"所致，使少年读之，自是为了"兴观群怨"也。所以说，孔子教诗是为了人本身的需要。

除了"综合观"，孔子第二个观点是"类比说"。《论语·八佾》：

> 子夏问曰："'巧笑倩兮，美目盼兮，素以为绚兮。'何谓也？"子曰："绘事后素。"曰："礼后乎？"子曰："起予者商也，始可与言《诗》已矣。"

孔子在阐述启发教育原则时，强调"举一反三"。这里与子夏论诗，就极为赞赏了子夏用举一反三（思维正迁移）方式对《诗》的正确理解和灵活应用。从思维科学上看，孔子与子夏的这个讨论揭示了一个思维翻进的过程，完成了一个了不起的思维模型的构建：

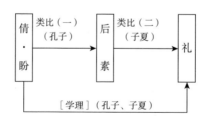

子夏问诗句何意，孔子没有直解，而是以"绘事后素"为喻，突出"素"的价值，这是对子夏的启示。根据孔子的点拨，子夏由诗到礼，说"礼后乎？"，这是对孔子点拨的发明。"启"与"发"

96

就是这样相互起作用的，也正是子夏有此发明，所以孔子立即揭示出学《诗》的关键："始可与言《诗》已矣。"意思是：读诗就是这样一种思考！"起予者"之"起"，孙楷第说凡人病困而愈谓之"起"，义即通达也。孔子在《论语》中关于读诗的评价莫过于此。可见，这是孔子对于读诗之理的最深刻的揭示。用当代认知科学来看，第一步，认知起点，由文引申类比（教师点拨）；第二步，认知联想，由诗入礼类比（学生创造）；这样一个教学相长的过程就是"认知学理"，即举一反三。这也就是类比联想、由此及彼、由表及里的思维正向迁移活动。

我以为，关于孔子论诗的思想不外乎上述"综合观"和"类比说"。换言之，孔子的诗教的目的和方式也就是这两方面。像孔子对子路说"诵《诗》三百，授之以政，不达。使于四方，不能专对。虽多，亦奚以为？"（《子路》）也不过是强调应用于人生，应用于人事，应用于生活。有关诗教的"王化之基"说、"风天下而正夫妇"说等有关道德与治国高度关联的阐释则是后人的思想与演绎。

二、汉《毛诗序》窄化孔子诗教，直指政事，强化了教化工具特点

至汉时，重要的解读《诗经》之作就是《毛诗序》。这部著作在评定诗的内容上淡化了孔子的兴观群怨"综合说"，强化了举一反三的"类比说"。而且在类比上更直接、更狭隘，甚至是牵强附会。有的对于后世在教学上取舍内容产生了不好的影响。例如评《羔裘》，"刺朝也"；评《女曰鸡鸣》，"刺不说德也"；

97

评《甫田》，"刺幽王也"；评《鸤鸠》，"刺不壹也"。显得随意比附，难免牵强。这里重点讨论《蒹葭》一诗的内容："蒹葭苍苍，白露为霜。所谓伊人，在水一方。溯洄从之，道阻且长。溯游从之，宛在水中央……"本来是一幅深秋时节的情感朦胧画，但在《毛诗序》中是这样评说的："《蒹葭》，刺襄公也。未能用周礼，将无以固其国焉。"清人方玉润顺着这个意思加以发挥："盖秦处周地，不能用周礼。周之贤臣遗老，隐处水滨，不肯出仕。诗人惜之，托为招隐，作此见志。一为贤惜，一为世望。曰'伊人'，曰'从之'，曰'宛在'，玩其词，虽若可望不可即；味其意，实求之而不远，思之而至者。特无心以求之，则其人倜乎远矣。"（《诗经原始》）再看关于《关雎》"关关雎鸠，在河之洲。窈窕淑女，君子好逑"的评价：在今人钱锺书看来，"窈窕"与"淑"都是写美丽女子的形象的，他引用施山的话说："盖'窈窕'虑其佻也，而以'淑'字镇之；'淑'字虑其腐也，而以'窈窕'扬之。颇能说诗解颐。"（《管锥编》）可是，在《毛诗序》看来："《关雎》，后妃之德也，《风》之始也，所以风天下而正夫妇也。……是以《关雎》乐得淑女以配君子，忧在进贤不淫其色，哀窈窕，思贤才，而无伤善之心焉。""风天下而正夫妇"是"毛诗"关于爱情诗评价的十分重要的观点。由于过于牵强，方玉润也看不过，说："以为'后妃之德'，皆无确证。诗中亦无一语及宫闱，况文王、大姒耶？窃谓风者，皆采自民间者也，若君妃，则以颂体为宜。"方玉润的这一观点是极有见地的。风，民间歌谣。乡野男女，性情勃发而追求，岂可想到"刺襄公"？岂能做到窥"宫闱"？此解诗者自己拘泥类比使然也。

三、宋代朱熹折中前人解诗，自成一家，向人性转向

至宋时，朱熹作《诗集传》，对《关雎》一类爱情诗的内容认识发生重大变化，是一次重要转折。遗憾的是，人们往往用"文革"意识来评论这位理学家，以为他就是"存天理，灭人欲"的精神专制者。其实，只要略略翻读一下程、朱的著作，大致看看朱熹对诗的评价，我们就会有一点正确认识。关于"存天理，灭人欲"，其实是灭"私欲"，"口目耳鼻四肢之欲，性也"，不在"私欲"范畴。我们要特别认识到"性"与"欲"的本质区别。所谓"性"，人之本有性；所谓"欲"，人之自私心。男女追慕，天性也；自益损人，私欲也。程朱理学对此有严格的逻辑切分。什么是"私欲"呢？二程指出："苟公其心，不失其正理，则与众同利，无侵于人，人亦欲与之。若切于好利，蔽于自私，求自益以损于人，则人亦与之力争，故莫肯益之，而有击夺之者矣。"（《二程遗书》）可见，"自益以损于人"即"自私"之欲也。今之人灭情感、灭人道而托言于古之圣贤，足可悲哉。朱熹在对诗的鉴赏与评价上更切于人道，对《毛诗序》多有反拨，直到今天仍焕发光辉。如关于"风"的认识，《毛诗序》："上以风化下，下以风刺上……言之者无罪，闻之者足以戒，故曰风。"朱熹则认为："凡诗之所谓风者，多出于里巷歌谣之作，所谓男女相与咏歌，各言其情者也。"（《诗集传》）刘大杰评之甚高，说"适当认清了来源和内容"。如关于《蒹葭》，《毛诗序》认为是"刺襄公也"。而朱熹则认为："言秋水方盛之时，所谓彼人者，乃在水之一方，上下求之皆不得。然不知其何所指也。"朱之所评

一语中的,点明了这首诗的文学神韵。他首先认定上下求水之一方之"彼人"与男女相恋有关,继之,扩大文学形象的审美空间,即似乎知其所指又似乎不知其何所指的一种朦胧状态。也正是基于朱之所论,钱锺书先生做了中西文学勾连,更加完善和明确了人类共同的审美心理。他说,《蒹葭》的朦胧正是"西方浪漫主义企慕之情境也",并引古罗马诗人桓吉尔名句"望对岸而伸手向往"和但丁《神曲》名句"美人隔河而笑,相去三步,如阻沧海"来说明比照。至此,《蒹葭》的内容解读才算实现了现代化。对"诗"的"言志",钱锺书用现代心理学做了充分说明,"自持性情,使喜怒哀乐,合度中节",这也是孔子"乐而不淫,哀而不伤"的现代说法。他又说:"夫'长歌当哭',而歌非哭也,哭者情感天然发泄,而歌者情感艺术表现也。"钱还引用了西谚,在西方这就叫作"灵魂便溺"。这样看来,诗的内容确定的现代化,实质上就是人的"自我化",是对《毛诗序》的"刺他化"的全面否定。而这个起点,我们理当要关注朱熹。

四、清代方玉润《诗经原始》顺承朱熹,也在解读上有重大突破

方玉润有极为重要的论诗观:"夫佳诗不必尽皆征实,自鸣天籁,一片好音,尤足令人低回无限,若实而按之,兴会索然矣。"他解《芣苢》:"恍听田家妇女,三三五五,于平原绣野、风和日丽中群歌互答,余音袅袅,若远若近,忽断忽续,不知其情之何以移而神之何以旷。则此诗可不必细绎而自得其妙焉。"因此他对《毛诗序》也时有颠覆。如他解读《桃夭》:"不过取其色

以喻之子，且春华初茂，即芳龄正盛时耳，故以为比。"反问《毛诗序》："何诗又以为美后妃而作？""且呼后妃为之子，恐诗人轻薄亦不止猥亵如此之盛耳。"

至当代，关于《诗经》的研究更加科学广泛，现代意识的诠注也更加鲜明。周振甫《诗经译注》理当是典范作品之一。这部巨著不单勾勒了《毛诗序》、"三家《诗》"、朱熹《诗集传》及方玉润《诗经原始》的论诗异同，作了排列比较，并且广为吸纳同时代学者的精辟之见，从而显示出古今沟通的气象。比如关于《静女》，引顾颉刚《古史辨》，称为"这是一首情歌"。同时，周之卓见也是随机铺陈。如关于《东方之日》，《毛诗序》："刺衰也。"朱熹《诗序辨说》："此男女淫奔者所自作，非有刺也。"周振甫先生则认为："这首诗讲一个美女，早上来相就，晚上主人公出发，她也跟随着。"① 显然，这个美女，与诗中的他是一对恋人。周振甫说："此诗为一首情歌。'自作'、'非有刺'，对；'淫奔'，非。"肯定朱熹对《毛诗序》的改正，同时自己又坚信不疑地改正朱熹，如此真正实现了对美好爱情生活的共同审美。

需要补充说明的是，上述关于诗的内容的确定过程中的牵强解注，并非只有中国先贤惯于类比政治，在西方文学解读中，也有同样的认识，同样的类比，同样的牵强。《圣经》的《雅歌》有不少章节明显地描写与歌颂两性之间的情爱，如"你的双乳像两只孪生的幼鹿，在百合花中觅食"。虔诚的《圣经》诠释者对此的阐释是："正如乳房是女人的美丽与装潢，摩西和亚伦也是

---

① 周振甫：《诗经译注》，中华书局 2002 年版，第 61 页。

以色列的美丽与装潢。""这种解读把一个具体描述移置和提升到古代以色列的历史与宗教这一不同的领域，除了赋予它以言外之意，也化解了文本字意中的诱惑与危险。"① 可见，文学并不是从一开始就只是文学的。文学只是文学，是人类心理逐步走向自我的渐变过程。有关爱情作品内容，尤其是爱情诗内容的认定，古今差异之大，极为明显。

尤其值得注意的是，从《毛诗序》到方玉润《诗经原始》，主要在于对诗的思想内容进行解读和确定，其艺术形式的审美则主要由当代学者来完成。这，对于中学教学内容的丰富与建构无疑是宝贵的财富。

五、"五四"后，闻一多奠定了《诗经》爱情诗作品"解读—教学"的现代性架构

钱锺书站在东海、西海的互通点上进行《诗经》情诗解读，无疑为我们提供了文学鉴赏的范例；周振甫《诗经译注》汇聚古今众家解读而比较，无疑为我们拓宽了解读与辨析的广阔视野。在我看来，真正既"解读"又"教学"，既传承传统认知又灌注现代思维从而形成"解读—教学"一体的现代性架构的开创者是闻一多先生。诗人、现代学者、教师三因素合成的思想是值得我们珍视的。他的《匡斋尺牍·芣苢》是这方面的代表作，先生句句讲句义（解读），又句句讲为何要这样理解（教学）。

《芣苢》（周振甫作"不苢"）是《诗经·周南》之八。全

---

① 吴伏生：《隐喻、寓言与中西比较文字》，《文学评论》2016年第2期。

诗共三节如下：

> 采采芣苢，薄言采之。
>
> 采采芣苢，薄言有之。
>
> 采采芣苢，薄言掇之。
>
> 采采芣苢，薄言捋之。
>
> 采采芣苢，薄言袺之。
>
> 采采芣苢，薄言襭之。

闻一多先生是怎样"解读"与"教学"的呢？其程序与框架是这样的：

一是"知识—工具"。首先解"芣苢"，据《毛传》说是如今的车前子，多年草本植物，花紫色，叶与花茎像玉簪，夏日结籽，亦紫色。"采采"即是形容这花籽的颜色。但是"单知道它的形状，还不算真懂芣苢"，"须知道在《诗经》里'名'不仅是'实'的标签，还是'义'的符号"，因此必须"课名责实"，"顾名思义"，闻一多认为"对于读诗的人，才有用处"。这，就是对"芣苢"的名解导入以及为何要这样解的思考导向。闻一多说"芣苢是一种植物，也是一种品性，一个 allegory"。那么，"芣苢"的名实又是怎样打通的呢？闻一多用古声韵学知识解谜，"芣"从"不"声，"胚"字"丕"声，"不""丕"本是一字，所以古音"芣"读如"胚"。"苢"从"目"声，"胎"从"台"声，"台"又从"目"声，所以古音"胎"读如"苢"。"芣苢"与"胚胎"本意一也。为何要从此处破解呢？讲到"胚胎"，就点到孕育，点到女性，点到生命的延续，点到男欢女爱。而这，正是《芣苢》一诗的情趣所在。读诗贵在读字，解义贵在破题。这是闻一多"解读—教学"的第一步。要特别注意的是，这里用知识对"芣苢"的解读，看起来是学者完成的，其实是学者对民间歌声用意的如实还原，是学者对歌者用意的转告，而绝不是如同《毛诗序》那样把自己的"刺襄公"之意强加在本不知襄公的民间男女身上。显然，在哲学观上，这是尊重事实的现代意识，而不是一切都仰拜君王、遵从政治的依附意识。闻一多说，须知"芣苢"与"胚胎"同音正是中国民歌中极古旧的一个传统，如以莲为怜，以藕为偶，以丝为思等等。闻一多的"还原"是还民歌归民间，而不是引民歌上宫廷。

二是"人性—社会"。"兴观群怨"都在《芣苢》诗中，尤见"观"与"怨"。"观"，可以见到当时社会对女性的认知，即一个女人是在为种族繁衍生息的功能上而存在着的。闻一多从宗法社会上讲"女性"未免太过，然而，其实，乡村女性的自我价值认知也确实在这一点上。如果要问我们尊重她们什么的话，我要说最值得尊重的是她们的最真实的原始母性意识，也就是在于受孕、生子。"怨"，内心情绪与本性的表达。闻一多说，这首诗充分体现了母性意识的强烈以及由母性意识鼓舞的"性本能的演出"。不仅如此，闻一多还强调说"《芣苢》这首诗便是那种本能的呐喊了"。全诗充溢着女性的渴望与自豪，同时这份女性的"人性"又体现了社会性，因此，方玉润说"恍听田家妇女，三三五五，……群歌互答，……不知其情之何以移而神之何以旷"。这就是说，《芣苢》的女性情绪宣泄就是社会女性共同表现的生命合唱。闻一多把女性内心幽深的性情与社会对女性功能的确定合而言之，无疑真正揭示了这个妇女山歌大合唱的心灵玄关，比方玉润明确、热烈、合理得多，自然更现代"一代"了。

三是"想象—审美"。闻一多以诗人之想象来想象《芣苢》给人应有的"想象"，完成了一个形象的审美过程。这，是闻一多"解读—教学"的合成，也是超越钱锺书评论与欣赏的教育学意义所在。钱在于欣赏，闻在于体验。固然欣赏中有体验，体验中有欣赏，但是，欣赏毕竟重在学理获得，而体验更在乎情感的融合。如果说欣赏是在说"她很美"，那么体验则是说"她是我"。为什么说体验比欣赏更能体现教育学意义呢？我们不妨先来欣赏闻一多先生的"想象"表达：

现在请你再把诗读一遍，抓紧那节奏，然后合上眼睛，揣摩那是一个夏天，芣苢都结子了，满山谷是采芣苢的妇女，满山谷响着歌声。这边人群中有一个新嫁的少妇，正捻那希望的玑珠出神，羞涩忽然潮上她的靥辅，一个巧笑，急忙的把它揣在怀里了，然后她的手只是机械似的替她摘，替她往怀里装，她的喉咙只随着大家的歌声唪着歌声——一片不知名的欣慰，没遮拦的狂欢。不过，那边山坳里，你瞧，还有一个伛偻的背影。她许是一个中年的磽确的女性。她在寻求一粒真实的新生的种子，一个祯祥，她在给她的命运寻求救星……

上面两个妇人只代表了两种主要的类型。其余的你可以类推。我已经替你把想象的齿轮拨动了，现在你让它们转罢，

转罢！……①

显然，闻一多的"想象"是把自己放在山谷妇女放歌的一群之中，"兴观群怨"的情绪一起发动，从而由诗而还原出一个比诗更丰富的生活世界。我想，《诗经》作品的教学现代性，就在于这个知识、情感、生活的人生还原。

读古典诗歌，大致都应该这样。中学生的"知"，理应是从人的生活生态开始的，而不是麻木嫁接历代学者所制造的基本概念，然后用这些干枯概念去验证活生生的诗歌。如果像闻一多先生教读《芣苢》一样，我们引导当代中学生读《诗经》中的爱情诗作品，走进公元前7世纪甚至11世纪的中华大地上的生活原图，感受民间先人的自由而又奔放的精神世界，那该是何等美妙的体验！章培恒、骆玉明指出："《诗经》中写恋爱和婚姻问题的诗，或歌唱男女相悦之情，或赞扬对方的风采容貌，或描述少男少女幽会情景，或表达女子深微妙远心理，或嗟叹弃妇不幸遭遇，内容丰富，感情真实，是全部《诗经》中艺术成就最高的作品。"②让学生在这样高远的艺术世界中体验千姿百态的人生，正是踏着中华先人的个性花路走向未来个性人生的当代选择。

---

① 闻一多：《闻一多全集·诗经编上·匡斋尺牍》（第3卷），湖北人民出版社1993年版，第198页。

② 章培恒、骆玉明：《中国文学史》（上），复旦大学出版社1996年版，第97页。

第三辑　习法

习法，一是"习"，一是"法"。

习，研习；法，方法。方法是在研习过程中产生并不断完善的。教学，从一定意义上讲，就是积知识成德性，化理论为方法的过程。

中国的教育传统之一，就是讲究"习"，讲究"法"。

孔子说"学而时习之"，既是"习"，也是"法"。习，是实践，练习，演习，这行动之中就包含了"法"；"时习"之"时"，时机也，时间也，时代也，要"因时"习之，其中大有方法之妙。不愤不启，不悱不发，强调的就是适时而教。

我体会到，中小学教师的专业性特征往往并且主要表现在教育教学方法上。论知识，许多家长是硕士、博士，知识不可谓不厚；论学问，大学教授专门研究，学问不可谓不深。然而，一旦进入基础教育领域，中小学教师之功不可代替，何哉？其中的原因之一，就是中小学教师手有"魔法"。

我的"习法"，就是对"语文教学点拨法"的长期研习与提炼。30 多年来，我与著名特级教师蔡澄清先生共同研究"点拨法"，一往情深。

"点拨法"概述

什么是"语文教学点拨法"？简要回答，它是根据中国汉语文特点，针对中学生学习语文实际，落实启发式教育原则对学生学习语文过程中存在的知识障碍、思维障碍与心理障碍，用画龙点睛和排除故障的方法加以指点和消解的教学思想、教学方法和教学过程。

实施"点拨法"不是出于主观愿望，而是语文教学客观要求使然。为此，我在这里回答三个问题：为什么要搞"点拨法"？从哪些方面点拨？点拨的基本方式又有哪些？

一、为什么要搞"点拨法"

1. 是中学语文教学任务的客观要求

语文课的根本任务在于教会学生正确掌握和运用语言文字工具，它既要求学生掌握字、词、句、篇和语、修、逻、文等基础知识，又要求学生提高听说读写的能力。一方面，从掌握知识来说，中学生从小学到中学，已经学过多年的语文，掌握了一定数量的字、词、句、篇等基础知识，到了中学，并不需要从课文的每一个字、词、句教起，而重点是课文中存在的理解上的障碍和困难，教师教学主要在引导学生越过这些障碍，解决这些疑难，因此完全无须逐字逐句地进行讲读，只要进行重点点拨。另一方面，从培养能力来说，学生要通过语文学习掌握运用字、词、句、篇和语、修、逻、文这些知识的本领，培养和发展自己的听说读写能力，不是光靠教师讲读就能做到，而主要靠学生经过自学自练的实践活动来完成，教师进行点拨正是引导和帮助学生顺利地进行这种实践练习，更快更好地培养和提高他们的运用语言文字的能力。能力不是教师讲出来的，而是学生练出来的。因此，语文既不同于政、史、地这类以传授知识为主，每一章节基本上都是新内容的课程；也不同于数、理、化这一类每一章节既是新内容，又特别强调运用技能训练的课程。它有自己的综合性强、积累性强、应用性强等特点，教学中既不需要，也不可能一一讲授，而只需要从教材和学生的实际需要出发，重点进行点拨，组织和引导学生自己去学习和运用。

2. 是现代化教学注重提高效率的实际需要

现代教学的重要特征之一就是适应当代知识飞速发展的客观需要，采用高效率的教学手段加快学生掌握知识与发展能力的进程。教师的根本任务在于教会学生自己去吸取和运用知识的本领，帮助他们在这方面解决一些疑难，掌握自学的方法，养成良好的习惯，而不是把书上的全部内容一字不漏地灌给学生，让他们死记硬背，不假思考地全盘吸收。在知识飞速增加的今天，在现代的信息社会，传统的全盘授予的教学方法是无法提高教学效率，让学生发展智力、提高能力的。那是一种远远落后于时代需要的很不科学的教学方法，必须坚决进行改革。德国教育学家第斯多惠说："一个坏教师奉送真理，一个好教师则教人发现真理。""奉送真理"的教法在今天已不合时宜，它完成不了现代教育的任务，而必须代之以"教人发现真理"的教法，这才是时代的选择。点拨法正是教师引导学生（也包括学生引导学生），学会"发现真理"的一种教学方法。在中学语文教学中，它将大大有助于改变长期以来语文教学少慢差费的状况，提高语文教学效率。

3. 是调动学生学习积极性的科学措施

学生对语文课普遍不感兴趣的重要原因之一，就是对填鸭式教学感到厌倦。尽管教师讲得天花乱坠，学生却听得昏昏欲睡，始终打不起精神，哪里谈得上什么学习的主动性与积极性？不改变这种局面，语文课是很难提高质量的。教育学和心理学的常识告诉我们：学生的学习积极性是学生在学习活动中的一种自觉能动的心理状况，它是由多种心理因素构成的。比如学习动机、学习兴趣、注意状态等，都与学习的积极性、主动性密切联系。运用"点拨法"，就是要根据学生的学习心理特点，从上述各方面去拨动和引发学生的学习动机，激发和启发他们的学习兴趣，吸引和集中他们的注意，从而促使他们主动地、积极地自觉学习，以提高学习效率与学习效果。学生的学习积极性一旦调动起来，他们就会以高昂的情绪主动去探求知识的奥秘，奋勇地攀登发展能力的阶梯。教师的任务就在于把这种积极性充分调动起来。点拨的任务正是在这方面因势利导，而不是全盘灌输。孔子说的"不愤不启""不悱不发"，"愤"与"悱"说的正是学生的心理状态，"启"与"发"说的就是针对心理状态，相机诱导，适时点拨。

一个高明的教师只要三言两语就能激起学生强烈的求知欲望；只要做一个巧妙的暗示就能使学生在一片昏暗中悟见光明，豁然开朗；只要在方法上略加指点，学生就会心领神会而自动腾飞；教师一石激起千层浪，学生往往就会浮想联翩，进入一个别有洞天的知识世界。这就是点拨的功能！因此，点拨的方法不是全面授予，而是片言居要，点石成金。英国教育家斯宾塞说："一个无论怎样坚持也不过分的，就是在教育中尽量鼓励个人发展的过程。应该引导儿童自己进行探讨，自己推论，给他们讲的应该少些，而引导他们去发现的应该尽量多些。"所谓"引导""发现"，就是一种点拨。因此，我们认为"点拨法"是发展学生思维、调动学生学习积极性的一种有效方法。

二、从哪些方面点拨

点拨教学法的适用范围十分广泛。总的来说，它的实施不分课内与课外，也不分阅读教学和写作教学。甚至，点拨法也打破了教师与学生的界限。从宏观角度对点拨的内容做一个扼要的考察，撮其要者，有如下几个方面：

1. 点拨学习目的，引发求知动机

我们特别着重从现代社会需要这个制高点上来引导学生明确学习目的。从"育人"的高度来使学生明确培养思维能力的重要性，学生就能主动地进行自我调节，主动地贴近教师，或自我点拨，或接受点拨。多年来的实践告诉我们，一个教师仅仅懂得学生学习的目的是什么，并相应地苦心经营出合理的教法，把学生视为接受训练的"机器"，还是达不到较高的境界的。教

师只有点拨学生自我明确了学习目的，才能真正引发他们的求知欲望，"教学相长"才能变为现实。另外，点拨学生明确学习目的是一个动态的运动过程。它随着社会生活、学生生理及心理、课程设置等因素的变化而变化。从根本上说，学生现在及未来的人生过程都应当是点拨明确学习目的的过程。有人说，学习目的在学生入学那一天起就已经讲明，教育方针及教学大纲都规定得很清楚，有何点拨的必要？如果从外在形式上看，这是对的，但如果根据学生的实际，那么，这种以不变应万变的态度就简单化了。点拨法的特点就在于将学习目的与学习实践时时结合起来，让学生学有方向，稳步前进。比如说话能力及实用文写作能力的培养，学生明知重要，但由于不考试的缘故，学生有不以为然之感，宁愿舍此而去求彼，如果教师点拨学生开启信息化社会的大门，使学生懂得口才的重要，引发学生主动培养自己这方面能力的动机，那么，教与学双方就能和谐地统一起来。如果再进一步地说明，训练说话能力不仅仅是为了有好的口才，而且也有利于其他思维能力的培养，那么，学生主动求知的积极性就会更加高涨。

2. 点拨学习心理，让学生掌握自己

我们知道，心理学是同语文学习联系十分密切的一门科学，它研究不同年龄阶段的学生的大脑工作原理，研究记忆、注意、观察、思维、想象等规律，而这些规律正是学生所迫切需要的。让学生懂得这些知识，可以使之自觉地避免那些错误的学习方法，自觉地选择适合于自己个性的学习方法，从而大幅度提高语文学习效率。这种学习心理上的点拨，应当列为语文教学点拨法的重

点内容。有 31 名农村中学初二年级学生自读《连升三级》，认为这个故事不真实。张好古混迹一年，只字不写，值得怀疑。再说张好古只字不识，是一恶少，在口头上也该是粗浅不堪的，难道那些有真才实学的"翰林们"分析不出来？教师仔细地联系时代背景和文学的真实性问题来讲解，学生表面上是消除了疑雾，然而肯动脑筋的学生还是问："老师，为什么我们就不能像你一样来分析啊？"仅是回答"你现在水平还不够"恐怕还不行。教师不妨让学生了解自己：初二学生大都是十四五岁，这个时期，心理学上称作是少年期和学龄中期。此时，学生心理尚处于幼稚期或由幼稚向成熟转化的朦胧醒悟期，特点是模仿性强，静止不变的概念性的知识容易掌握，而透过表面对作品进行理性分析的能力就十分弱了。学生有些焦灼："那我们就不用分析思考了吗？"不，教师让学生进一步明白，在神经系统的发育方面，少年的脑重量已达到了成人的水平，脑细胞的分化能力也已接近成人水平，但脑细胞的功能还比较脆弱，大脑皮质层区域的神经联系还不稳固，兴奋点容易转移、跳跃，意志力、自控力薄弱，兴奋和抑制过程的扩散都较快。这样，思考分析不应要求过高，关键还是学习惯的培养。如阅读，在初一、初二阶段理应着重掌握查工具书、查字解词、提要摘抄、背诵等基本功。教师这样从生理、心理素质上来点拨学生，使学生完全掌握了自己，学生就能愉快而又和谐地与教师"互动"，使学习不断科学化。

3.点拨学习兴趣，激起探索欲望

事实早已证明：兴趣是学习知识、探求疑难的原动力。学生的兴趣，积极的情绪，对于学习活动为什么十分重要？巴甫洛夫高级神经活动学说实验证明，它的生理基础在于情感对大脑皮层有效工作的巨大作用：积极的情感是人的一切活动（无论是体力活动还是脑力活动）的强有力的鼓舞者和发动者；相反，消极的情感则阻碍压抑它的工作。教育学家斯卡特金说："如果我们能够做的百分之百是使孩子们兴致勃勃地学习，那么我们的成绩率就是全优的了。兴致勃勃地学习，不仅是孩子们的幸福，而且也是教师们的本领。"这实际上也是古今中外历代教育和教学论诸家思想的主旋律。点拨法把激发学生的学习兴趣当作是教学实践中的重要一环。尤其是对待学习困难生，更着重于兴趣的点拨。

比如写议论文，学习困难生没有不皱眉头的。经过两三年的反复，他们还是不能写出一篇像样的文章。为此，我们运用点拨法，让学习困难生走上议论文写作第一台阶。首先强调第一步：先放后收，打破框框，消除顾虑，让学生进行漫步式的写作。所谓漫步式的写作，就是漫无边际地写，其根本目的，就是为了激发那些视写作为畏途的学生的写作兴趣，让他们充满信心地再迈开第二步。写作内容可以来自日常生活，也可以来自课本、读物等，总之，山川、草木、虫鱼、人物等，无所不包。不加限制，充分引导，能使学生无拘无束，为培养他们的思维能力造成良好的心理环境。他们心里都想："写作，原来如此。"当然，"放"过之后，便是要善于点拨学生把这两方面的"点"有机地结合起来，引导他们抓住什么、如何抓，从而达到掌握知识、培养能力的目的。例如学习长文《制台见洋人》，教师点拨学生从字词句的某一"点"上来突破：①"他接过手折，顺手往桌上一撂……"；②他"索性把手折往地一摔"；③巡捕报告"有客来拜"，因制台正准备吃饭，于是，"只见啪的一声响，那巡捕脸上，早被大帅打了一个耳刮子"，当制台知道是"洋人"来见时，"又打了巡捕一个耳刮子"并且还踢了两脚。全文至此写了三件事。这里的"一摔、一摔、两掌、两脚"充分地表现了制台其人骄横恣戾、欺压下属的"横"像。又例：①制台见"领事气愤愤地"质问自己，当下想了想说道："贵领事可是来问我兄弟杀的那个亲兵？"于是讨好一番。可领事再次逼问："何必要一定杀在我的公馆旁边的呢？"制台想了一想道："有个缘故……"于是又加倍地讨好卖乖。②领事走了，制台说："我可被他骇得我一身大汗了！"作者复用"想了一想"生动传神地表现了制台想蒙混过关，竭尽讨好献媚之能事的惧怕心理，画出了一副"骇"像。再例：①"洋人"回国，制台说："很好！他这一走，至少一年半载。我们现在的事情，过一天是一天。"②当淮安知府告诉制台"地方上的百姓动了公愤"时，制台说："糟了！一定是把外国人打死了！中国人死了一百个也不要紧！"③当淮安府说"洋人"在中国人面前彻底"服软"了，制台说："咦！这也奇了，我只知晓中国人出钱给外国人，是出惯的，哪里见过外国人出钱给中国人？"以上写制台与淮安府的对话，突出一个"昏"字，活画出制台没有骨气，崇洋媚外的"昏"像。学生在教师的点拨下，抓住"横""骇""昏"这三个字的含义，对文章艺术特色及制台形象就能一清二楚。

4. 点拨学习疑难，帮助逾越障碍

学习有一个"无疑—生疑—解疑—领会"的过程。传统的教学是教师唱独角戏，将这个过程变为教师嚼烂知识送进学生嘴里

的简单的包办代替的形式，导致的结果便是学生的思维变得呆板机械。点拨法教学则着重于点拨学生自己在无疑中生疑、解疑，或者是当学生实在生不出疑难时，教师献疑，让学生活跃起来，攻克疑难，逾越障碍。点拨的目的是让学生自己学会积极思考。我们认为，方法上的"点拨"不能仅仅停留在教师对学生的单向指导上，而是要充分地调动学生的智力，让他们学会"点拨"自己。学生能"点拨"自己是必不可少的"点拨"。苏霍姆林斯基说得好，如果把掌握知识的过程比喻为建造一幢大房屋，那么教师提供给学生的只是建筑材料——砖头、灰浆等，应当把这一切砌垒起来的工作交给学生自己去做。经常看到，正是由于教师不让学生去干这种笨重的建筑工作，才使学生变得不够机灵，理解力下降的。只有让学生实际地干，他才会真正开始掌握知识。我们在班上试办了"疑难问题"征答专栏，划出一块园地，写上几条须知：①提出学习时遇到的疑难问题；②问题必须具体，要抓住要点；③集思广益，献计献策；④欢迎一题多解，展开争论。这样做，可以点拨学生时时处在思考中。如有个学生学了《桃花源记》问："'仿佛若有光'中的'仿佛''若'都是'好像'的意思吗？如果是，那是否重复了？"课本上没有注释，教师也忽略而过，一个学生借助《辞海》解决了这个疑难问题："仿佛，视不谌也。《字林》仿佛，见不审也。"有学生补充说："见不审，就是看不清楚的意思。所以这一句译为：'看不清楚，隐隐约约，好像有光亮。'"还有《一月的哀思》中，作者怎么用了那么多的破折号？《故乡》中，又为什么用了那么多的省略号？诸如此类疑问不一而足。在教师点拨下，学生查检资料基本上都能做出完满的回答。至于在课堂教学中，教师相机提出疑难，引发学生生疑，然后展开讨论就更是家常便饭了。总之，点拨学习疑难，帮助逾越障碍，是点拨的主要内容之一。

5.点拨学习方法，交给钻研钥匙

学生明确了学习目的，产生了学习兴趣，这仅仅是搞好学习的第一步。学习，有一个方法问题。有了方法，等于有了进军手杖；没有方法，就等于在暗胡同中乱钻。有些学生失去学习的信心，自怨自艾，大都是没有掌握学习方法的缘故。点拨学习方法理应是重要的内容之一。那种只管教不管学、只研究教法不研究学法的教学算不上点拨教学。怎么点拨学习方法呢？我们在点拨的实践中体会到以下几点：①教师在继承我国古代传统的语文学习方法和借鉴国外各种先进的语文学习方法的基础上，努力总结当代一些卓有成效的学者和成绩优异的学生在语文学习中创造的科学的方法，然后加以归纳整理，逐步建立起科学的语文学习方法论来，让学生运用。②方法不仅由教师总结，还应让学生自己动手创造。叶圣陶先生说："让学生自己去发现种种的法则。"学生自己摸索到的方法，往往感受更亲切，使用起来更得心应手。因此，我们应当点拨学生在语文学习过程中，自己去总结、改进和创造学习方法，使他们学会怎样科学地学习语文。③中学各学科的学习方法有很多是相通的。因此，我们要点拨学生进行方法渗透、转换、比较。将学数学的方法移植到学语文上来，同样有积极、实用的借鉴价值。比如我们举办"学习方法汇报会"是很有效果的形式，在一小时内，让全班同学以"课堂笔记作法"为题，举例畅谈。同学们七嘴八舌，各抒己见，学习方法的火花时时闪现。

这时也会出现教师点拨学生，学生点拨教师，学生点拨学生的立体交叉式点拨的喜人局面。方法在手，等于拿到钻研知识的钥匙，其效果是不言而喻的。在点拨方法的长期实践中，我们的结论是：点拨学习方法，交给钻研钥匙，不仅势在必行，而且也是有比较扎实的知识基础做保证的。学生进入中学阶段，储备了一定的词汇，积累了一些文章，具有了一定的听说读写的能力，这为学生全面掌握语文学习的基本方法奠定了基础。同时，根据心理学的分析，学生智力发展的高峰是在中学时代，由于智力是构成学习基础的条件，因此中学阶段确实是点拨学生掌握学习方法的最佳时期。此外，初中时代又被称作青年早期，这时期处于从孩子到成人的过渡时期，学生在心理上具有像钟摆一样强烈动摇的特征，因此在这时期加强对学生语文学习方法的指导，便于他们接受正确的语文学习方法，养成良好的学习习惯。

6.点拨知识运用，体会收获乐趣

如果说，我们在教学这个小训练场中授予学生一定的技能的话，那么，最好是让学生到社会这个大训练场中去经受实践的锻炼和检验。如果将课内的技能传授同课外的技能锻炼紧密结合起来，学生的语文能力定能得到更充分的发展与提高。为什么不少学生读了十几年书，一旦走入社会，常有学用脱节之感呢？主要问题之一就是我们只重视课内技能传授这个过程，而忽视了课外实行见习运用这一点，课内与课外没有有机地结合起来。当然，点拨学生运用知识，体会收获的乐趣，也不是仅限于非让学生走到课外不可。在课内开辟第二课堂也是知识运用点拨的有效途径。方法尽管多种多样，而效果则是趋于一致的：①在实践中，运用掌握的知识，更能激发探寻新知的兴趣；②学生运用知识，更能清楚地认识自己知识水准的程度，能进一步调节自己；③运用知识，使思维能力向更高的境界发展；④在实践中运用知识，常常采用综合交叉的形式，读、写、听、说这四项能力常常是融会贯通的，这比教室内进行单一式教学效果更大。这几种好处实际上也就是"点拨知识运用"的意义。我们开展的"破封闭、倡开放，进行社会调查，开展以写为中心的读、写、听、说综合训练"活动是进行这方面点拨的有效形式之一。

　　我们利用节假日组织学生进行社会调查，在调查前先综合归纳一下语文四项能力的基本要求。说，是调查时首先遇到的一个问题。说的问题是什么？同一个问题运用哪些不同的形式进行表达？对不同身份、不同性格、不同修养的采访对象运用什么样的说法？还有如何提问？如何引问？如何增强趣味性？等等。其次是听。为了迅速达到采访调查的目的，会听会记至关重要。如何抓住契机，让对方再做深入表达？如何以点带面，进行由此及彼、由浅入深、由表及里的联想分析？如何提纲挈要，对被采访人的话进行过滤分析、综合归纳，再做记录？等等。再次是读。我们着重于写作例文的阅读点拨，让学生在写的时候，心中有一个"参照物"。最后是写。写作知识与要领在平时训练中已经讲得十分仔细深入了。总之，学生在调查前将四项能力的知识要领掌握之后，便走入生活，实践见习，运用锻炼。运用的过程，也就是巩固、复习、发展、创新的学习过程。在这个过程中，乐趣也是无穷的。仅说修改文章吧，平时修改，仅仅是针对文章本身的毛病而言。诸如谋篇布局是否妥当，文字表达是否简练等。而在调查中修改，则打破了这种封闭的单一状态。实验表明，调查时的"听""说"效果在文章写成后体现得十分明显，如学生甲在文中写了一个精彩片段，而学生乙却只字未提。学生甲与学生乙同时调查，应该说都可以运用这些精彩的材料，可为什么写作事实却不是这样呢？原来甲在调查时，听说能力比乙强一些，甲看重的问题往往被乙忽视了。教师这时候点拨学生进行比较思考，能让大家都明白掌握知识的重要性。

三、"点拨法"的基本方式及其作用

"点拨法"是一种教学论，它帮助人们端正语文教学思想，明确语文教学过程，运用科学的语文教学方法。在明确"点拨法"基本思想的前提下，作为第一线的教师，最关注的还是如何操作的问题。虽然说运用"点拨法"没有固定的模式，应该灵活掌握，但在教学中，基本的操作方式还是有的。

我在长期的教学实践中，摸索了 10 种点拨方式，有一定的实用价值。当然还很不全面，有的还有待进一步加以完善。现提出来，仅供参考。

1. 暗示引发

在通常用语中，暗示是指人们有意识地用含蓄的方式示意某人。心理学上所说的暗示则不同，它是指人从环境中的人或事物所接受的不知不觉或意识模糊的刺激及影响。这种人与人之间、人与环境之间的自发的刺激影响作用，叫暗示。运用"暗示引发式"点拨，就是充分利用学生的暗示心理活动，促进学习某事物的需要、兴趣和动机。同时与有意识的心理活动相结合，以充分发挥智慧潜力，取得尽可能好的学习效果。具体地说，就是在点拨过程的开端甚至结束，并不直接提出"学习什么"的目的，而是艺术地把学生引入一种境地，来焕发合宜的动机和需要，启迪他们由衷产生相应的情感、想象和思维，使学生自然而又必然地获取某种知识和技能。"任何一种教育现象，孩子在其中越少感觉到教育者的意图，它的教育效果就越大。我们把这条规律看成是教育技巧的核心，是能够找到通向心灵之路的基础。"①苏霍姆林斯基的见解强调了"暗示引发"点拨教育的意义。我们来谈一个例子。高中第四册有一个戏剧单元，有《雷雨》《威尼斯商人》和《窦娥冤》三篇课文。学生学戏剧作品有一定的难处，平时见得少，戏剧常识和分析方法也了解不多。为了达到实用而又别开生面的教与学的效果，我们打破了常规分析的教法，并且结合"五四"青年节活动，安排学生演一场戏——《威尼斯商人》。把全班学生分成导演组、演员组、舞台设计组、表演评议组。教师将有关材料全都提供给学生，让学生精心准备，然后演出。学生成了导演，成了角色，成了评剧人，兴趣盎然，只知道自己是在演戏，忘记了自己是在带着任务学习。实际上，编导的过程就是一个分析剧本的过程；承担角色的过程，就是一个领悟台词及人物形象的过程；而评议表演，则是深化各项知识的过程，除了导演和表演，作为观众的部分学生也都在积极地学习。这种点拨，不是正面地直接地让学生学什么，而是让他们去做些什么，用"做"表演活动，来激励他们的学习兴趣、需要和动机，围绕活动来学

---

① 苏霍姆林斯基：《帕夫雷什中学》，教育科学出版社 1983 年版，第 14 页。

习知识，顺其自然地学习。在点拨实践中，进行暗示引发的途径
是很多的。比如放诗歌或散文朗诵录音，将学生带入作品所渲染
的意境中，使其在情感上得到陶冶，等等。

2. 引路入境

境，指美好的境界；怎样"入"？强调一个"引"字，也就
是点拨。它不是牵拽，更不是灌输，它着重于让学生在心理上产
生共鸣，在思维上达到同步。"引"，实际上是架起一座引桥，
教师点拨学生，校正路线，循序渐进。引路入境的范围很广，既
关联到学习方法的点拨，也涉及讲读教学与写作教学的艺术表现。
如教《天山景物记》一文，教师进行配乐朗诵，然后再进行评议
式的描述，让学生沉浸在美的意境中，这种在情绪上引路入境是
有效果的。再如校正习作中出现思想情绪灰暗低沉的例子。一位
农村中学生在文中散布对农村生活彻底失望的情绪，堆砌了不少
能体现农村生活落后面的事例，引起不少学生的共鸣。怎么校正？
一般方法是在讲评时提出批评。这样做，教师说套话多，虽然也
有理有据，学生在情绪上却一时不愿接受。如果采取委婉迂回、
引路入境的方式，效果就大不一样。第一步，教师先谈一点生活
美的知识，作为引子，生活中包含着美，客观中存在着美，但又
不是俯拾皆是。凡是客观的存在于社会生活中，最能体现出人的
本性，为人所宝贵的，富有生活意义与人生价值，从而易于唤起
审美情感的社会生活事物，就是生活美。生活美并不仅仅表现在
一些变态生活上，如激动人心的社会事件、劳动与斗争生活等，
体现得最多的反而是平凡的常态生活（普通的日常生活）。学生
们常忽视后者，这一点要特别强调。第二步，教师又引出生活美

的主要内容：①性格美。如农民坚毅果敢任劳任怨的精神等；②风尚美，如淳朴的乡村习俗；③事件美，如专业户的兴起、移风易俗的新人新事等；④氛围美，如富有人情味的生活气氛。这样，使学生对农村生活美有了一个全面的认识。第三步，避开病文，引导学生每人根据上述提示举出二三例。人声鼎沸，事例很多。同时有意点拨学生举出一些反例。第四步，对正例与反例进行辩证分析，用一分为二的观点分清主流和支流。通过以上几步的引发，学生已沉浸在生活美的境界中，火候一到，再亮出病文，不待教师讲，便自有认识了，像这样委婉迂回，引路入境，能从根本上解决认识社会生活的方法问题，也点拨指导了写作。

3. 辐射延展

点拨，着重于一"点"的拨动，打一个不太恰当的比方，一篇课文是一个沉重的物体，而拨动的某一"点"是垫在杠杆下的石头。石头支撑杠杆起作用，便顺利地移动了物体。这一"点"，可以是"课眼"，可以是"文眼"或"诗眼"。拨动这一"点"延及其余，抓纲显目。既在知识上放射开来，呈网状结构；又在能力发展方向上扩展开来，形成发散式思维走势。这就是进行辐射延展式点拨要达到的目的。如扣住文眼，用辐射延展的方法教《触龙说赵太后》一文。全篇的眼睛是"说"。辐射延展状况如下：

说——
- 说的原因：国事危急，但太后爱子，不让子出质于齐。
- 说的过程：从生活起居说起，说将自己的儿子托于太后，说太后为儿子作计，并议为计之短长。
- 说的效果：太后纳谏，长安君质于齐。

通过上述扩展，用时不多，学生在知识上至少有两点收获：①触龙的说话艺术；②文章谋篇结构的特点。在技能上也有两点借鉴：①学习说话；②学习扣住文眼分析作品。又如教《赫耳墨斯的雕像》，学生觉得好懂。教师为了深化学生的理解，使他们进行发散性思维，从"他笑了"这一不起眼的句子上进行点拨，学生的思维走势是分散的：

   嘲笑、轻蔑、看不起。意思是：堂堂的宙斯，也不过只
笑—— 值一个德拉克墨，没什么了不起！
   满足的笑，得意的笑。含义是：宙斯的像值一个银币，不少啦！

   赫耳墨斯当然高兴，因为他认为父亲的像很值钱，而自己比父亲更了不起，那么自己的像更贵些。

教师顺势点拨收拢。提问：当雕刻家说赫拉的像还要贵一些后，赫耳墨斯是怎么想的呢？他会不会也是想，没什么了不起，只值这几个钱？学生联系全文思考，得出结论，赫拉的像只比宙斯"贵一些"，也贵不了多少，因此，赫耳墨斯那种狂妄自大的心理没有什么变化。他仍然是瞧不起的意思。对自己的像，他始终认为"人们一定要出高价来买"。因此，赫耳墨斯的笑是轻蔑的笑。在这个不起眼的句子上轻轻一"点"，学生串起了全文，有两点理解：其一是赫耳墨斯的形象；其二是这篇寓言的主题。由此可见，由一"笑"字让学生进行辐射延展式思维，讨论争鸣，求同比异，取得的效果比教师采用单一式的分析串讲要好得多。

在写作教学中，辐射延展式的点拨也很常见。如对下面这则观察札记进行扩写：

　　张二叔家的小院子十分宽敞，院墙四周垒起了花坛，种了各色各样的花草：有玫瑰、有兰草、有月月红……三间正屋都是青砖到顶、红瓦参差，十分气派。初夏的黄昏，一家人都歇工了，围坐在小院中央的石桌边闲聊。张二叔却闲不了，他正在侍弄培育"猴头"。再过半个月，"猴头"就要上市了。新月初升，小院清幽。大家都在吃香喷喷的绿豆稀饭，张二叔还要饮两杯"洋河大曲"呢……

　　一般情况下，学生只能扩写成一篇情景交融的散文。其实，通过点拨，还有以下写作思路：

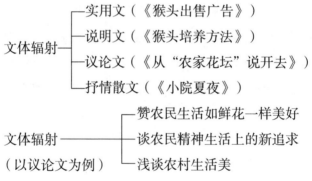

　　明确以上思路，学生就可以根据需要组织材料、补充材料进行写作了。

　　4. 逆转爆破

　　我们的常规教法是教师备课，然后设计教案，安排步骤。接着是教师讲课，最后布置作业。这种常规教学沿袭日久，当然切实可行。是否非得如此沿袭不可呢？不一定。如果我们把这种课堂讲授、课后作业、教师批改、循环往复的教学模式看作是顺向教学的话，那么，进行逆向爆破式的点拨教学则恰恰与此相反，所以相应地也称为"逆转"。教师把有关课文的材料给学生（成立阅读小组），并设计出一整套练习题，也给学生，让学生自动完成。学生进行练习的过程实际上也就是提供反馈信息的过程。教师据此进行备课，批改作业，然后补缺补差，解决疑难，这就是选点"爆破"。这种方法能充分调动学生自学的积极性，教师完全做到对症下药，点拨能"点"到要害，"拨"到关键。如教《人民的勤务员》，教师拟了一份自测单让学生在竞争气氛十分浓厚的情况下一节课完成。下面是几道题目：

（1）填写表格

时间	地点	事件	服务对象	评论

做这道题目的目的是掌握本文的内容。从时间上看，有平时，有假日；从气象上看，有晴天，有阴雨天；从地点上看，有旅途，也有驻地；从服务对象上看，有老人、妇女、孩子等；从事件上看，有扶老携幼，端水倒茶，打扫卫生等。作者的评论有两点：一是直接评论"寻找一切机会为人民服务"；二是引用"一贯地有益于广大群众，一贯地有益于青年，一贯地有益于革命"。从答卷上看，学生基本上能完成。

（2）提问题

文章开头和结尾都引用了雷锋日记，在内容上有何异同？有何作用？它们的位置能否颠倒？

目的是让学生了解结构特色。学生回答不周全，教师在第二节课上进行点拨：两段日记都展示了雷锋高尚的情操。不同点是开头一段侧重于说明雷锋的生活宗旨，结尾一段侧重于揭示雷锋所作所为的思想基础。作用是形成首尾呼应，揭示全文的中心。它们的位置不能颠倒。因为开头一段有总领全文的作用，而后一段则是揭示雷锋之所以这样做的思想基础，含收束之意。

题目还有一些，总之，这种点拨方式所要达到的目的，就是创设一种竞争气氛，充分调动学生智慧的潜力，让他们自己动手动脑，克服依赖思想。

5. 抽换比较

此法是指将课文中的某些内容抽去，换上教师自编的内容让学生比较。比较的内容，或找例文与课文配合，求同比异，或是如抽换一样，将重点、精彩点抽出来，换上另一种内容或表达方式，进行比较。这也是为了打破每上一课都是叫好的沉闷格局，活跃课堂气氛，促进思维发展。这种点拨方法也适用于写作教学。如教《阿Q正传》抽换如下表：

原文标点情况	抽换句子
①你怎么会姓赵！——你哪里配姓赵！	①你怎么会姓赵，你哪里配姓赵！
②"老Q……现在……"赵太爷却又没有话，"现在……发财么？"	②"老Q"，赵太爷却又没有话，"现在……发财么？"

通过标点的抽换让学生品味鲁迅使用标点符号的艺术。①原句中用两个感叹号，充分表现了这个豪绅咄咄逼人的口气，中间的一个破折号活现了赵太爷步步逼人的气焰。而抽换句则不能达

到这一效果。②赵太爷的一句话仅九个音节，却用了三个省略号，表明四次才说完。"现在"一词，竟然重复两遍，停顿两次，甚至把"阿"与"Q"分开来说，巧妙的标点，惟妙惟肖地揭示了赵太爷之流惶惶不安的心理和神情。显然，抽换句的表达效果也不如原句好。又如教《反对党八股》一文，为了促使学生对本文语言特色的掌握，我们也有意地将原文中的典型句子抽出，换成另外意思相同的句子，让学生比较思考。如"……但是没有什么内容，真是'懒婆娘的裹脚，又长又臭'。"换成："没有什么内容，显得空空洞洞，而且又拖沓冗长。"再如"俗话说：'到什么山上唱什么歌。'又说：'看菜吃饭，量体裁衣。'"换成"具体问题具体对待"。哪一种说法通俗易懂，深入浅出，生动活泼？不言而喻。在作文批改过程中，我们也坚持不随意划去学生的文字，而是将教师的修改文字写在旁边，并略述之所以如此修改的意图。这样也留下了让学生进行比较思考的广阔空间。

6. 纲要信号

有些文章要掌握的内容很多，重点交叉，头绪纷繁，为了使学生自己解决一些较为容易的问题，以便多出时间攻克某一难点，教师有必要用"纲要信号"的形式让学生先熟悉一部分内容（不待教师讲），有些文章浅明如话，几乎不用饶舌，教师干脆将"纲要信号"传递出去，使学生更快地通过学习的关卡。有些构思能力较差的学生，写作时手足无措，文章常常是"乱麻一堆"，怎么办？"纲要信号"传给他，让他明白作文结构的"格"，按照一定的定式来写，进行定向思维。这些都是"纲要信号"所起到的点拨作用。什么是"纲要信号"呢？我们用实例来说明。茅盾的《白杨礼赞》从文体上讲是抒情性散文，从构思设计上讲是因物联想，从写作意图上讲是"白杨树实在是不平凡的，我赞美白杨树"，从感情基调上讲是充满了赞美之情，从线索上讲是由描绘—概括而联想—赞美。白杨生长的大自然背景→白杨树的形象→由白杨联想抗日人民的形象。仅这些问题，单靠教师用语言表达既费时（一节课完成不了），又费力（学生可能感到纷纭复杂，难以有清晰的理解）。而如果用纲要形式列出来，变有声语言传达为无声的信号指示，就能事半功倍。如下图：

白杨树生长的自然环境	→	白杨的形象	远望，勾勒白杨的风姿	→	像白杨一样的人	象征了北方农民
			↓			象征了敌后守卫家乡的哨兵，象征了用血写出新中国历史的精神意志
			近观，描写白杨的形象			
			↓			
			比较，概括白杨形象的特点			

（引出）（描绘—概括）　　　　　（联想—赞美）

纲要图中的箭头方向与文字说明组成一束信号，很快输入学生的大脑，学生通过仔细审读再对照课文思考，一系列问题就可以解决了。这样从全局认识全文之后，再局部剖析课文中的疑点、难点、重点，思想认识就具备了成熟的条件，而且思路广阔畅达，节省时间。事先向学生传送纲要信号与进行一般的板书设计不同。

板书设计，实际是为教服务的。一套板书设计结束也是一课内容的分析的结束。板书设计反映了教学思路的走势，便于学生有条理地掌握一课学习的内容。而纲要信号也常常用板书形式出现，但它不是一课内容的全面概括，它主要是突出课文的某一点，某一部分。如《白杨礼赞》的纲要信号就主要突出在作者的思路和文章的结构这两点上，至于语言特色、修饰艺术等不包括进去。一套板书设计常常是贯串全课始终的，教师边讲边书。而纲要信号则不用教师去讲析，信号发出后，就提示学生怎样去思考。因此，板书设计是知识概括，纲要信号是思考方向的点拨。再举一例，学生写记人叙事文章，不会选材，不懂结构，不知详略，不明主次，如果总是讲述文章结构知识，空洞呆板，且又不能解决实际问题。与其重知识上的灌输，不如在表达上将语言概述改成信号传递，让学生看下图：

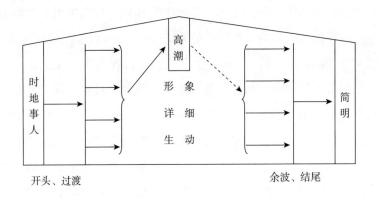

学生依上图构思，选材，结构，连缀，就如下棋，有了一个"定式"，有格可依，有路可寻。当然，纲要信号只是一种思路上的点拨，不是定下一种僵死的思维模式。

7. 激疑促思

"要尽量使你的学生看到、感觉到、触摸到他们不懂的东西，使他们面前出现疑问。"（苏霍姆林斯基）疑问，是思维的导火线，激疑与促思是孪生姐妹。"思"以"疑"为起点，有"疑"才有"思"，无"思"就不能释"疑"。当学生的情感被激发起来，兴趣之潮也激荡起来，再点燃"激"与"促"这个外因之火，就更能发挥学生学习的主动性。激疑促思的点拨方法有两个：

（1）搭桥铺路

面对显露的疑难，教师搭桥铺路，牵引学生或正面突破，或迂回冲锋。比如初中的《一面》一文中有一句："那笑声里，仿佛带有一点'非日本'的什么东西。"这句话由于故意幽微其辞，颇有些费解；而解释清楚，又大大有助于对课文的理解。于是针对这一疑难，教师引导学生"迂回"思考：①文章写于何时，有何背景？②文中提到的内山与鲁迅关系如何？何以见得？③内山是什么样的人？归纳学生的零星见解，便得出如下结论：《一面》成文于1936年。此时日本帝国主义已侵占我国大片领土，中国人民对日本侵略者的仇恨已达到极点。因此，日本军国主义分子和特务分子的狰狞面目已深深地刻在中国人民的心中，而内山完造是为中日人民的真正友好而奔走努力的。因而作者把他当作"非日本"来写。这句话的真正意思是：那笑声里充满了中日两国人民的友好情意，全然不像当时一般日本人（指日本军国主义分子）的笑声。故作者用"非日本"这样一种特殊修饰词来加以表达。

（2）无疑处激疑

"于无疑处有疑，方是进矣。"（朱熹）在无疑处激疑，可促学生深思，深思而后释疑，既深入了解内容，又提高了认识。比如祥林嫂之死，常被忽略。人们只关心的是祥林嫂的生前命运。其实，教师半路提出"祥林嫂是怎么死的？"这一疑问更能促进学生掌握祥林嫂这一艺术形象。课文并没有具体交代祥林嫂的死因。但从内容上判断，可推出祥林嫂是"老死"的，犹如一盏油灯，油竭芯尽灯灭。如果泛泛而谈，是因为在封建礼教枷锁的捆缚下而死，虽正确但不具体。从祥林嫂临死前的神态（肖像描写），从祥林嫂临死前的心理活动（与"我"的一段对话）以及短工的旁证，可见祥林嫂是自然死亡（老死）。祥林嫂"老死"的结局丰富了人物形象的内涵。她是那样勤劳、那样善良，希图依靠勤劳的双手度过一生。而她生活的那个社会的专制制度、封建礼教和封建迷信不断地摧残她。那一幅"丧夫图"、那一幅"丧子图"、那一幅"木偶图"，组成了中国近代末期一代妇女的悲剧形象。而那一幅"中年老妪图"，使她被侮辱被损害的形象内涵更丰富了。一个不到40岁的中年妇女，按照生命自然法则正是年富力强之际，然而祥林嫂的生命却枯萎了，世上还有比这更惨厉的侮辱和损害么？未老先衰，未到老死之年而老死，这是祥林嫂形象的独特的典型意义。教《祝福》，在这无疑之处发生疑问，并结合文章内容，进行推断分析，对认识小说的悲剧意义无疑是十分重要的。长期运用点拨法，可使学生养成反复多思的好习惯，有利于创造性思维能力的形成与发展。

8. 再造想象

想象力，是一种认识能力。爱因斯坦说："想象力比知识更重要，因为知识是有限的，而想象力概括着世界上的一切，推动着进步，并且是知识进化的源泉。"想象力的种类较多，我们所说的"再造想象"是根据语言的表达或条件的描绘（图样、图解等），在头脑中形成有关事物的形象的想象。在讲读教学中点拨学生借助于再造想象来理解他们未曾感知的有关知识，认识他们未曾经历的生活，才能对文章的内容及其表现方法有深入的理解，有助于提高学生的观察能力和写作能力。

社会生活是纷纭复杂的，而作者在文章中表达的生活内容都是经过提炼的，是"过滤的生活"。如果教师让学生读作品时，通过作品中的语言信息想象到事物的原理及生活原貌，就能真正理解作者是怎样由观察生活到表现生活的。如鲁迅《故乡》中的"我"回到故乡后，来到"我家的门口"，看到"瓦楞上许多枯草的茎当风抖着"。这一句语言十分简约，但留下了多层次的想象空间，教师提出这样的问题进行点拨：作者写的是什么？生活的原貌是什么？为什么这样写？学生的想象翅膀能款款而飞。首先想象，作者写的不是"房上"的草，而是"瓦楞"上的草，不是枯草，而是枯草的"断茎"，"断茎"不是随风摇动，而是"当风抖着"。这写的是冬天里的荒凉之景。接着再想象"我"既观察如此之细，势必还看到其他种种情景：旧屋、荒院、杂草、枯树等等，可为什么只写"瓦楞上"的"枯草的断茎"呢？这还要进一步地想象"我"急于见到家中的亲人，匆匆往院内走的情形。想到这些，就可以理解此一句已表现悲凉之情，无须在凄凉之景上大力渲染了。这种想象力的发展，对选材、写景诸要领的掌握是很有裨益的。

在教议论文时，点拨学生要进行"再造想象"，使语言表达的抽象道理形象化，就容易理解得多。这是因为抽象的东西是从具体的东西中来的，要掌握抽象的道理最好让思维的翅膀飞回到生活的事实原野上。比如我们讲《个人和集体》中的这样的句子："他骄傲，有了一点成功，就盛气凌人，不可一世，企图压倒别人……"（还有很多例子）我们就让学生发挥想象，在现实生活中找出"他"，给"他"画漫画，这样，"他"的形象给人的印象就更深刻了。

如果教一些结尾耐人寻味的小说，让学生发挥想象，写点想象作文，就更有助于学生把握人物、理解主题。如学生学习了《我的叔叔于勒》后，在教师的点拨下，写成《于勒叔叔回家》一文，想象"一家人"看到于勒仍是穷鬼就赶紧避开之后，于勒偶然在海边拾到一贵妇人丢失的名贵戒指，发了大财，终于又回到"家里"。"一家人"设宴款待，于勒借机揭露"一家人"的丑态……这样写，说明学生对小说的主题有了更深刻的理解。

9."挑拨"争鸣

为了培养学生的创造思维能力，进一步挖掘学生的智能潜力，打破沉闷的课堂气氛，适时"挑拨"起争鸣的战火，是很好的点拨手段。这种形式也适应青少年敢于探寻知识的心理特点。在中学课本中，有很多值得争鸣的篇章，为我们从事这种点拨提供了条件，知识越争越多，思路越辩越清，问题也越议越明。

如教《柏林之围》，儒弗上校到底是一个什么样的人？这就是一个值得争鸣的话题。教师直截了当地提示学生：分析儒弗上校的形象，深掘理论或事实根据，两军对垒，战火纷飞，课堂像一锅沸水。学生的观点有两种：儒弗上校是爱国者，儒弗上校是侵略者。两边都有似乎很实在的理由。在谁也说服不了谁的时候，教师不忙于揭底，而是再点一把火，再拨一次灯，点拨学生思考普法战争的性质。学生说：普法战争实质上是一场普法统治者争夺欧洲霸权的战争，双方都是非正义的。这是学生给自己泼一瓢冷水，看来问题还是难解难分。当学生将希望完全寄托在教师身上时，教师才亮出自己的看法：只有联系人物活动的历史背景和社会环境来分析人物形象，才能正确理解人物的思想性格，深入揭示人物思想性格形成发展的社会根源与阶级根源，对儒弗上校的评价必须依托历史背景。众所周知，1870—1871年的普法战争是由路易·波拿巴挑起的，目的是为了巩固自己的统治，扩大疆土，争夺欧洲霸权，力图阻碍德国的统一，以便蚕食它的领土。他的野心同普鲁士宰相俾斯麦的通过战争统一德国的政策发生了冲突，于是对普宣战。开始，这场战争在德国方面是防御性的，在法国方面是有侵略性的。这就不难看出，当法国处于侵略性阶段，儒弗上校的爱国主义实质上是一种民族扩张主义和沙文主义。在色当会战之后，法国则转为正义的防御性战争，儒弗上校所想的是从本国人民的利益出发，因而是值得歌颂的爱国主义。教师的这一分析，从儒弗上校是什么人物这一点上是息了风波，在学生的内心世界，争鸣的余韵还在扩散，他们尝到了争鸣的乐趣。这种内在的动力在今后的学习中必将越来越发挥较大的作用。创造思维，会引起一系列的心理反应，涉及人的全部心理因素，教师如果在造就良好的心理环境上下功夫，使学生无拘无束，敢想敢说，敢于挑战，那么，学生就会处于兴奋活泼的状态。心理学研究表明，在这一状态下，学生的智力火花就会得到充分的燃烧。这，也就是我们进行"挑拨"争鸣式点拨的根据之一。

10. 举隅推导

教师讲"一"，让学生"反三"，教师讲"一"，让学生"知十"，并且能充分地调动已有的知识潜力，推导、综合、分析出新的知识，这就是进行举隅推导式点拨的效果。所举之"一隅"、所推导的"触发点"，应当是典型的例子，具有一定的知识辐射因素。对于高中学生来说，这种点拨方式是深受欢迎的。因为他们已经逐渐显露出独立探索读写中遇到的困难的心理倾向，他们对难度不大的理论推导较感兴趣，他们的思维能力由经验型向理论型转化，独立思考能力有所提高，不轻信、不盲从，对各种问题能谈自己的见解。我们应当不失时机地抓住这一心理特点来培养学生综合性、创造性的思维能力。

比如学习《祝福》一文，学生已经懂得，祥林嫂的悲剧命运，主要是通过"眼睛"来表现的，《祝福》中三次较为集中地描写了祥林嫂的眼睛，学生已经比较熟悉。学生还懂得鲁迅的名言："要极省俭地画出一个人的特点，最好是画他的眼睛。"学《祝福》是不是就到此为止呢？倘若如此，学生还有不满足感。教师适时举隅：如果把鲁迅的"画眼睛"艺术仅仅看作是描写人物的眼睛，只算是狭义的解释。其实，鲁迅的所谓"画眼睛"是形象的比喻，是一个理论上的概括，是艺术创作中典型化的一种手段或准则。这样"拨一拨"，目的是挑起学生对平时所读的鲁迅小说中的"画眼睛"片段来一次综合整理。学生举的例子很多（正是"反三"）：祥林嫂四次发出"我真傻"的喟叹，用来表现她凄惨无告的精神状态；《白光》中作者让封建科举制度的殉葬品陈士成三次产生"这回又完了！"的幻觉，用来表现他陷入疯癫的绝望心理；《药》中仅"这大清的天下是我们大家的"一句话就表现出夏瑜的革命民主主义的思想；《孔乙己》中，孔乙己反复说"窃书不能算偷"，画出他的迂腐；《故乡》中用"细脚伶仃的圆规"来刻画杨二嫂这个病态社会的畸形儿；《阿Q正传》中通过龙虎斗、画圆圈的描写，生动地刻画了阿Q的精神胜利法等。学生举完了例子，教师再点拨学生归纳，于是就有了结论，"画眼睛"这种典型化的手段，在鲁迅小说中运用得相当广泛，比比皆是。归纳起来有三种情况：其一，让人物反复自己的语言或动作，以显示其灵魂；其二，抓住人物关键性语言，以显示人物的灵魂；其三，捕捉人物外貌、性格、行为的特征，以显示人物的灵魂。学生这样由《祝福》一篇而串起鲁迅其他名篇，不仅深化了已有的知识，还学会了用这种方法去攻取新的堡垒。

上面，我们例谈了10种点拨方法。很显然，这不是齐全的罗列，而是通过一些常见的例子来谈种种点拨方法的特点。应该说，点拨方法是在实践中产生的，随着教学实践的扩展而扩展，随着地点、时间、人事、教材等因素的变化而变化。

因势利导，点拨教学的基本原则

所谓点拨，就是教师针对学生学习过程中存在的知识障碍与心理障碍，用画龙点睛和排除故障的方法，启发学生开动脑筋，自己思考与研究，寻找解决问题的途径与方法，以达到掌握知识并发展能力的目的。所谓"点"，就是点要害，抓重点；所谓"拨"，就是拨疑难，排障碍。这种点拨，是教师根据学生在学习过程中的心理特点与其活动规律，在教学过程中，针对教材特点和学生实际需要，因势利导，启发思维，排除疑难，教给方法，发展能力。它是运用启发式原则引导学生自学的一种方法。

这段话带有定义性质，讲了三层意思：一是点拨的概念意义，即什么叫"点"，什么叫"拨"；二是"点拨"的目的意义，即"点拨法"是做什么用的；三是"点拨"的依凭意义，即针对什么问题从何处"点拨"，换言之，点拨的出手根据是什么。这三层意思中，一二层都比较好理解；第三层令人感到"飘忽不定"，究竟应从何处入手呢？我在很多情况下还说过这样的话："当点则点，当拨则拨。"这就显得更加"空灵"与"玄秘"了，何谓"当"？什么时候才是最好的"当"？点拨法操作的非模式化确实给操作或推广带来了不便。后来，在进一步研究中我们也试图归纳出一些操作程序来，但也仅是"程序"而非"程式"。"点拨教学"研究有 30 多年了，我和蔡澄清先生至今仍然坚持非模式化。这似乎有些固执己见。但从学理上思考，只有这种选择才符合"点拨"的本质属性。点拨，既是一种思想理念，也是一种行为方式；既是教师为教的基本思路，也是学生自学的最高境界。这些思考，这些行为，都很难在既定的预设中亦步亦趋地刻板完成，它们本身相当灵动，运用中有很强的即时生成性。这是客观事实。因此，我们没有必要为了"体系"建构而生硬地去归纳出模式或模型来。

当然，"点拨教学"的基本程序和原则还是要明确的。这里就上段定义式解说中的一个核心词"因势利导"，再做一点深度阐释。我们认为，点拨教学的基本原则可以有不同表述，但核心意义不外八个字："因材施教、因势利导"。"因材施教"是从教学对象上而言的，一为学生，一为学生所学的教材（如课本），属"对象论"；"因势利导"是从教与学的过程上而言的，一为"势"，一为"导"，共同演化教与学的起点、步骤、线索与方法，因此称作"过程论"。必须指出的是，先有"对象论"再有"过程论"，"对象"决定"过程"。同时，"对象论"也是"过程论"中"势"的应有之义，即"对象"的状态是"势"的表现之一。调过头来说，"因势利导"又是"因材施教"中"教"的全部意义。这样八个字又是一句话了，即"因材而因势利导"。由此可见，从教学这个实施行为上讲，"因势利导"始终是一个核心问题。

"因势利导"的具体实施是怎样一条路子？它的关键环节在哪些方面？以下从两方面加以讨论。

一、"势"的规定性认识和动态性分析

势，趋势，指事物、人事等内在力量表现出来的趋向，也是已经生成的现象和状态。不管是已经生成的状态，还是即将形成的趋向，都有现有的标志和变化的动态。我们讲教学要"实事求是"，就是说一方面要观察好"实事"，这就是对学生学习现状的认识；另一方面还要预测好未来方向，形成"是"（即规律性）的相关分析与判断。"因势利导"，首先要"因势"，而后才能"利导"。当然，"导"的过程中也会对"势"产生反作用。因者，顺也；因势，即顺着现有并发展的形势、情势。利者，顺利，使有利也；利导就是使行为有利于引导、导示也。"势"是"导"的前提与条件；"导"是"势"的发展与改变。

就点拨教学而言，"势"的规定性认识不外乎四方面情况。第一，学生身心发展实际。这是以人为本的教学所必须进行的客观分析。这方面工作到位了，透彻了，点拨教学就有了生命活力。有的同志说，为什么这节课他点拨起来了，我却点拨不动。很多情况下就是这方面认识不够。各门学科教学都要了解学生身心发展实际，语文学科尤其困难也尤其必要。以教材而论，所有学科都是编者直接面向中学生"写"出来的，只有语文是编者把别人作品拿过来直接面向学生"编"出来的。因而，一篇课文教高中可以，教初中也未尝不可，问题是看你怎么教。这个"怎么教"就是一个揣度学生身心发展实际的问题，你不能不考虑"可接受

性"。其他学科就不存在这个问题。第二，语言技能是否构成有效关系。这里不是讲听说读写之间的关系，那是理论研究者去做的事。这里只讲也必须要讲到的是语言应用基本技能之间的有效关系。而这一点，我们做得相当不够。比如作文，我们常常讲学生作文"写得不生动"，语言感染不了人。尤其是高中学生，议论风发，可以；创新立论，也可以；可就是语言缺乏表现力。原因在哪里呢？从语言技能有效关系上看，描写技能的弱化，往往带来的是议论语言的干瘪和叙述语言的单调。你现在要求一位高中生就某件事发表议论，他可以滔滔不绝，罗列很多材料。你如果要求他将其中某一片段展开来描写一番，他可能就词不达意。语言技能关系还包括语言知识对于技能形成的有效关系。比如句序、词序的语法知识缺失和逻辑知识空白，必然导致表达的流畅性和准确性的严重损伤。我们没有凭借地要求学生表达更流畅些，怎么点拨也点拨不了，而如果凭借语法知识练习一下句序、词序的安排，使学生养成知识的应用习惯，用"知识"作为学习的向导，那么，你的知识学习的点拨就一定能焕发可持续的光彩。这也正是我们在"点拨法"讨论的著述中始终坚持"点拨知识重点难点，启发学生举一反三"的用意所在。第三，课文内容与形式的特色研究。教任何一篇课文都不可忽略课文的个性魅力，从这个意义上讲，学习课文个性的过程也就是语文素养与语文个性不断丰富化、趋同化的过程。课文特色，自然是引导学生"走进文本"的必因之"势"。第四，班级课堂学习风气的把握。班风，是教育个性化的体现，直接影响学习作风。在这方面，有经验的教师是因班风而造"势"，即营造语文学习的个性之"势"，创造点拨教学的有利条件。

以上所讲的四方面，是比较稳定的状态，称作是"势"的规定性认识。这很重要，是实施点拨的基础性条件。因势利导的"势"还有把握上极其困难的一面，即学习过程中随机自然生成的思考状态和成效。说实话，我们几十年来从事点拨教学与研究的难点也就在这里。点拨教学的最高境界也是在这里。

任何学科教学过程中都有自然生成的思考状态和成效，但不是每个人或每堂课的教学都会这样。有的人教学或有的课只有"状态"而没有"成效"，是因为没有捕捉这个"状态"并使之形成有利条件而因之去"导"。有的人教学或有的课能产生卓越"成效"，是因为随机捕捉"状态"甚至由此再生出若干优势状态从而形成有利之"势"，教师趁"势"而教，课便教得"势"如破竹。这样的课当然是精彩纷呈的。前面所讲的"当点则点，当拨则拨"，这个"当"字讲的就是捕捉"状态"、催生"状态"、激活"状态"、用足"状态"的"当口"。我们在很多著述中讲到"点拨的时机"，就是指这个"当口"。这是恰到好处之火候。叶圣陶先生称为"相机诱导"。相，观察也，审时度势也；机，当口也，机会也。相准了"机"，"诱导"之功才能达到。关于"点拨法"，已经形成千万字著作，探讨的核心问题就在这里。

这里还要强调一点，不少教师说，像你这样说，其他学科也可以用"点拨法"，语文教学点拨法的特性又在哪里呢？这，确实是关键之问。经过长期研究，现在看来，语文学科点拨法的特性恰恰就体现在这个"思考状态和成效"的"势"的开发利用的功力上。众所周知，语文教学在过程和结论上是相当灵活与多元的。一篇课文的教学可以形成多种有利的"势"，即学生思考要点与思考结果都很优秀但有极大差别，不同施教者、不同学习者必定有不同的价值选择。即以朱自清《春》教学为例，学习之"势"定位于对语言的咀嚼，可以；定位于不同画面的演变过程分析，也可以；两者合而为一，自然也可以。有的教师和学生在课堂上还可以创造出更为精彩的学习之"势"。总之，语文课堂如此灵动开放的学习空间，既是因势利导的条件，也是因势利导是否成功的关键。

二、"导"的切入口选择和层递性推动

导，分两类，一是在课文要害处、重要处引导学生思考；二是在学习困难时帮助排除障碍。前者侧重于学什么的指导，或者是从哪里学起的引发；后者侧重于怎么学的指点，或者是寻求最佳学习方法以求消化疑难的帮助。这一切活动都是点拨的应有之义。

1. 点要害之处，导学习方向

点明课文的要害之处、重要所在，就是引导学生明白学习从这里切入，以研究这方面问题为主攻方向。我多次执教鲁迅先生的《祝福》。第一次教，从肖像描写处切入，形成前后比较的教学之"势"，从而达到认清祥林嫂悲剧命运的目的。第二次教，从人物关系上切入，了解不同人物的生存状态及其联系，由此"势"推断戕害祥林嫂的原因，达到的同样是认清祥林嫂悲剧命运的目的。第三次教，从问题切入，提出了"祥林嫂是怎么死的"这一质询，促进学生从多种状态上去思考，形成了更为复杂的思考之

"势"（描写、人物关系、生存状态、内心世界等），从而不仅认识了悲剧命运，而且还剖析了之所以如此的根本原因。我个人感到，这种学习方向上的引导更能扩大学生思考的张力。

2. 点材料参读，导思考跨越

任何优秀的课堂教学都是注重材料的"参读"和思维的拓展的，目的很清楚，就是推动学生思考跨越提升。这个"参读"的材料与课文之间所构成的联系点，就是点拨教学的切入口，常常要用到比较的学习方法。我曾为高一学生开设"长江诗话"课程，其中有一节课研究的是李白的《早发白帝城》一诗，对于高中生而言，他们认为此诗一览无余。从教学上讲，这是无引发之"势"的。我随即发下另一首诗——李白的《上三峡》——情况就不一样了："三朝上黄牛，三暮行太迟。三朝又三暮，不觉鬓成丝。"此诗之郁痛与前诗之豁达对比鲜明，何也？于此便带出李白人生经历关键处的讨论，从而懂得李白之"坎坷"。顺其"势"，再指明新的研读问题：在《梦游天姥吟留别》中你又会读到一颗怎样的心？一般情况下，学生根本就没有想到会把《早发白帝城》与《梦游天姥吟留别》联系起来，而从研读李白的实际需要看，把这两首诗联系起来别有机趣。从这里可以看出，为了点拨有效，我只不过是营造了教学之"势"——材料联读。我几乎不大多讲这些材料，串联的举动本身就是点拨与引导。这样的"势"形成了，学生的思考跨越就是顺理成章的事。

3. 点问题辨析，导思考锤炼

在学习过程中，会不会抓住契机组织学生进行辨析，往往能看出一位教师善不善于"因势利导"。更重要的是，往往能看出这节课思维的广度与深度，思考的力度与强度。尤其在高中阶段，我一直认为"辨析"是语文教学中不可或缺的重要环节，它是增强思考推断水平的砥砺之举。我们常常看到课堂讨论问题过多、过散、点到为止，至于讨论的优劣正误，似乎不大关注。这是值得忧虑并要大力纠正的。与其看讨论的见解与结果，不如看讨论的过程及见解的"优劣正误"。比正误，是第一位的，是非要分明；继之还要比优劣，优者，想法优，表达优，有创意。对此不断锤炼、磨砺，功效在于培养学生形成优秀的思考习惯和思维品质。这也是点拨教学追求的最高境界。我教毛泽东的《沁园春·长沙》，其中讨论"看万山红遍，层林尽染"两句，多数学生讲色彩的红艳绚丽，境界的阔大壮美。这种见解是对词句画面的概括，不过是用议论的句子代替了作者描写的句子而已。其正确之处是准确理解了画面内容，其不足之处是透入内容的分析不够。为此，我提出"红遍"与"尽染"中的"遍""尽"要理解到位，看能否见到动态性。不一会儿，一位学生站起来说："霜染叶，叶染树，树染林，林染山，山染山。"一开始，我和学生都愣住了，接着便恍然大悟，掌声四起。接下来我们评点这位学生的"评点"。她把秋色由特写到近景，再到中景远景的逐步扩大加浓的过程与变化评点出来了，使"遍""尽"两词骨子里的动态感和盘托出，这就是状难言之景如在目前。这样的辨析，是一种理性化的学习，是对学习成果所以然的揭示。当然是能使学生终身受益的。

　　以上所列三条，仅是我近期教学所得。在30多年的研究中，我们也归纳了点拨的近10种方法，这在一些著述中有多次介绍，这里就不重复了。有必要提及的是，具体的方法因教而导、因人而异。其基本要领不外乎四点：一是因势利导，点拨思路；二是因势利导，点拨疑难；三是因势利导，点拨重点；四是因势利导，点拨方法。

我们还多次强调教师要真正做到因势利导是相当不易的：一要有知识上的综合力，知识丰富，信手拈来，涉课成趣；二要有组织上的凝聚力，课既要"活"，又要"序"，形散神聚；三要有思考上的催生力，所谓推波助澜，促进学生学习拾级而上；四要有争议时的辨析力，课堂有思想活力，也要有理性评价。

最后尤其要强调的是，点拨教学要有层递性推动。因势利导，既点且拨，关键是遵循正确的认识路线。由浅入深，由表及里，由低级到高级，由简单到复杂，由个别到一般……这是认识事物发展规律的基本路子，其特点就是步步登楼，逐层翻进，教师要发挥层递推动的作用。问题本来到此为止，点一下，峰回路转，别有洞天；结论本来没有疑问，拨一下，山重水复，便有新疑。这样的逐层翻进，也就是不断地因势利导的过程。势中有势，势又生势，势连势；导中有导，导又生导，导连导。点拨之妙，全在因势利导的变化之中。

实施"点拨法"的基本能力及其要求

叶圣陶先生说："教亦多术矣，运用在乎人。"这真是一语中的！语文教学千改万变，最主要的、最根本的就是改革语文教师自己的智力结构，提高自己的知识素养。为什么有些教师能"点"铁成金？为什么有些教师"点"不中，剪不断，理还乱？这基本取决于教师本身。"点拨教学法"是现代化的方法，它对教师的要求也必须从现代化的高度来俯视考察。可以这样说，方法越是科学，越是现代化，对教师的要求也就越高。语文教师的智力研究与开发，是一个大课题。这里想结合"点拨教学法"的最基本要求，谈一下语文教师要在点拨上见成效，要想达到高手弈棋，一子领先、满盘生风的艺术境界，必须从多方面来培养自己的能力，提高自己的素质。

一、认识上的洞察力

点拨教学法是一种现代化的教学方法，要正确地运用它，取得好的教学效果，首先要求教师在教学中具有对问题的敏锐洞察力。对这个问题，我从两个方面来展开分析。

1. 洞察力，是进行多维点拨的充分必要条件

所谓洞察力，即识鉴通透的能力。这是每一个合格的语文教师所必须具备的能力。叶圣陶先生的名言是："教师之教，不在于全部讲授，而在于相机诱导。""诱导"，即我们说的点拨；"相机"，就是我们讲的"识鉴通透"。叶圣陶先生在"诱导"之前冠以"相机"二字，十分精当、科学，耐人寻味。"诱导"是"相机"之后的教学实践；"相机"是进行真正科学的"诱导"的充分必要条件。"机"如果"相"得不准，或者悖反，那么，"诱导"也就成了一句空话，甚至有可能把学生引诱到歧路上去。我们在阐释"点拨法"时说："点者，就是点要害，抓重点；拨者，就是要拨疑难，排障碍。"这句话的含义十分浅显，但要真正走入成熟之境，却十分艰难。难就难在：如果看不清"要害"，发现不了"重点"，如果抓不住"疑难"的症结，选择不准攻破"障碍"的通道，那么，就"点"不下手，拨动不开。

在教学实践中，我们常常看到这样的情形：有些教师对各种各样的教学方法收集甚多，对其内容的掌握可以说是到了了如指掌的程度，但一旦试之实践，竟备感滞钝与掣肘。问题当然有多方面，其中有一项就是实施时还没有洞察到某一科学方法的落脚点、切入点该在哪里。相反的现象是：不少卓有建树的教学实践家、改革家一开始并不是从"方法"的识记与掌握入手，而是从洞察教学环节、教学实际、知识纽结、问题症结等方面出发，或大处着眼，或小处着手，洞幽烛微、由微知著，在实践中逐渐提炼出自己的一整套科学实用的教学方法来。

在教学实践中，我们更看到这样的情形：一篇课文在手，有

水平的教师读一二遍后，就立即看出该课的重点与疑难，再依此调动各种方法与技巧，点拨学生涵泳思考，渐悟渐进。而水平低的教师就犯难了，"文眼"不明，"课眼"不清，甚至连最基本的问题也识察不准。就是一些语文水平较高、教法渐熟的教师，在教学中也时有洞察力萎缩、缺乏力度的时候，使教学难以臻于完善。比如辨析词语的教学吧，一般地多从语法功能、词义、风格、附带色彩等方面着眼，或强为之解，或随便画上等号。如"到底"一词，简便的解释是"终于"，请看下列句子：

　　　你到底来了，我等了你一上午。
　　　中午妈妈回来了，到底回来了，我的天！

　　直接地将"到底"解释为"终于"是可以的，在教学中，这几乎是毫不在意的问题，但有洞察力的教师就有可能这样思索：为什么用"到底"而不用"终于"？在这两句话中，"到底"真的能同"终于"等价齐观，不分轩轾吗？发现问题就是开启了解决问题的大门。教师顺流而下，就能出奇制胜地点拨学生比较思考，得出结论：用"终于"，只是强调来之不易，但不带浓郁的感情色彩；用"到底"，则不仅有"来之不易"的意思，而且还含有一种说话者如释重负的感叹。在上例两句中，"到底"这一浅近的词语所包含的信息量是明显地丰厚多了。

　　毋庸赘述，不论是小如词语辨析，大到系统教学，还是单一的课文分析、综合的如听说读写训练，洞察力所发挥的能量、所转化成的教学效果都是十分重要的。

2. 在科学地运用"点拨法"时，必须建构洞察力的整体框架

教师的洞察力是由多种因素构成的，它绝对不是一个平面的结构，而是一个多维的立体结构。我们不能站在某一个角度上，仅仅看到这个多维结构的某一侧面，而应看到洞察能力的有机的整体性。我认为教师的洞察能力与语文知识水平、教育教学水平、实践经验水平、对社会生活的本质分析等构成条件关系。语文知识水平的高低，决定了教师在教学中识鉴疑难问题的高低；教学实践经验水平，又影响着教师处理材料、组织教学的取向与选择；教育教学理论水平，则直接关系到教师进行教学实践遵循什么原则进行实践活动；最后一个环节，就是洞察能力的边缘因素——社会生活需要的多项内容，因为社会生活的发展趋势始终干预着教育教学理论的演变和重建，直接影响着教育教学理论的灵活运用。一句话，教师把握了社会生活的运动趋势，掌握了一整套教育理论，又具有丰富的教学实践经验，具有扎实的语文知识基础，无疑会促进语文教师洞察力的提高与发展。而语文教师洞察能力的成熟、完善，反过来又使教师的多项水平得以巩固、提高、发展。这种外部、内部各种要素间以及外部与内部之间的相互联系，构成了语文教师洞察能力的"系统网络"，如下图所示：

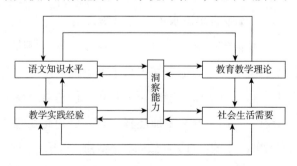

必须注意的是，在洞察能力的"系统网络"里，语文知识水平、教学实践经验、教育教学理论、社会生活需要、洞察能力这五个要素，不是一个个独立的单元，而是一环扣一环，甚至一环扣多环的互相联系、互相依存、互为因果、互为调节的循环。从除洞察能力以外的每一个要素里都可看到洞察能力形成的根据与动力，即系统论中所说的"输出的功能"。而这一要素，又常常与其他要素相联系，有时没有其他要素输出，就不可能具有这种功能，不可能有包括洞察能力在内的五个要素输出的结果。因此，只要其中一个要素发生了变化，其输出的结果也必然跟着变化。这样，就牵一发而动全身，引起连锁反应。一个要素变化了，而其他要素不跟着变化，或变化了不适应，那就打破了平衡的关系。失去平衡，按系统论来说，就要产生内耗；同样，输出功能的变化，也引起功能耦合的变化。内耗的不断增大，功能耦合的不断破坏，其结果，必然地有可能导致整个系统的解体。因此，我们不能平面地、静止地看待这个"网络"，而应立体地、运动地揭示这"网络"的含义。这样，我们就能看清洞察能力建构的内容与形成了。下面，我们从四个方面举例来看洞察能力的构成内容。

（1）语文教师的知识水平。这里所说的"知识"仅以语文知识为范围（其他方面姑且不论）。"点拨"是否得法、科学、实在，首先取决于教师的语文知识水平的高低。比如《廉颇蔺相如列传》中有句"臣所以去亲戚而事君者，徒慕君之高义也"。这里的"亲戚"一词，课文未加注释，有人以为此处的"亲戚"与现代汉语中的"亲戚"词义一致，不必留意。实际上，这里的"亲戚"专指"父母"。《辞通》说："亲之至戚之至者，莫父母若，故古人称父母为亲戚也。""去亲戚而事君"是说离开父母而来侍候你。这样解释才能更加突出"慕君之高义"中"慕"的程度。又如《娘子关前》中有"居民生活的大半，倚靠畜产"。为什么作者用"倚靠"而不用"依靠"呢？仔细研究一下，这"倚"字用得极其传神、深刻。倚，恃也。表明人倾斜身子紧靠某种物件的意思，揭示了被"倚"的对象的重要。文中说"倚"的对象是"畜产"，这畜产便是居民生活的主要来源，但"被敌人劫尽了"。由此，一则说明人民生活的极端贫困；一则也写出日本侵略者洗劫的疯狂程度。诸如此类的词句，表面上看十分简浅，教师如没有一定的语文知识功底就不可能洞察出它们的精微之处，更谈不上去点拨学生思考、运用了。

（2）教学实践经验。一个有一定教龄的语文教师多少都积累了一些教学经验。但是，不是任何教师都能自觉地审视、分析自己已有的"经验"。有些教师是在下意识的精神状态下在教学实践中运用自己的"经验"。要用好"点拨法"，要培养过硬的洞察能力，忽视自己的"经验"是十分遗憾的。及时地辨析并总结实践经验是十分重要的。教学实践经验为洞察能力的构成提供了丰富的物质基础，所谓"吃一堑长一智"就是这个道理。

有教学经验的教师常有这样的体会：过往的经验常常逼着自己在教学中不断地调整、补充、改换已有的语文知识，或者是变通式地运用语文知识。在对教材处理、教法设计、教学内容的安排上，"经验"也常常成为教师洞察能力形成与提高的催生力量。

比如教叶圣陶先生的《苏州园林》，怎样才能使学生认识叶圣陶先生朴实简练的文章风格呢？"教眼"当然多种多样。在总结以往的教学经验的基础上，仔细搜寻，洞察新的教学切入点，或许就会给教学带来生机。如文中有一句"层次多了，景致就见得深了"，这个"深"字，就是必须洞察到的一个切入点。这个"深"字，一方面写出了景致在形式上的变化多姿，在内容上的丰富多彩；另一方面从观者的视觉上，也写出了层递演进的观察过程。由此可见，这一个常见的"深"字，节省了多少说明的语言！教一篇课文，扣住几个典型的词语就能解决一个大问题，洞察能力所发挥的作用是显而易见的。当然，如果不思考一下以往的经验，也许就不可能想到要寻求新的教学突破口；一旦不思突破，那么在教学上要洞察出新的问题也就无从谈起了。

（3）教育教学理论。我在前面说过，语文教学点拨法是在吸取古今中外的教育家和语文教学专家阐明的真知灼见的基础上，在现代教育科学理论的指导下，经过长期的教学改革实践，总结发展起来的一种适应现代化教学需要的教学方法。说它"现代化"，是因为它在总结吸收前人创建的理论与实践经验的基础上有了新的发展与提高，已经注入新时代的活水；说它是"科学的"，是因为它把教育学、心理学、生理学等方面的理论血液融入了自己的生命之泉，充满了生机与活力。既然"点拨法"具有这样深厚的理论内质，那么，洞察能力的形成、发展与提高，同样必须依据一块广阔的教育理论与教学实践相结合的土壤，必须在现代化的科学的教育教学理论的阳光雨露的普照与滋润下才能生长出美妙动人的果实。

　　我们仅从洞察问题的层次划分上来举例分析。教师点拨学生学习，在教学内容、教法设计方面都要注意层次性特点。有时尽管你对某一教学问题洞察得十分清楚，但如果脱离教育教学理论规定的原则，也是不能实行的。比如教鲁迅先生的《从百草园到三味书屋》，这篇文章的阅读内容十分丰富，有的教师受到分析文章的某种模式的影响，把主要精力放在作品主旨的扩展式、烛微式分析上，这样洞悉文章的重点笼统说来是正确的，但是，在教学实践中又常常出现困惑：教师对作品主旨越是做洞幽烛微式的剖析，学生就越是进入了扑朔迷离的茫然状态。事实上，学生除了对作品博大精深的哲理之思做生吞活剥式的被动记忆外，根本谈不上有主动探寻、涵泳体味的真正趣味。由此可见，这样的教学只能陷入填鸭式的泥淖中，没有焕发出点拨艺术的光彩。初一学生的认识水平尚处在低层，感受性特点强，理论思维特点微弱。初一学生大都十二三岁，处于心理学上讲的学龄中期，他们的心理尚处在幼稚或由幼稚向成熟转化的朦胧醒悟期，特点是模仿性强，对静止不变和概念性的知识容易掌握，而对作品做透过表面进行理性分析的能力就十分微弱了。教师懂得这一点，就会自觉地把洞察的致力点移到培养学习兴趣、习惯和阅读基本功上来。一篇《阿Q正传》，中学里教，大学里也教，中学教师的洞察点与大学教师的洞察点自然有明显的不同。倘不注意这个层次性特点，中学教师无论怎样"点拨"，无论怎样讲深讲透，都不能收到应有的实效。由此可知，语文教师在教学中发挥洞察能力，必然要受到教育教学理论的直接限制，不能产生随意的游移乃至是背离的状态。可以这样说，教育教学理论为语文教师洞察点的确定、洞察能力的施展指明了方向，限定了范围。

（4）社会生活需要。从社会生活需要的角度来看语文教师洞察力的培养，至少有两方面的问题值得注意。一是社会生活需要与教材、教法、教育理论之间有双向选择的关系。教师运用教材、教法、教育理论，在教学实践中体现洞察能力，必然会打上社会生活需要的烙印。时时从社会需要的高度来俯视语文教学，进行点拨探索，理应成为教学实践的主旋律。社会生活需要的是一个又一个完善的人，而人的完善除了理想、道德等因素外，其中最主要的当是"思维能力"的完善。一个有思维缺陷的人，总是不能适应社会生活，更别说在社会生活中发挥主观能动作用了。马克思抓住人的社会本质，把"主体能力"作为与"人的本质力量"等同的概念来使用，揭示出主体能力是作为社会主体所必须具有的能动表现，是实现和确证自己的社会本质的内在力量。大家都清楚，我们现今的社会，是一个呼唤"人才"的社会，是一个亟待开发巨大人口资源的社会。"人才"概念的形成，表明当代社会对人作为认识主体和实践主体所具有的某些特殊才能的高度重视。因此，重视人才，就是重视主体能力；开发人才，就是培养与发展主体能力。洞察能力，是人的思维能力的高级阶段，教师本身如果不具备敏锐的洞察能力，就很难点拨学生发现问题、分析问题、解决问题。二是语文教学必须讲究效率。既然社会生活对教学提出了高效率、多效益的要求，那么，我们的教学就必须体现时效快、多功能、立体化的特点。正如于漪老师所说的那样："课要上得立体化，使思想、知识、能力、智力融为一体，发挥多功能的作用。课前须精心设计，须把教材的逻辑结构和教学过程结合起来,探索最佳结合点。"① 要达到这样高的教学境界,教师没有洞察能力是不可能实现的。

二、知识上的综合力

语文教师应当努力成为一个杂家。教育学、心理学、生理学要关注,美学、哲学、史学、文艺学要关注,就是一些自热科学知识也应学习研究。有位教师说:"对这节课,我准备了一辈子。"苏霍姆林斯基极为赞赏,他说这"使人窥见了教育技巧的一些奥秘"。如教《失街亭》,教师点拨学生如何评论马谡其人,参考《三国志·蜀书·马良传附谡传》:"(谡)才器过人,好论军计,丞相诸葛亮深加器异。先主临薨谓亮曰:'马谡言过其实,不可大用,君其察。'亮犹谓不然,以谡为参军,每引见谈论,自昼达夜。"② 学生又根据《三国演义》中马谡向孔明献"攻心计""离间计"事例,得出判断:马谡的聪明才气应该肯定,不能全盘否定。教师又从哲学的角度点拨学生要用辩证法的眼光看问题。这样,使得学生对马谡的评价就更准确了。教师如此从史学、哲学的高度来点拨学生思考,教学的分量就厚重多了。又如在教《天山景物记》时教师从"美"的角度来点拨学生思考美的语言、美的构思、美的画面、美的意境,教学形式及教学内容既深刻又新颖。

三、组织上的凝聚力

点拨法追求立体化学习形式,常常使得课堂内呈现出"一盘

---

① 于漪:《于漪全集·序言书信卷》,上海教育出版社 2018 年版,第 58 页。
② 陈寿撰,陈乃乾校点:《三国志》,中华书局 1959 年版,第 983 页。

散沙"的局面，要做到"形"散而"神"不散，就得要求教师善于组织，善于确定点拨的范围以及点拨的中心。学生犹如野马在思考的天地中狂奔急驰，但无论怎样，教师总是高明的驭手，点拨的魔棒指向哪里，学生的思维之线就向哪里延伸。但是，这种"凝聚"又必须是自然的、宽松的、不知不觉的，而绝不是束缚的，让学生戴着镣铐跳舞是无论如何也展示不出动人的舞姿的。高明的点拨者常常处于这样的地位：学生觉得离开你是一种思考上的自由，而一旦彻底地离开又感到目标不清，需要你的"点拨"之灯来照亮。这是若即若离，似"散"实"聚"的境界。如让学生读《周处》时，补充《晋书·周处传》，虽然点拨学生讨论的问题很多，但最终还是归结到以下句子的分析比较上来：①"处果杀蛟而反"和"竟杀蛟而出"；②"古人贵朝闻夕死，况君前途尚可"和"古人况朝闻夕改，君前途尚可"；③"何忧令名不彰耶"和"何忧名之不彰"。学习的凝聚点就是锤文炼字。情感上也要强调"凝聚"。讨论的气氛常常是开始浓烈，渐渐消减。在由盛转衰的时候，教师当然要在"情"（不断探索新知的情绪）上浇油，使之充分燃烧，而绝不是放任学生，教师却坐在一边闭目养神。教师三两句的鼓舞有时是意义很大的点拨，即力量上、情绪上的点拨。

四、思考上的催生力

所谓"催生"，即催发学生将探知的结论迅速地发表出来。学生在教师的"点拨"下思考探寻，常常在紧要处停顿、徘徊，又常常在正确的结论面前不自信地滑过去。此时，"点拨"的功夫就要花在"催生"上，对有些问题的思考，花费时间不少，而结论渺茫，学生陷入困境，真是"踏破铁鞋无觅处"，而经教师一"催"，学生的灵感火花一闪，迷惑处顿时照亮，结论也就"得来全不费功夫"了。如果把学生的思考过程看作是一根有形的"轴"的运转过程，"催生"就是在这根"轴"上抹油，使之运转加速；如果把学生的思维过程看作是波浪式的向前跃进，那么，教师的"催生"就是在一边推波助澜，使思维的浪花翻转得更猛烈些。如点拨学生将《醉翁亭记》和《岳阳楼记》比较阅读，不但求同，更应该求"异"。学生的比较是局部的、零星的，思考的问题还不全面，对此，教师要设置有坡度的障碍让学生"腾越"。看起来是"障碍"，实际上又是通向结论的"路牌"。这疑问是：①《醉翁亭记》和《岳阳楼记》在主题上的异同；②《岳阳楼记》是通过对览物之情的评价体现主题的，《醉翁亭记》在表现主题的手法上有何特色？③两文结构艺术比较；④举例比较两文的语言韵味。这四个疑难问题的提出起到了"推"和"助"的作用。学生依此分析，对两文的掌握就水到渠成了。

五、争议时的拨乱力

点拨者第一步是点燃起讨论的战火。既然是讨论，必然有争议的双方，有时，争议开始是面红耳赤，不见高下，但经过反复切磋，学生自己能平定风波，殊途同归，得出一致的意见；有时双方为了一个问题据理力争，势均力敌，谁也说服不了谁；有时甚至是多方并列，百家争鸣，课堂成了如沸的江流。众家的意见都发表了，怎么办？学生当然要听听教师的意见，如果教师避而不答，草草收兵，不问结论，势必会挫伤学生的积极性，最主要的是使学生心理上得不到满足，感到失望。如此"点拨"便前功尽弃。高明的点拨者此时应当既善于归纳众家意见，又善于从众家意见中找出相通的地方，并加以提炼，进行"拨乱反正"的工作。如教《石钟山记》，学生就"石钟山名的由来"争得十分热烈。主声派认为，水石相击的声音似钟声，山是以声命名的，虽然郦道元、李渤他们分析过简，苏轼考察则得出了结论。主形派认为，山形似钟，故以形命山名，并引清代学者俞樾的话："盖全山皆空，如钟覆地，故得钟名。"《石钟山志》中说："形如覆钟。"调和派认为应是形声结合。矛盾似乎解开了，但又有人说，讨论山名的由来没有意义，我们只要把握此文的主旨就行了，不必吹毛求疵。这几派争得不可开交，怎么办？教师明确提出自己的意见：这种争议是十分有意义的，总起来看以形声结合为妥，因为各自都有一定的理由。但是，争议的目的不在此。我们要想到：苏轼做了一番考察得出结论已是不易，然而还是被后人推翻了；后人得出的结论，我们今人还在争议呢！这就充分说明要寻找正确的答案是多么的困难！正是认识论上所说的要经过实践——认识——再实践——再认识这样的循环往复的过程。争论的意义正在这里。《石钟山记》一文的主旨不也正是如此吗？教师所说，犹如抓纲带目，总纲提起，全网皆收。

"学，然后知不足；教，然后知困。"作为一名语文教师，我们必须不断地努力学习，在教学实践中不断地锻炼自己，提高自己的业务修养和教学能力。

第四辑　访学

访学，是学者的事，于我是大词小用。

不过，我确实是一个喜欢寻风景、访名胜、走异地的人。坐在车上，看窗外风景闪过，心中的东西也便一页一页地轻翻过去。比如见赣州，便想到章江、贡水，便想到郁孤台，想到辛弃疾，想到辛陈之会，等等。

这样的语文生活，有点精神性人文主义的味道。

《婺源访"疑"散记》是语文联想的专题记录，《书院寻访录》写的是我近年访与学的重点思考。

近6年中的寒暑假，我和我妻子确定了一条游历线路，就是寻访中国古代重点书院。一是因为著名书院都坐落于著名文化地和风景区，访书院与游风景相得益彰；二是因为写完《〈论语〉教育思想今绎》之后，感到孔子私学教育时间毕竟很短，孔子教育之道后世是如何承续的呢？值得顺流追寻；三是中国教育传统如何现代化？1500年来的书院办学的坚卓事实能给我们以启迪。

访鹅湖书院，寒雨霏霏，地上青苔如斑驳古画。辛陈相会，朱陆对辩，面对如此生动的思想情境，我的耳边仿佛激荡着一片鼓声。访东林书院，走苏州山塘街，凭吊五人墓，张溥的文字一个又一个地像沸腾的钢花四处飞溅……

婺源访"疑"散记

访婺源，一连串与语文教学相关的问题从心中浮出，展开。

一

源，水泉之本也，这好像是一个没有问题的词。但一查《说文解字》，就有疑惑了，许慎没有收"源"，只收了"𣳘"，解说"水泉本也"；又指出"原"，篆文从泉。明代徐铉、徐锴对《说文解字》是动手校订过的，加了旁注，指明"源"是别字，并且表示不赞成。后来段玉裁注，"水本也"，用孟子"原泉混混"来解，同时特别指出后人"别制源字为本之厡，积非成是久矣"。段的意见不小，似乎脾气也不小，但也无可奈何。

那年上海酷暑难熬，写作本文之日已40度以上，空调也不舒服，我就读字，读字典，读《辞海》。顺便也向赵志伟师请益，他推荐我读《汉字源流精解字典》，封面便是大大的源字呢。书中"原"后有金文"厡"和篆文"厡"，解析中说："会意字，从厂（hǎn），从泉（𢋀），金文表示水从石穴出向下涌流。"引了《说文》，又引了《左传》："木水之有本原。"补了一句："这个意义后作'源'。"在"源"的义项及解析中，指出"原、源"为古今字，引《广韵》"源，水原曰源"，又引汉班固《泗水亭碑铭》"源清流洁，本盛末荣"，再引《韩非子·主道》"是以明君守始以知万物之源"。这样一路读来，真个是酷暑日夜而清泉汩汩了。我不是搞文字学的，了解这些大致也可以了。我虽对自己这样说，但段玉裁的话还是横在那里。当前，讲汉字的人很多，有的很大胆，很豪迈。比当年的安子介还大胆豪迈。我隐隐感到：还是小心为妙。

"源"字放下，又来一"疑"，即婺源一名。

据詹永达主编1985年8月编印的《江西省婺源县地名志》（以下称《地名志》）介绍，相传，商周时属"扬州之域"，春秋属吴越；战国属楚，秦属鄣郡，汉属丹阳郡歙县地。唐开元二十八年（740）正月初八，析休宁之回玉乡和乐平之怀金乡，纵横200余里，立婺源县，以地当婺水源头而得名，治设清华，隶于歙州。宋元明清仍属徽州。1934年划入江西，1947年回安徽，1949年复划江西，1950年改属浮梁，1952年隶属上饶至今。如此划来划去，也是挺有意思的事。不管怎么划，地处黄山余脉环抱之中的地理事实总是划不掉的吧。不过，文化似乎因此受到伤害。宋元明清时何以不划来划去？徽文化使然也。近年，安徽枞阳一下子飞越长江，划给了铜陵。做此决定者难道对"桐城派"没有一点认同感？这个"疑"，不说也罢。

二

称婺源地名因在婺水源头而得名，很清楚了。那婺水又是哪条水呢？这不能不有些疑问了。浙江金华之地，古称婺州，也有称婺江的。婺源地域主要河流有段莘水、古坦水、浙源水、武溪水、江湾水、赋春水、横槎水、高砂水、星江河、漖溪、乐安河等，就是没有婺水。再查，明白了。古坦水古称婺水、婺江。那古称又是从何时而称的呢？暂不管它，再继续看这婺水。古坦水，在县境西北部，源出于古坦乡境东北香油尖和鄣公山诸峰。婺源地势从西北向东南倾斜，于是干流依势沿途拥接怀纳诸水，先纳洪源、考源、白石源诸溪之水；继之于鄣公山垦殖场双河村与浙源（古称庐源）水合流，经思口至武口与段莘水汇合为星江河始端。星江河绕县治后再纳漖溪，再接高砂水，最后形成完整的婺水水系。婺水接着向前，先纳横槎水，再至中州纳赋春水，不断壮大着乐安河（经古乐安乡故名），然后直下饶河，入鄱阳湖。

整个水系涉及地名达10个"源"字，如经古坦水一系为白石源、考源、洪源、浙源、西源；段莘水一系有里源、黄源、东源、桃源，江湾水一系有低源等。汩汩山泉，分地而出，率性而奔，就势而拥，远近相呼，上下回应。生命自壮大，斐然而成章，至此，婺源之得名大约也该明白了吧。

三

然而，《地名志》告诉我仍有五种争议：一是出于《东阳记》，认为该地曾属婺州，"水亦流如婺"，故名（参见明《徽州府志》、清《婺源县志》），实际上当时属婺州的是新安县遂安寿昌地，不是新安郡（歙州）的休宁、婺源地。1979年版《辞海》说，东阳郡"辖境相当今浙江省金华江、衢江流域",特定指明"婺源县不在此流域"。同称新安,一县一州,异也。二是《婺源县志》称:"鳙水东至衢州,过兰溪入浙江,婺州水源于此出,故县名婺源。"然查地图证实,浙江水源出安徽省休宁县青芝埭尖。难怪《婺源县志》也存疑并注明:"大鳙山界外之水已是衢地,按婺源县名,此一说未必确也。"三是以婺水绕城三面而故名。然考诸历史古籍,婺源设县于唐,唐时县治在清华镇,非婺水绕城之地。所称"绕城三面"是指现治所在地弦高镇。四是"上应婺女之说"。此说见于《徽州府志》:"以县本休宁地曾属婺州,取上应婺女(星名)之说,故名。"然而,如前所说,婺源不属婺州,自不成立。五是以地当婺水源头而名,《新安志·婺源沿革》说:"婺源望县,治今清化(清华)镇,以县旁婺水为名。"《辞海》也说"婺源县"地近婺水之源,故名。《地名志》的结论云:"以'地当婺水源头'之说较为妥当,符合我国古代地名'从山、从水'这个较为普遍的命名规律。"

不过,"上应婺女说"倒是极为有力地吸引着我。我暗生疑问:为什么金华上应婺女,而婺源就不可称与婺女星相应呢?

婺女星,女宿也,二十八宿之一,玄武七宿之第三宿,有星四,三属宝瓶座,《礼记·月令》:"孟夏之月,旦,婺女中。"这是多么广阔浩瀚的想象空间啊!苍茫的浩宇,婺女星熠熠生辉,那银色的光芒亲抚着婺源这片由西北向东南微倾的大地。大地如盘,呈现着晶莹的夜露,轻柔的月下泉源,明暗着的石隙间的浅溪,晨雾缥缈中的托着竹排木筏之梦的星江河水……宇宙之中,天光水影共舞,人与自然交融。婺女星辉映下的泉源啊,依偎鄣公山涌流！鄣公山，一脉向南，挽起县城所依之锦屏山、军营山；一脉北行迤东，过休宁，向祁门，经黟歙，脊起黄山。汪循有诗赞曰："蟠踞徽饶三百里，平分吴楚两源头。"鄣公山巅为擂鼓峰，海拔近 1630 米，雄浑巍峨，"西瞻彭蠡，北眺白岳，东望黄山，南瞰信州"。这鄣公山牵动万道水脉仰接婺女星辉，这不是宇宙的胜景又是什么呢？

识源，先识水；识水必识山，识山又必识势。

婺源，三省相会，山川相缪，天地相应，古今相通。

四

说到古今，必讲人文，必讲朱子。

婺源城中有小巷曰"虹井"，巷名源自井的传说。巷中朱宅有井，朱子出生时，井中水汽袅娜升空，阳光透过，灿若虹霓。从此，便称虹井。这个传说既鲜明又神秘。鲜明者，在于折射着日色的灵气，形象十分美丽；神秘者，在于朱熹在福建出生，此井竟也报告消息。

讲到朱熹，疑问生焉。朱熹之父生于婺源，仕于福建，朱熹又生在福建尤溪。因此，朱熹可称是福建人，可称是安徽人，可称是江西人。讲明白这些必费一番口舌，但还好办。更有交锋的，是思想评价。朱熹是怎样的一个人？他的思想贡献究竟有多大？

今人说得不如古人好。我最能牢记的是《宋史》的评价："自周以来，任传道之责者，不过数人。而其能使斯道章章较著者，一二人而止耳。由孔子而后，曾子、子思继其微，至孟子而始著。由孟子而后，周、程、张子继其绝，至熹而始著。"（《宋史》

卷四百二十九，同文影殿刊本，页一至二十一。转引自冯友兰《中国哲学史》第十三章朱子）朱子学术，博大精深，为什么"文革"期间，那么多专家批判朱子"存天理，灭人欲"，闭着眼睛说瞎话，竟能够堂而皇之呢？当今之人，一听说朱子要"灭人欲"，便不问缘由，更不去自读书自求解，而是听人言而撸袖，怒斥朱子之愚！人欲怎么能灭呢？不吃不喝不拉不交了么？在"文革"时期这样说也就算了；但不久前，2017年6月，在一个评审会上，一专家问另一专家："您如何看待朱熹的存天理灭人欲的观点？"接问者竟依然沿袭"文革"时期专家对朱子的语言与判断！我本不想掺和，但听到这样沿袭，猛然怒火万丈，反驳近于斥责。其实，只要读一点二程和冯友兰，读一点朱子就不会这么对朱子撒野的。"口目耳鼻四肢之欲，性也。"（《二程遗书》）性也者，天理也；而"人欲"则是"切于好利，蔽于自私，求自益以损于人"，用今天的话说就是"自私自利"。克服自私，压制贪欲，难道有什么错吗？人之本能所需，"四肢之欲"不是"人欲"而是"性"，是天理，是应该"存"的呀。冯友兰说得好："人欲亦称私欲。就其为因人之为具体的人而起之情之流而至于滥者而言，则谓之人欲；就其为因人之为个体而起之情之流而至于滥者而言，则谓之私欲。天理为人欲所蔽，如宝珠在浊水中。"（《中国哲学史》第十三章朱子）"人欲"一旦"横流"，世界将何以堪？有时候，我天真地想：中国人他信力很强，习惯于人云亦云。可又一想，冯友兰不是"人云"么？为什么又不"亦云"了呢？我眼前这位专家为什么不能沿袭《宋史》呢？

　　还有一个语文教学界的小现象也说一说。教材中收有写爱情的作品，本是一件极平常的事。但是有的人偏要炒作一番，开个研讨会，一致认为这是一大创造。其实，这是没有什么创造可言的，孔子编定《诗经》首选《关雎》，这才是创造呢。顺着上述朱子"存天理"的意思，了解一下朱子是如何看待《诗经》中的爱情诗作品的，不了解不知道，一了解顿感豁然开朗："凡《诗》之所谓风者，多出于里巷歌谣之作，所谓男女相与咏歌，各言其情者也。"朱熹是看重男女之情这一根本"天理"的，同时，他也认定了"风"的来源及内容。这些，本不是什么高深的学问，不过常识而已，只要读周振甫的《诗经译注》就不至于顺从一些所谓大喊大叫的专家的欺骗了。

当然，读周振甫，读朱子《诗集传》，也要有当今时代的主见。比如《蒹葭》的"求贤说"，这是一个老掉牙的不合事实也没有美感的说法，我们自可弃之不用。朱熹在这方面就有重大修改，一下子打开了思考空间，认为是"不知其何所指也"。可令人疑惑的是，有教材编者为了突出传统文化，在"课后练习"中又提出"刺襄公"之旧说，让学生"多元"思考。其实，这种"多元"倒是妨碍了审美这个"一元"的，即使从思维训练上讲，也并不符合思维多元的建构逻辑。我心中总是想不明白：为什么一讲传统文化，乱七八糟的东西也欣欣然而出呢？

我很敬重复旦版的《中国文学史》，但读到对朱熹的评判，感到也欠公正之依据。朱熹的贡献不在文学而在文论，讲曾巩的质朴胜于苏轼的巧作就给人启迪，但认为"朱熹一生讲学不辍，影响极为广泛，对文学的阻遏实不为小"这个判断就很武断。依据是什么呢？在于对唐宋古文家的抨击，具体说就是对欧、苏的抨击。其实，纵然如此就能阻遏文学自身发展么？再说"学八家之法"是到了明代中叶才终止的事，李梦阳等排斥唐宋八家，成古文辞派，后有归有光等追慕唐宋派，最后桐城派折中之（参见青木正儿《中国文学概论》）。这种说法也许更好吧？

五

"疑思问"，在中国是有一条思想发展史的。自孔子至今，朱熹的立意最高。

为何这样说？这由朱子的格物穷理的认识论而来。格物的目的是对事物的"所以然"和"所当然"的了解。"所以然"主要是指事物的普遍本质和规律；"所当然"主要指社会的伦理原则和规范。因此说"疑思问"的立意，充分体现了朱熹的理性精神（陈来《宋明理学》）。

我们知道，孔子首提"疑思问"（《论语·季氏》），是相对于"道听途说"而言的，指有了"疑"，就要想到用问的办法弄明白。孟子深入一步，把"疑"指向了权威："尽信书，则不如无书。"（《孟子·尽心下》）至汉，王充作《问孔》，说"圣人之言，不能尽解；说道陈义，不能辄形。不能辄形，宜问以发之；不能尽解，宜难以极之"。这是对独尊儒术——当时的社会主流意识的思想批判；魏晋，嵇康特立独行，注重个人思考价值，强调"探赜索隐"，追问不已；唐之韩柳强调解惑与"定其是非"，目的是维护思想"正道"；宋之张载在前人思想上有所突破，明确了"学则须疑"（《经学理窟·学大原下》），着一"须"字，前提也。把"疑"看作是"学"的基本要求。至朱熹，说"学者读书，须是于无味处，当致思焉。至于群疑并兴，寝食俱废，乃能骤进"（《朱子语类》）；又说"读书始读，未知有疑。其次则渐渐有疑。中则节节是疑。过了这一番后，疑渐渐解，以至融会贯通，却无所疑，方始是学"（黄宗羲《宋元学案》）。"疑"是贯穿于"学"的，是学的活的灵魂。尤其提到"群疑"乃能"骤进"，更是强调了"疑"构成了思考的多元状态，而这正是骤然跨越的飞跃式进步。明代李贽，大疑者也，发挥了朱子意见，说"学者但恨不能疑耳，疑即无有不破者"，这个"破"就是"破旧立新"（参见《续焚书·答僧心如》）。王阳明提出"学有所疑便须思之"（《传习录》），突出"思"是关键。黄宗羲把"疑"与"信"合起来讲："彼泛然而轻信之者，非能信也，乃是不能疑也。"（《南雷文案》）真"疑"之目的在于"真信"。综上，可见"疑思问"已经构成一篇思想史，这个"疑"史，孔为开源，朱为高峰。

朱熹，确乎是孔子之后中国又一伟大教育家。且不说他归纳了孔子因材施教的思想，创立著名书院，订立学序章程，单是这个为学之"疑"的思想就足以彪炳千秋了！

六

敢问当下教育之"疑思问"又是怎样的呢？

写到这里，自然想到朱子死前的情景。

那是 1200 年的春天，3 月 5 日，即死前四日，朱熹夜讲张横渠《西铭》，说："为学之要，惟在事事审求其是，决去其非，积累久之，心与理一，自然所发皆无私曲。圣人应万事，天地生万物，直而已矣！"（王懋竑《朱子年谱》）

徐复观很看重这个"直"。此处之"直"正与前面所说"私曲"相反。私曲者，自私自利也，邪曲也；直，就是说正理，讲真话。徐复观还发了一通议论，触目惊心！（参见徐复观《中国知识分子精神》）

又想到2500多年前，大约也是一个春天。孔子极力盛赞了一个形象："直哉史鱼！"如矢啊！如矢啊！像箭一样的直啊！

……

半亩方塘一鉴开，天光云影共徘徊。问渠哪得清如许？为有源头活水来。朱子说，源头多么重要。其实朱子引而不发，讲"源"也暗含了"疑"。没有疑，源头又在哪里呢？

书院寻访录（一）：关中书院的文化视野

　　说到"关中"，便想到秦时明月，汉家陵阙，便想到一系列的深入到中华文化骨髓的相关内容。

　　在关中这片富饶的土地上，西安是最伟大最璀璨的文化符号。西安城核心区域，两颗文化明珠熠熠生辉，一是书法圣地碑林，一是教育沃土关中书院。二者毗连，交相辉映。

　　关中书院至今仍在办学，不对外开放。我们是在西安友人的帮助下得以访问的。接待我们的是西安教育电视台的专家，对关中书院很是了解。说这是一座"活"着的书院，确实一语中的。绝大多数著名书院已成旅游景点了，刻下的教育年轮只是供人凭吊、追想，而目前关中书院仍在办学，是西安高等教育的一角。隔壁是一所小学，孩子们的欢笑始终在古老西安的南门一带荡漾。据说，当地政府曾准备迁走这所小学办教育博物馆，后来在广大居民的要求下放弃了这一计划，仍办小学。这就对了。有学校，就有了孩子；有孩子，我们的这块土地就充满了生机。这汩汩春水般的生机唤醒着肃静的碑林博物馆，叩动着西安古城墙，再随渭水而入黄河，奔出潼关，这一份文化的血脉该是何等丰厚啊！

　　走进关中书院，满目尽显生机！核心建筑是允执堂，进出六间，青瓦灰砖红柱，绿树碧草鲜花。堂前辟有半亩方塘，有碑亭石桥；堂后假山叠石而起，呈华岳之姿。槐松柏梅，彼此唱语；星月云霞，竞相铺彩。

　　最重要的一件事，就是在书院门口拜谒冯从吾铜像。

　　冯从吾（1557—1627），字仲好，号少墟，谥恭定，长安（今陕西西安）人，是明代继吕柟之后，关中最重要的理学家，人称少墟先生。明神宗万历十六年（1588）中举，第二年成进士，观政礼部。为人方正，生活节俭，入朝午餐，自带茶饼。历任大理寺少卿、左副都御史、工部尚书等职，坚信"内圣"而"外王"，著《做人说》，倡导做好官首先是做个好人，非常注重个人修养，为人处世一丝不苟。明神宗朱翊钧中年以后，日益昏庸，宦官专权。冯从吾犯颜直谏，直声震于天下。万历二十年（1592），冯从吾辞官归里，专心学术。万历三十七年（1609），在宝庆寺东侧创建关中书院，冯从吾为主讲。来者"川至云集"，从学者达5000余人，盛况空前，冯从吾被誉为"关西夫子"（参见赵馥洁《关学精神论》、何睿洁《冯从吾评传》）。

　　据邓洪波《中国书院史》载，明代历太祖等16帝，共277年（1368—1644），有书院1962所，唐以来的五代、宋、辽、金、元所有书院总和也不及其一半，可见明代书院极为繁荣兴盛。但值得注意的是，明代书院固然数量剧增，但全数之半是官办，而民办者"同宋元两代相差很远，可看出民办衰退的现象"。当时，关中书院、东林书院、姚江书院等，都是私学而最有盛誉者。

讲到关中书院的教育思想财富，首推冯从吾的"做人说"。这是一个以培养全人为目标的体现道德、人格、学术、气质等综合因素的教育思想系统。对于今天的教育改革具有极为重要的启迪意义。

关中书院的教育大纲就是冯从吾起草的统领书院一切教育活动的思想文献——《谕俗》：

> 千讲万讲不过要大家做好人，存好心，行好事，三句尽之矣。因录旧对一联——
>
> 做个好人，心正身安魂梦稳；
>
> 行些善事，天知地鉴鬼神钦。
>
> 丙申秋，余偕诸同志立会讲学于宝庆寺，令凡旬日一举，越数会，凡农、工、商、贾中有志向者咸来听讲，且先问所讲何事，余惧夫会约之难以解也，漫书此以示。若夫临时问答，各随其人，不具论。[1]

这则短文分三层：第一层言"做人说"，即"做好人，存好心，行好事"九字；第二层言"做好人"的意义，即对联所揭示的"魂梦稳""鬼神钦"；第三层言"做人说"的缘由，即为了告谕各位听讲者，统一认识，明确会讲听学的根本。作者特别指出，"临时问答，各随其人"，不必要写下来，这里特地写出，就是不论讲什么，不论对谁讲，不论谁来讲，都是为了达到一个根本目的"做好人"。

---

[1]　冯从吾：《冯从吾集》，西北大学出版社 2015 年版，第 148 页。

　　值得研究的是，"做好人"不是一个空洞的要求，其与"存好心""行好事"是互为因果、彼此互利而各有教育侧重的。九个字很简约，而思想体系却极为丰富。简单地说，做好人，是立人的目标，"人"是核心，是根本。"人"的本质又在哪里呢？在于心性，是孔子之仁、孟子之义、朱子之理、阳明之心的时代合成，所以要"存于心"。通过教育，育人之心之后在于促其"行"，即落实到行好事的"事"之上。这个"事"，即对于社会的事功也。冯从吾在这个"行"的成果认识上也许补充了王阳明之"知行说"。王阳明的"知行"，从哲学上讲，说到底还是落脚于"知"，知是行之始（即有知识指导的行），行是知之成（即所行之事体现了知识性本身）。而冯从吾的"行好事"，当然是知识指导下的"行"，当然重视"行"本身，同时也体现了对社会对他人的一种利益性，这，就是"行"之"功"也。而这个利益性，正是冯从吾教育思想所在。

　　关中书院之所以提出"做人说"，之所以实施"做人"教育如此之严格，如此之细致，探其根源全在于书院有深厚的哲学沃土。这也深深地启示我们：没有哲学立意的教育行为必定是盲目的、浅薄的、零散的。我们天天讲做人教育，讲道德指导，讲习惯培养，我们的哲学立意在哪里呢？这，理应是当今校长和教师（也包括家长）必须深刻反思的课题。

　　关中书院的讲学，注重"六目"，即六大基本环节：①"讲学第一要令人启信"，而后"可与言也"；②"启信之后又当防忌"，即辨明正误，坚其信也；③"防忌之后又当正趋"，即坚守根本，不致迷惑；④"正趋之后又当明源"，即溯源而学宗；⑤"明源之后又当励功"，即通过践行尽性而至命；⑥"励功之后又以诣

176

极终焉"，即学与行持续终生（何睿洁《冯从吾评传》）。这个"六目"，从教育学上讲是循序渐进，从哲学上讲是循认识之序而进也。与朱熹"为学之序"相比，冯从吾"六目教学论"自有新见，其首尾二条，从信入手，从终生成长上提期望，是又一新境界也。

关中书院的哲学就是宋贤张载所创的"关学"。北宋中期，中国理学进入大繁荣大深化时期，分为四派：一是张载讲学于关中，称为"关学"；二是周敦颐讲学于赣，称为"濂学"；三是程颢程颐讲学于河南，称为"洛学"；四是朱熹讲学于闽，称为"闽学"。"濂洛关闽，周程张朱"，是人们概括宋代理学的口头语。

关学的基本精神，一是树立为天地立心的使命感，二是明确天人合一的关系，三是注重崇礼贵德的人道。"为天地立心，为生民立命，为往圣继绝学，为万世开太平"是张载的名言，冯友兰称之为"横渠四句"。这个使命感，既上接孔孟君子立命之道，又针对宋时士人之实际；既表达了一个哲学家的远大志向，也寄托了教育家对万千学子的殷切期望。关于"天人合一""民胞物与"的思想境界，不仅确立了人与天地万物的友善关系，更是进一步明确了既尊重客观世界，又尊重人自身的创造独立性的人生哲学。对于人的教育，张载十分注意崇礼贵德。所谓崇礼，即平生用心于"复三代之礼"；所谓贵德，就是重视道德的教化。张载认为："知礼以感性，性乃存，然后，道义从此出。"所以张岱年先生指出，张载学说有两个最重要的特点："一是以气为本，二是以礼为教。"①

---

① 张岱年：《关于张载的思想和著作》，见《张载集》，中华书局1978年版，第12页。

上述三方面关学精神与思想，深刻地影响了关中书院的办学。从冯从吾到李颙，关中书院始终皆以"躬行礼教为本"（黄宗羲《明儒学案》）。

传承了关学的哲学思想，因而其教育的行动方案就十分明确而富有逻辑：立足于"人"自身心性培育，指向于立心立命的责任担当，因此一切内容都突出"'做'这一教育环节"。在中国现代教育史上，陶行知所倡导的生活教育理念，注重"教、学、做"的有机统一，不仅打上了美国杜威教育思想的烙印，更吸取并闪现了关学思想的教育光辉。"千教万教教人求真，千学万学学做真人"，陶行知的简约格言与冯从吾的"做人说"教育思想不正体现了古今思想同构的妙趣吗？

在中国著名书院中，关中书院最突出的一点是具有宏大的文化视野和广阔的批判视角。

所谓宏大的文化视野，是指其不仅专于自身文化范畴内的思考（儒学思想范畴的辨析），还考辨佛教、道教以及伊斯兰教的异质文化特点并有所鲜明的扬弃。冯从吾的这一文化视野是令人惊叹的。

所谓广阔的批判视角，是指其建构了儒家思想批判与儒外思想批判的交叉思考关系。聚焦点是思想的辨析，批判特点是文化参照下的扬弃。具体表现就是既从儒看其他，又从其他看待儒。冯从吾立足于儒，但不局限于儒，比如对于伊斯兰教教义的思辨，对儒家思想与伊斯兰教思想的互融思考，在中国文化思想史上都是值得抒写的。试以下图概括并分层描述：

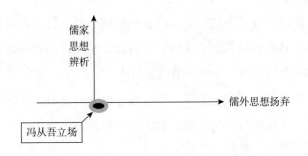

一、冯从吾文化批判的视野广度

冯从吾虽是大儒，但他的文化批判锋芒则广泛涉及儒外文化内容。

首先，他对伊斯兰教教义的儒化解读与阐释体现了他的文化融合性思考的价值取向。西安市内大化觉巷清真寺内，立有冯从吾撰写碑文《敕赐重修清真寺碑》的巨形石碑，碑文节选如下：

> ……经皆浩繁，未易殚述，撮其大要：
>
> 念、礼、把、舍、聚五字而已。曰念者，心心相印，口口真经也；礼者，仰邀帝赐，重酬国恩也；又曰把者，谨持修心炼性之谓也；舍者，好施给，急周乏之谓也；曰聚，则收散合离，百千为群，明经析典，化诲诏诫，令正匡邪，惟善之兢兢耳。千头百绪，总归五字。五字虽约，要皆真诠。[①]

冯从吾用"念、礼、把、舍、聚"五字高度概括了伊斯兰教教义的核心思想，既是对伊斯兰教文化精髓的认识，也是用儒家

---

① 冯从吾：《冯从吾集》，西北大学出版社 2015 年版，第 668 页。

文化解读的融合式表达。心口一、礼国恩、修心性、急周乏、合于群等，其实也是儒家文化的核心内容。冯从吾的这一对于文化内涵的融合式探索，在中国书院思想库中是独树一帜的。

无独有偶。西安市大学习巷清真寺也立有由冯从吾撰写碑文的石碑。文化视野更加开阔，哲学思辨更加深邃，同时，文化批判也更加鲜明。其词（节选）曰：

> 粤自鸿蒙，剖判宇宙，内操道术以鸣世者，无虑千百万亿，大抵人持一议，家操一喙，其他旁门异说难以缕指，而惟佛、老二家其记最著。然攻佛教者流于虚无寂灭，宗老氏者争言清静无为，皆偏而未备，驳而未纯，总之未离奥窔之中，仰青天而观白日也。唯清真一教，印以孔孟真传，其人伦日用之典，妙乎正心诚意之理，推而可以为齐家治国均平之化。注经有六千六百六十六，所意旨固出于天授，尽夫恕可能知可能行者无异说也。[①]

在这里，冯从吾批判佛老"虚无寂灭"，"偏而未备，驳而未纯"，同时又指出其所以然"未离奥窔之中"。思想观点极为明确，语言表达决不含糊。而对于"清真一教"，赞其特点与功能，几于儒家一也。冯从吾这一哲学思想和文化批判精神，在其思想体系中占有重要地位，对关中书院办学有着切实的指导作用。

---

① 冯从吾:《冯从吾集》，西北大学出版社 2015 年版，第 669 页。

二、冯从吾文化批判的历史深度

朱熹、陆九渊的"朱陆之辩"还属于儒学范畴的思想交锋，而冯从吾的"儒佛之辨"则又一次直接挑起了两个文化实体的思想对辩。当然，儒佛之争不起于冯，而是起于唐代思想家韩愈。朱熹有言："唐之韩文公，本朝之欧阳公，以及闽洛诸公，既皆阐明正道以排释氏，……"（《朱子语类》卷 126）但是，冯从吾之"儒佛之辨"自有其时代性与深刻性。

冯从吾生活的时代正处于晚明时期（16 世纪下半叶至 17 世纪中叶），此时，世界经济与文化发展正处于地理大发现后的全球化起步阶段。有关学者揭示了冯从吾生活时代的基本特征，即明王朝政府极其富足而民无立锥之地，商业高度发达而贿赂大肆公行，政权极度专制而政治派别日益纷争，水旱天灾严重而民变起义不断。[1] 从社会本质上看，此时社会主流价值观崩塌而各种思潮混杂是最严峻的问题。

当时的中国是世界极为强大的经济体。不仅邻近的国家与中国保持朝贡贸易关系，而且遥远的欧洲国家如葡萄牙、西班牙、荷兰等国以及它们在亚洲与美洲的殖民地也都卷入与中国的远程贸易之中，并且一律处于贸易逆差地位。以丝绸为主的中国商品遍及全世界，作为支付手段的占全世界产量三分之一甚至更多的白银源源不断流入中国。[2] 虽然中国经济上极为强大，但是，由

---

① 何睿洁：《冯从吾评传》，西北大学出版社 2015 年版，第 3—4 页。
② 樊树志：《晚明史：1573—1644 年》，复旦大学出版社 2003 年版，第 1078 页。

于政治极度专制，文化长久封闭，因而此时的中国灵魂——支撑整个国家的价值意识几近倒塌了。黄宗羲用"天崩地解"来形容是十分恰当的。

正是在这一时代环境中，冯从吾既从儒家内部批判王阳明心学的邈远，又从文化全局批判佛学的虚空，坚守并倡导"本性—工夫"的哲学观，力图使儒学走上更加坚实的救世之路。冯从吾从教育目的上提出"做个好人"的思想，实质上也就是从当代的社会现实需求出发，企图培养救世的中坚。

关于冯从吾"儒佛之辨"的思想深刻性，刘学智、孙学功在《冯从吾集》前言中有精当的概括：

> 冯从吾认为，学者所以混儒佛而为一，其原因在于对二者的宗旨不明。他说，"佛氏差处全在宗旨，宗旨一差，无所不差"（《辨学录》），所以他首先从辨析二教宗旨开始。他认为，儒佛根本旨趣，全在心性论之不同。于是陷入一种误区，往往"以上达归佛，以下学归儒；以顿悟归佛，以渐修归儒；以明心见性归佛，以经世宰物归儒"（《辨学录》），好像"佛氏得上一截，少下一截功夫"，而儒学则只有"下学"的工夫，而没有"上一截"的本体体悟，似乎"佛氏居其精，而吾儒居其粗"（《辨学录》）。从吾指出，这是极其错误的。对此冯从吾先从道体方面加以辨析，指出儒佛"其发端处与吾儒异也"（同上）。他认为儒家所说的道体是太极，是理，而佛氏"说空说无"，则以"空无"为其本体，二者在本体论上是俨然有别的。再从心性论上看，他认为，"吾儒曰尽

心知性，释亦曰明心见性，若相同而实相远"。孟子讲"尽心知性"，所尽之心乃道德本心；所知之性，乃人善的本性，即天德良知。而佛教所说的性，则是从"气质之性"上说，是"专以能知觉运动"而言的，即就"人欲"而言的。在冯从吾看来，此说与告子的"生之谓性之性"相通，而丢了理这个本体。故其所明之心，乃是"人心"，所尽之"性"乃是丢掉了"理"的"知觉"之性。……其差"毫厘而千里也"。①

明李维桢在《辨学录·序》中说"宋时辨释学者，惟周、程、张、朱，本朝惟罗文庄《困知记》"，而"今得仲好羽翼之，幸甚"。可见冯从吾是"儒佛之辨"的代表性人物。冯从吾力辨儒佛，试图以此探寻王学末流空疏学风之思想根源，在当时确有固本导源的深刻意义。

本文探讨冯从吾文化批判的视野与深度，自然不在于从哲学层面论其建树与地位，而是从关中书院办学的灵魂深处寻其立学之本。冯从吾对伊斯兰教的尊重与化解，对佛教虚空而无的揭示，鲜明地表现了关中书院的文化态度。这，恰恰是当代教育改革与校长办学的短缺之处，自然也就是应该认真揣摩与借鉴的地方。

学校是学习文化、传播文化、酝酿和培育新文化的场所。学习什么样的文化？为什么要面对新一代学习和传播这样的文化？学校在学习与传播中怎样形成自己的主见从而培育"新文化"？

---

① 刘学智，孙学功：《冯从吾集·前言》，西北大学出版社 2015 年版，第 7—8 页。

这些是学校办学的根本问题。现在的问题恰恰是千校一面，万人一腔，一校与万校除了规模差异之外，思想与文化都是"三D打印"。这样培养的人必然是"会说话的工具"。既然这样，那是不是校校改革，人人创新，各称其"名号"呢？像当前标以"××教育"之名的种种教育林林总总，五彩缤纷，光怪陆离，是不是真的就是打破千校一面，万人一腔的办学之举呢？这又是问题的一个方面。追求办学创新是正确的，但是，不能为了创新而"创新"，即空喊时尚口号，空举教育标签而无教育践行之实。如果说这还是沽名钓誉之浅薄的话，那么很多以经商之心办教育、在青少年生命成长上窃取利益的种种危害就无异于图财害命了。这，正是政府部门严加警觉并施以清理甚至打击之策的最为严峻的现实问题。

而真正的教育创新，取决于真正的文化自觉态度。

"文化"是十分复杂的概念。这里取钱穆之"精神说"，侧重指"文化"由群体内部精神累积而产生，即精神共识。何谓学校的"文化态度"？我以为就是学校师生员工遵循教育发展规律，在教育坚守与改革上具有理性特征的精神一致的外向表达。首先，是遵循规律的，注重学校教育的历史传承而不是刻意另起炉灶；其次，是体现在改革行为上的而不是空喊口号，虚张声势；再次，是集体共识的结晶而不是校长的闭门造车；最后，是办学过程的外向体现，是看得见摸得着的日常行为。总之，办学的"文化态度"是求实精神的体现，办学的创新，不为名，不为利，不唯上，不唯书，全力探索基于眼前问题的学生成长与进步。

叶向高在《都门语录序》中指出：

明兴，真儒不乏，而儒效未章，其弊在于不讲圣贤之学，而讲自己之学，又在于借圣贤之学以文饰自己之学。夫学至于孔孟已至明至尽，无可复加，学圣贤者，只当就其意以发明，不必别开门户，而近儒必自出一意见，自立一题目，偶有所窥，遂自谓不传之秘，以号召天下，而天下亦遂宗之，曰：某氏之学。故愈讲愈支，伪儒益得借以自匿。今冯先生所讲，皆圣贤之学，而未尝自标为冯氏之学，其所最辟者，尤在于佛氏之心性与近儒之"无善无恶"，而一皆取证于圣贤，不以一毫私见与角是非。如此讲学，可以万世而无弊矣。谁得而病之？[①]

叶向高的话有三层内涵：第一，表面看来是有偏见的，其实，他正是用片面的方法而礼赞冯从吾讲学的"不偏"境界。说孔孟之学"至明至尽，无可复加"，自是偏激；他所以这样说，旨在强调功夫要用在"发明"上而不是"别开门户"上。求"发明"，是为了解决教育的现实问题，是真有所得；"别开门户"是求名，是张显一己之见。第二，叶向高揭示了标注"某氏之学"的特点与危害，"偶有所窥"便"号召天下"，这是其特征。"愈讲愈支"，是指越研究可能越偏，越课题化可能越极端化，这就是危害。对我们今人的告诫就是：青春，人只有一次，是极其宝贵的，是不能随意拿来做某项课题实验的。第三，冯从吾的讲学有没有

---

① 冯从吾：《冯从吾集》，西北大学出版社 2015 年版，第 469 页。

创新呢？不仅有创新而且是显著的，例如他的"佛儒之辨"，不仅是个人的思想创新，而且是用这样的思想创新来引导关中书院的教育创新及其所处时代万千学子的学习创新。这样的创新是极具理性的，既有"取证"，又"不以一毫私见与角是非"。冯从吾创新的最突出的特点，就是在扎实的行动中用圣贤之真理来改进现实之弊端，而不是用新颖之口号来伪饰名利之私心。

张岱年1984年12月在上海举办的东西文化比较研究讨论会上指出："最重要的还是在前人成就的基础上努力创新。"①这既是讲创新的原则，也揭示了创新的条件。道理似乎并不深奥，为什么每个时代都会"制造"出一批虚称创新之名的畸形儿呢？骨子里还是文化与哲学问题。"前人成就"是文化，是群体的精神共识；"在……基础上"，是关系认知，是哲学判断，揭示"文化"是形成精神共识的内核与酵母。学校教育创新，说到底是一个学校群体共同实施的教育文化演进活动，必须有一个鲜明而又坚实的育人哲学来支撑。关中书院的教育之所以自成系统并且对现时代教育仍有启迪意义，根本原因就在于拥有"关学"的价值，因此，关中书院的以批判为特征的文化态度不可不察。

---

① 张岱年：《文化与哲学》，中国人民大学出版社2006年版，第10页。

书院寻访录（二）：鹅湖"辩""会"的精神风骨

踏访江西上饶，就应该踏访名城铅山。

踏访铅山，就不能不拜谒鹅湖书院。

鹅湖书院，在铅山县鹅湖镇，距铅山县城 15 公里，距上饶市 30 公里，距武夷山 70 公里，为全国重点文物保护单位，所在鹅湖山为国家级森林公园。幼时读《千家诗》，记得张演的《社日》："鹅湖山下稻粱肥，豚栅鸡栖对掩扉。桑柘影斜春社散，家家扶得醉人归。"诗中描绘的就是鹅湖乡间悠然而富足的情景。

鹅湖书院创建于南宋嘉定元年（1208）。前身是鹅湖山下的一座鹅湖寺。建院前 33 年，即淳熙二年（1175）的暮春时节，思想家吕祖谦访朱熹，共读周程之书，编《近思录》。吕祖谦向朱熹建议，邀另一思想家陆九渊相会鹅湖寺讨论哲学问题，朱熹允然。此时，朱熹的理学思想与陆九渊的心学思想的交锋已不可避免。于是，汉以后，中国思想史上罕见的一场激辩拉开了大幕。到了 1188 年冬天，浙东学派领军人物陈亮，仿"朱陆之会"，特约朱熹、辛弃疾相会鹅湖，讨论"经世致用，救济时艰"等家国问题，朱熹为避开时政而失约；而辛、陈相聚鹅湖，披肝沥胆，纵论天下，情炽如火，恳谈十日……于是，中国文学史上又记下了南宋词坛佳话。正是为了传承两次"鹅湖之会"的精神衣钵，朱熹弟子徐子融1208年在鹅湖寺旁设四贤肖像，纪念朱、陆、陈、辛，建鹅湖精舍，聚徒讲学，鹅湖书院这才迈开了教育步伐。因此，事实是先有"鹅湖之会"，后有鹅湖书院。鹅湖书院之所以历代名播，关键原因，就是两次鹅湖之会在历史上的重大影响。

这里，我们先来赏鉴第一次鹅湖之会——"朱陆之辩"。

南宋时期，有三大思想家分派鼎立。一是朱熹，一是陆九渊，一是吕祖谦。朱倡理学，主张格物致知；陆倡心学，认为万物皆备于我；吕则"兼取朱陆之长，而复以中原文献之统润色之"（全祖望《同谷三先生书院记》）。鹅湖论辩之前，朱陆所论已显不合，吕祖谦盼有折中，遂与朱熹约陆氏兄弟（九龄、九渊）相会于鹅湖寺论辩。

论辩之前，朱陆双方各自做了准备。朱与吕先在寒泉精舍，相与研读周敦颐、张载、二程著作，尽40余日，采摘600余条言论，编成《近思录》。尤其是周敦颐思想，完全是在朱熹的弘扬和阐释下而得以在南宋成为显学。朱与陆辩"太极"，依据的就是周的思想。这是朱吕的共同"备课"。二陆这边也进行了谨密协商。陆九龄为兄，陆九渊为弟，兄弟思想也不完全一致。在去鹅湖之前，陆九龄就对陆九渊说，伯恭（吕祖谦）约元晦（朱熹）举行集会，讨论学术异同，我们兄弟两人不妨统一一下观点，这样才能在集会上一致对外，于是两人反复讨论琢磨，预先试辩，当日辩至深夜，并各自以诗小结思想认识。[①]

　　六月初三，朱、陆、吕相会。论辩是由吕祖谦问陆九龄近日有何创获而起，陆诵诗曰："孩提知爱长知钦，古圣相传只此心。大抵有基方筑室，未闻无址忽成岑。留情传注翻榛塞，着意精微转陆沉。珍重友朋勤切琢，须知至乐在于今。"当陆九龄读到第四句时，朱熹便对吕祖谦说："子寿（陆九龄）早已上了子静（陆九渊）的船了也。"意指陆九龄开宗明义，突出了陆九渊"心"的思想；同时也讥之缺乏独立思考。其实，陆九龄的诗还是比较温和的。前四句意思是说，孩童时期就知道爱，长大了更知道钦敬，这种敬爱之心是古代圣贤早就认定的能够相传的人性之本。建房子要有基础，否则如何盖楼呢？到五六两句才对朱熹的为学有所批评："留情传注翻榛塞，着意精微转陆沉。"意思是说你花那么多精力注释典籍，研究精微之意反而堵塞了圣贤思想。对于陆九龄，朱熹未做辩说。

　　把此次论辩推向高潮的起因是陆九渊用诗句揭示朱熹为学的谬误。陆九渊的诗犀利如刃，起笔揭旨："墟墓兴哀宗庙钦，斯人千古不磨心。"废墟墓地让人兴起哀伤，宗庙殿堂使人心生崇敬，物与心一致也；同为谈"心"，九龄说"圣贤相传"，陆九渊则说"千古不磨"，立意有明显不同。意思是敬爱之心不是"圣贤"传不传的问题，而是人人所共有并坚定不移的。三四句换一个角度讲："涓流积至沧溟水，拳石崇成泰华岑。"与陆九龄诗意相呼应，更突出积累过程。五六句更是锋芒毕现："易简工夫

---

　　① 参见江堤：《中国书院小史》，中国长安出版社 2015 年版。

终久大，支离事业竟浮沉。""易简工夫"是陆九渊的为学主张，强调直接反省内心，不必去"格物致知"，因为"心即物也"。"支离事业"是对朱熹的讽刺，也即是指你那套"格物致知"说过于破碎、烦琐，把圣贤思想无端地复杂化是错误荒谬的。朱熹闻之，脸色十分阴沉，因为陆九渊不仅指出朱陆思想的不同，而且明确说明学术前景迥异：陆之思想"终久大"，朱之思想"竟浮沉"。一长远，一消亡，这个学术判断极为决绝！更有甚者，陆九渊最后对朱熹的学术体系进行了全盘的本质否定："欲知自下升高处，真伪先须辨只今。"这显然是思想宣言：今天的论争是明辨"真伪"，根据我的推断，谁真谁伪不是十分清楚吗？攻势凌厉，朱熹大为不快，不欢而散。

第二天，朱陆继续争辩。双方意见极为不合，现场气氛高度紧张。朱熹阐述自己的主张是"泛观博览，而后归之约"，也即通过"格物"而改变本心"致知"。陆九渊则认为"先发明人之本心，而后使人博览"，心即理也，用不着"格物"而求"理"。二人同时就对方思想的危害性进一步加以揭露，朱认为"陆之教人为太简"，陆认为"朱之教人为支离"（浮浅、烦琐）。朱熹强调读书、格物，否则"人"的心灵怎么能向善呢？对此，陆九渊意欲用古之圣贤为例加以反驳，意思是尧舜之时还没有书，圣人自然也就没读过书，但这并不妨碍他们成为圣贤。陆九龄见陆九渊过于张扬，急速制止，双方悻悻离场。

六月初八，陆氏兄弟返归故里，朱熹吕祖谦也各"分手而归"。

在新建的鹅湖书院展览馆中，我们看到"鹅湖之辩"的介绍，其中归纳的朱陆四点相争是很客观的：一是关于心本论。二陆之诗提出千古不磨之"心"，意通孟子"良能"。当时，朱熹虽未反驳，但3年后他的和诗"只愁说到无言处，不信人间有古今"二句来讥讽二陆心本论的空疏和师心自用。二是关于治学方法。陆认为"心即理也"，我心本有，不必外求。当时多数人都不赞同，后来朱熹在给张栻的信中说："子寿兄弟气象甚好，其病却在尽废讲学而专务践履，却于践履之中要人提撕省察，悟得本心，此为病之大者。"三是由治学方法联系到教人。朱熹教人，强调"格物致知"，知至意诚然后心得其正。物要一天天格，知须一点点积累。二陆之意则欲先发明人之本心，反对读书讲学。四是关于九卦之序。九卦之序是《易·系辞下》第七章提出的问题，该章阐明"易"书体用，以为作"易"者，"其有忧患"。文中提出防止忧患的方法就是"行德为本"，因而六十四卦中特选择履、谦、复、恒、损、益、困、井、巽九卦为一类。陆氏认为，九卦中，复卦是本心复处，是重点是核心。这里要指出的是，今天我们赏鉴南宋这几位思想家的激辩，至少有两方面的深深感慨：一是敬其学术风骨。这种敢辩敢论精神本是先秦思想传统，可惜汉之后已成绝响。学术风骨的另一面是，虽然思想对立，但始终尊重对方，以之为友。朱陆之辩并没有影响到他们的友谊。淳熙八年（1181），朱熹在南康军任职，陆九渊特地赶来请朱熹为陆九龄写墓志铭。之后，朱熹又请陆九渊到白鹿洞书院讲学。二是鹅湖之辩后，两派的后继者各有不同看法，学术之争历数百年而不衰，这是多么宝贵而悠长的精神血脉啊！可惜这一中国儒学胸襟与独立个性始终没有抬起头来。

有人认为，鹅湖之会的中心论题是"为学之道"与"论及教人"。其实，"为学"与"教人"实际上是一体的。有"为学"之理念才有"教人"之方法。而所谓教人之"法"，也在于"修养"途径，旨在育人。冯友兰指出："朱子所说格物，……若以为此乃专为求知识者，则诬朱子矣。"①朱陆所争，其哲学思想对于我们当今教育理念的夯实同样有着现实意义。

朱陆的哲学观可用以下二图大致表示：

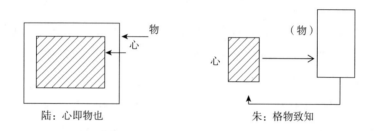

陆：心即物也　　　　　　　　　　朱：格物致知

"朱子言性即理。象山言心即理"。"朱子以心乃理与气合而生之具体物，与抽象之理，完全不在同一世界之内。心中之理，即所谓性；心中虽有理而心非理。……象山言心即理"，"盖朱子所见之实在，有二世界，一不在时空，一在时空。而象山所见之实在，则只有一世界，即在时空者。只有一世界，而此世界即与心为一体，所谓'宇宙便是吾心，吾心便是宇宙'"。②也有的哲学家把朱称为客观唯心主义，把陆称为主观唯心主义。朱陆之哲学转化为我们的教育哲学，那就是正确处理"知"和"行"的关系。在陆看来，特别是后来陆学的传承光大者王阳明看来，

①② 参见冯友兰：《中国哲学史》（下册），华东师范大学出版社 2011 年版，第 216—218 页。

良知是知，致良知是行。知是行之始，行是知之成。行知一体，皆为本体。只有行，才是真正的知。由此而强调教育必须重"行"。在朱看来，"致良知"要有指导，这就是通过读书而知"理"，通过格物而知"理"，由此之"行"，才是有保障的"致良知"。朱的"知"其实就是理论与经验而非"良知"之"知"。由此来看教育，"泛观博学"可以看作是"知识"指导的过程，是"致知"的前提。简言之，我们确实应该认同朱强调的由"知"致"知"。前一"知"是"泛观博学"，后一"知"是"良知"即"本性"。朱陆的共同点是什么呢？其实，都是关注人心与性的完善，只不过是依陆论，人本善，人人重在自省而可教育；依朱论，人本善，但必须通过格物而可教育。"自省"与"格物"理应二者兼备，互为辅助。再一点，"朱陆之辩"也称得上是育人理念之辩与方法之辩。陆重视人"心"的自省与改善，朱重视改善人"心"的"格物"途径。

当朱陆在"太简"与"支离"之间相互诘问的时候，不也正是教育之道更为"明辨"之时吗？当今教育，何辩之有？要么一言堂管到底；要么各敲各的锣各卖各的糖。当今中国教育之辩，自由的教育之辩是何等让人渴望啊！

历史在鹅湖书院的深土中埋下朱陆思想风骨，已是鹅湖书院之幸；没想到，再过13年，又一次历史之会给了鹅湖书院以荣誉。

淳熙十五年（1188）冬，也就是"朱陆之辩"后13年，第二次"鹅湖之会"又拉开了帷幕。

第一次"鹅湖之会"是理学与心学的思想之辩；而这一次，则是同为思想家和文学家之间的情感镕铸。其情之真，其诚之切，撼人心魄!

　　主角便是南宋思想家与文学家一体的陈亮与辛弃疾。说来真是有趣,上次"朱陆之辩",朱熹与吕祖谦一方对陆九渊陆九龄兄弟。而这次陈辛相会的陈亮与朱熹不一,学术上常与朱论战,反对空谈性理;辛弃疾则与朱熹有深交,与陆九渊不合,陆曾攻击辛弃疾,说他奸黠弄权[①]。这,正是南宋留给我们的思想、学术、个性自由峥嵘的历史画面,也是古之君子交往的精神传统,既思想独立,又尊重友情;既直言不讳,又崇尚人格。表里如一,始终如一。这也正是孔子所主张的人格特征。《论语》:"子曰:'君子无所争。必也射乎! 揖让而升,下而饮。其争也君子。'"意思是,君子一般没有什么争的。如果争,那就像射箭。相互作揖登堂比射,走下堂来一同饮酒。这种争是很有礼貌的。由无争到有争再到有礼,君子学术与人生境界也。所谓"无争",指不在鸡零狗碎的事情上争;有争,指原则上独立讨论;有礼,指尊重对方。其实,这也是书院精神的核心内涵。朱陆之争充分说明了这一点,陈亮相会也同样增添了鲜亮一笔。

　　有必要介绍一下辛弃疾与陈亮。

　　辛弃疾(1140—1207),字幼安,号稼轩,历城(今山东济南)人。出生时北方已沦入女真人之手,他的祖父辛赞任职于金国,但一直盼望收复河山,"以纾君父所不共戴天之愤",他时常带着辛弃疾"登高望远,指画河山"(《美芹十论》)。少年辛弃疾同时也目睹了汉人在女真人统治下的屈辱,立下了恢复中原、

---

　　① 参见江堤:《中国书院小史》,中国长安出版社 2015 年版,第 132 页。

报国雪耻之志。由于辛在北方长大，较少受到循规蹈矩的传统教育，因此在他身上洋溢着燕赵奇士般的侠义之气。陈亮（1143—1194），字同甫，号龙川，是南宋中期著名的政论家和北伐中原的热情鼓吹者。他写的《中兴论》《上孝宗皇帝书》等，直抒所见，慷慨激昂，饱含强烈的政治信念。他的词，也充分地表达了政治抱负和理想，和辛弃疾词一样，题旨相近，具有同样的强烈的感情力度。在创作手法上，陈亮与辛弃疾都喜欢以经史诸子、典故传说及俗语俚音入词。不过，陈长于政论，没有辛词的洒脱①。

由上可知，陈辛政治理想一致，思想情怀相同，加之同为词家，正处于抑郁之境，此时相会，该有怎样的心灵互动啊！

时值冬天，万山尽寂。陈亮约辛弃疾会于鹅湖，讨论的主题就是"经世致用，救济时艰"。本来，朱熹也应约而来的，但陈辛等了10天也未等到。后人推断他想避开时政而爽约。《鹅湖书院》记载："辛、陈相聚鹅湖，畅饮瓢泉，纵谈十日，极论时事，共商抗金雪耻之大计，畅叙南北对峙的危险形势，共表坚持抗战的决心，抨击苟且偷安的妥协投降，加深了相互间的战斗情谊，发出了'凭却江山，管不到，河洛腥膻无际'的感慨。十日后，还不见朱熹前来，陈亮冒雪东归。辛弃疾追之，终因大雪封路，入夜乃罢。"②对此，江堤先生的叙述更为动情："分别后的第二天，辛弃疾的思念之情到了不能自控的地步，于是策马追赶，想与陈亮一起再待上几天。走到鹭鹚林，雪深泥滑，封闭了前进的道路。

---

① 章培恒，骆玉明：《中国文学史》（中），复旦大学出版社1996年版，第463页。

② 王立斌，刘东昌：《鹅湖书院》，湖南大学出版社2013年版，第25页。

他怅惘地停下来，退回到一家小店独饮，夜半，他投宿在朋友家中，邻近吹来了悲哀的笛声，使他更加怀念他的朋友。挑灯作《贺新郎》一首"。词曰：

把酒长亭说。看渊明、风流酷似，卧龙诸葛。何处飞来林间鹊，蹙踏松梢残雪。要破帽、多添华发。剩水残山无态度，被疏梅、料理成风月。两三雁，也萧瑟。

佳人重约还轻别。怅清江、天寒不渡，水深冰合。路断车轮生四角，此地行人销骨。问谁使、君来愁绝？铸就而今相思错，料当初、费尽人间铁。长夜笛，莫吹裂。[①]

这首词的意境极为悲凉。5 日之后，陈亮给辛弃疾来信，同样表达了郁闷心境。辛弃疾将这首词抄录寄陈，陈也回赠一首。词曰：

离乱从头说。爱吾民、金缯不爱，蔓藤累葛。壮气尽消人脆好，冠盖阴山观雪。亏杀我，一星星发。涕出女吴成倒转，问鲁为齐弱何年月。丘也幸，由之瑟。

斩新换出旗麾别。把当时、一桩大义，拆开收合。据地一呼吾往矣，万里摇肢动骨。这话把只成痴绝。天地洪炉谁扇鞴，算于中、安得长坚铁。沂水破，关东裂。[②]

①② 江堤：《中国书院小史》，中国长安出版社 2015 年版，第 132—134 页。

陈亮此词，同样表达了深沉之悲。有趣的是，"朱陆之辩"见于三首诗，二陆各一首，朱回赠一首，勾勒了朱陆思想之异。而"陈辛之会"，也见于三首词，陈一辛二，表达了陈辛的思想之同。辛弃疾写给陈亮的另一首词，历代皆称之名作，这就是"为陈同甫赋壮词以寄之"的《破阵子》[①]：

> 醉里挑灯看剑，梦回吹角连营。八百里分麾下炙，五十弦翻塞外声。沙场秋点兵。
>
> 马作的卢飞快，弓如霹雳弦惊。了却君王天下事，赢得生前身后名。可怜白发生！

这首词塑造的人物形象其实有二，一是作者本人，二是陈亮。他们同有一个理想，又同处一样的境地。两人同悲一处而又壮怀激烈正是该词的意境之魂。

这里要讨论的是，这样一种惊天地、泣鬼神的家园情怀，正是中国书院教育的塑造核心。

西周末期，"天子失官，学在四夷"。官学破产，私学应运而生，伟大的孔子，开创了有教无类的民间私学新格局。自唐后，书院传承了私学特点，愈办愈多，愈办愈强，成为民间与官学相并存、相对立的文化思想生长地。这种思想的成长有两大特点：一是自由独立。早期书院山长不受朝廷官爵，不食朝廷俸禄，始终保持独立的文化人格。二是儒学立院。著名书院的著名思想家

---

① 江堤：《中国书院小史》，中国长安出版社 2015 年版，第 132—134 页。

不仅以儒立身，也以儒教人，如白鹿洞书院朱熹、岳麓书院张栻、东林书院顾宪成、龙冈书院王阳明等等，都传承了孔子儒学的基本思想，以忧天下之心自强不息，经世致用。这两条，恰恰是中国知识分子的家国情怀的聚焦。

由于心存忧患，以天下为己任，因此，他们敢于为了国家而舍生忘死；又由于心存自由，坚守独立操守，因此，他们蔑视权贵，敢谏当政者之机心而见弃。这，已经构成了孔孟以来忠贞的思想家、学问家、政治家的人生必由之路。路虽如此，然痴心不改，痴情不悔，正如林则徐所言："苟利国家生死以，岂因祸福避趋之。"这样的一种"痴"，显然是"先天下之忧而忧，后天下之乐而乐"的价值观所凝结。这，正是书院教育的基本内容。对于孔子办私学，朱熹指出："圣人（孔子）贤于尧舜处，却在于收拾累代圣人之典章礼乐制度义理以重于世。"至于朱子办学，继承孔子精神，根据《大学》中"格物致知，诚意正心，修身齐家治国平天下"的道德修养程序，为白鹿洞书院立下学规，大力培养人生进取精神。令人崇敬的是，这样的一批书院，通过千年承续与努力，通过培养一代又一代秉持这一价值观的士大夫，从而影响社会，在全社会，在民间塑造了中华民族的文化心理。这一文化心理，倘若少一个"痴"字，真是不堪设想。

拜访鹅湖，为"痴"而来！

未有书院之前即有"两会"的千古绝响，鹅湖书院幸甚之极。

书院寻访录（三）：王阳明教育特色举隅

浙东余姚，人文发祥之地。

清澈的姚江，滚滚东去，回荡着河姆渡先民的歌声。

余姚城中有龙泉山，山有中天阁。深秋的暮霭里，这座简朴的建筑显得格外沉静而又安详。游人喜直扑山顶，往往在中天阁侧拾级而上，倘若稍停半步，左转入小门，便入中天阁，那该多好啊！进入中天阁，你就会牢牢吸附于阁中布展的文字与图片上——王阳明，姚江书院，龙山书院……一系列著名人物与文化事实扑面而来。我们在小院的石凳上久坐，心宁而神聚，所读到的姚江书院文字也在款款飞动。

先从一位著名学者说起。王阳明（1472—1529），名守仁，字伯安，号阳明，是明代著名的哲学家、政治家、军事家和教育家，是心学的集大成者。姚江书院的前身故事与王阳明息息相关。先有崇祯初的著名学者刘宗周在绍兴创办"证人社"讲学，受"证人社"启发，崇祯十二年（1639），余姚学者沈国模等人在余姚城南双雁里半霖村创办"霖间义学"，这个义学奉祀孔子及先贤王阳明，重在讲修"王学"宗旨。明末清初之际，义学虽然停办，但到清顺治十四年（1657），"霖间义学"重张，定名为姚江书院。

此后一批先贤会聚于此，形成了中华学术史上的著名学派——姚江书院派，史称"姚江一灯，炳然千古"[①]。这一段文脉，与王阳明紧密相连，因此，后人讲王阳明必讲姚江书院，讲姚江书院必称王阳明。

其实，中天阁才是王阳明讲学处，位于龙泉山上。姚江书院则在余姚城南，与中天阁不能混称。不过，姚江书院也好，中天阁也罢，它们共同的符号意义在于能够启示我们用联系思考的方法去追思王阳明的书院讲学精神和王学后续勃兴的历史。这里重点介绍《传习录》。

正如《论语》是孔子政治、哲学、教育思想的结晶一样，《传习录》也是王阳明哲学、教育思想的结晶。

《传习录》之"传习"，续承的是孔子"传不习乎"旨趣，而内涵上则集中反映了王阳明"知行合一""致良知"的思想，充溢着批判的锋芒、点拨的艺术、对话的智慧，堪称"王学《论语》"，其基本的教育特色就是"思辨"。

《传习录》共三卷，其合成有三个阶段：一是明正德十三年（1517）八月，王阳明弟子薛侃刊刻《初刻传习录》，在江西赣州出版，即今之上卷；7年后，即嘉靖三年（1524）十月，王阳明弟子南大吉命其弟校刻《续刻传习录》，除初刻本内容外，新增一卷，在浙江绍兴出版，即今之中卷；王阳明逝世后，嘉靖三十四年（1555），王阳明的得意弟子钱德洪在其同门曾才汉先

---

① 王涵主编：《中国历代书院学记》，首都师范大学出版社2010年版，第157页。

刻于荆州的《遗言》的基础上进行删定，于宁国水西精舍刊刻成《传习续录》，这也就是今之下卷。第二年，钱德洪统前三次刊行再付黄梅尹张君刻于湖北蕲春的崇正书院，分作上、中、下卷，始有完全规模，在社会上广泛流传，不但影响中国，而且享誉海外，在日本被称为明治维新改革的思想范本。

考察王阳明教育思想，我们可以从内容上研究他的书院思想，剖析他的德育思想，介绍他的知行合一理念以及分享他的因材施教策略。但是这些内容的"活的灵魂"的形成更有现代意义，也就是说其思想的建设过程与思考的指导方法尤其值得今天的教育借鉴与学习。从形式看，《传习录》与《论语》都是对话语录体，都是对思想的问答讨论，都涉及人生、哲学、社会、学习等各方面现实问题，但是，《传习录》的思辨特色更加鲜明，更加广布于每一次讨论的全过程，更加具有逻辑推断的学理建构力量。因此，我们认为，《传习录》不同于《论语》的地方，更重于对现场的记录，更重于对思想瞬间的记录以及对问题剖析轨迹的记录。《传习录》实则是"思辨录"。

思辨，本来是一种哲学思考方式。用这种方式来启发弟子思考问题，就是逻辑推导的示范，就是概念式思考的示范，也就是理论化学习的示范。这种"示范"，体现于教育全过程，就是思考方法的强大影响，就是思维方式的有力点拨，就是思想建构的理性推动。而这，正是王阳明教育思想的精髓！从哲学内容上学习，我们读《传习录》主要关注的是"说了什么"；从教育思想上学习，我们读《传习录》更要关注"怎么说的"和"为什么要这样说"。

以下试从三方面举例讨论。

一、批判路径的确立与引导

王阳明心学对朱熹理学是持批判态度的，冯友兰《中国哲学史》专章论述其异同，别开生面。从教育目的和策略上看，王阳明对朱子的批判是怎样直接影响学生思考的呢？换言之，王阳明的"批判性"蕴藏着怎样的"教育性"呢？我们看一个具体的小例子。

王阳明最得意的学生叫徐爱，称得上是"王门颜回"。《传习录》开篇记的即是王阳明和徐爱的一次讨论：

> 爱问："'在亲民'，朱子谓当作'新民'，后章'作新民'之文似亦有据。先生以为宜从旧本作'亲民'，亦有所据否？"
> 先生曰："'作新民'之'新'，是自新之民，与'在新民'之'新'不同，此岂足为据？'作'字却与'亲'字相对，然非'亲'字义。下面'治国平天下'处，皆于'新'字无发明。如云'君子贤其贤而亲其亲，小人乐其乐而利其利'，'如保赤子'，'民之所好好之，民之所恶恶之，此之谓民之父母'之类，皆是'亲'字意。'亲民'犹《孟子》'亲亲仁民'之谓，'亲之'即'仁之'也。'百姓不亲'，舜使契为司徒，'敬敷五教'，所以亲之也。《尧典》'克明峻德'便是'明明德'，'以亲九族'至'平章'、'协和'便是'亲民'，便是'明明德于天下'。又如孔子言'修己以安百姓'，'修己'便是'明明德'，'安百姓'便是'亲民'。说'亲民'

便是兼教养意，说'新民'便觉偏了。"①

徐爱的所问，已经完成了一次批判与质疑。先了解了朱子的逻辑，结论是"似亦有据"；再看先生的逻辑，无结论，有疑惑。徐爱的独立思考还没有完成。在徐爱的提问中，也包含了对朱子的批判——朱熹认为"亲民"是"新民"本来也是一个思想创新。由此可见，这个提问体现了"第一次批判"（朱），"对朱的批判"（徐），"对王的批判"（徐），呈现了如下的批判路径：

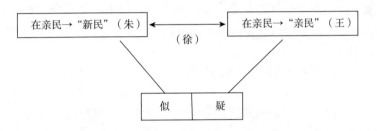

对此，王阳明的"批判"又是怎样完成的呢？

首先，王阳明揭示了朱子的词义误读："新"有二义，继之指出《大学》文本的内在意脉与朱的误读相反，这样就夯实了"岂足为据"的反问。这个否定不仅对着朱，更对着徐爱"似亦有据"的判断。

继之，举《孟子》《尧典》及孔子之言为"亲"字立据，在源头上打通，这样就彻底否定了朱子之"新"，而确立了"亲"的"教养之意"。

这个"再批判"的路径如下图所示：

① 王阳明：《传习录》，中州古籍出版社 2004 年版，第3—4页。

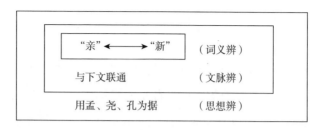

结论是"亲"意，既是词面上的，也是文脉上的，更是同时代、同思想语境上的。由词到文，由文到思想语境，这是一个逻辑系统。而朱子出离了这个系统，故曰"偏"了。这，就是教育上的批判路径的示范与指导，其意义已经超出了对"亲"字的理解，而是帮助徐爱找到了一条正确思考的道路。

二、分析问题的拓展与回环

《论语》对话很简约，除少量章节外，少分析。《传习录》则形成了分析的基本模式，对大多数问题的讨论都不是是否的一般判断，而是分析、展开、总结，形成了思想的独立篇章。《传习录》的对话，已经不是表达"话"，而是建构"文"，其思想的推演与结构尤其值得揣摩，如下例：

爱曰："古人说知行做两个，亦是要人见分晓，一行做知的功夫，一行做行的功夫，即功夫始有下落。"

先生曰："此却失了古人宗旨也。某尝说，知是行的主意，行是知的功夫；知是行之始，行是知之成。若会得时，只说一个知，已自有行在；只说一个行，已自有知在。古人所以既说一个知，又说一个行者，只为世间有一种人，懵懵懂懂的任意去做，全不解思惟省察，也只是个冥行妄作，所以必说个知，方才行得是。又有一种人，茫茫荡荡悬空去思索，全不肯着实躬行，也只是个揣摸影响，所以说一个行，方才知得真。此是古人不得已补偏救弊的说话，若见得这个意时，即一言而足。今人却就将知行分作两件去做，以为必先知了然后能行。我如今且去讲习讨论做知的功夫，待知得真了方去做行的功夫。故遂终身不行，亦遂终身不知。此不是小病痛，其来已非一日矣。某今说个知行合一，正是对病的药，又不是某凿空杜撰。知行本体原是如此。今若知得宗旨时，即说两个亦不妨，亦只是一个；若不会宗旨，便说一个，亦济得甚事？只是闲说话。"①

徐爱所言，已见分析，即解说了上古之人何以分说的原因与目的。这个分析似乎没有什么问题。但是在王阳明看来，这个表象隐蔽了一个实质，即对知行观宗旨的认识有误。所以王阳明开宗明义，直指这种认识错误的核心与本质，即"抛弃了古人的意旨"。对徐爱的分析判断，王阳明透过表象识其根本，这是由表及里的洞察。

继之，强调自己的观点，即"知是行的主意，行是知的功夫；知是行之始，行是知之成"。这既是对上文的顺接，更是对下文的开拓。开拓的关键，不是申说己意，而是分析古人分说的真正原因与目的。真正原因不是为分说而分说，而是为纠正所分

---

① 王阳明：《传习录》，中州古籍出版社 2004 年版，第 10 页。

指的现象与问题，也就是古人不得已的对策。这仅仅是古时的现象吗？否。王阳明又进行第二层开拓：指出了"今人"的问题以及"我"对于"今人"问题的现实态度与要求。有趣的是，古人今人在这个问题上总是犯同样的毛病，所以，王阳明又进行了第三层开拓："此不是小病痛，其来已非一日矣。"也正是因为古今"病"通，所以"我"才强调"知行合一"。这三层开拓，实为对问题的三层分析；有了这样的深入分析，道理才讲得透彻。

最后，王阳明又回到徐爱所提的问题上来，把"知行"分开来说也无妨，关键是明白宗旨。假如不明宗旨，即使"说一个"亦济得甚事？这就更进一步地强调明宗旨的重要，也进一步地强调知行合一的认识难度。说理充分而明确，思辨完整而缜密，这种论述的教育价值就在于对真理探究态度的建立与弘扬，本身就是"知行合一"的示范。

三、思考程序的设计与点拨

作为教育家的王阳明，继承了孔子因材施教、循循善诱的教育传统。尤其是思辨能力培养上巧于"诱"，精于"导"，从而点拨学生豁然开朗。如下例：

萧惠问死生之道。

先生曰："知昼夜即知死生。"

问昼夜之道。

曰："知昼则知夜。"

曰："昼亦有所不知乎？"

先生曰："汝能知昼？懵懵而兴，蠢蠢而食，行不著，习不察，终日昏昏，只是梦昼。惟'息有养，瞬有存'，此心惺惺明明，天理无一息间断，才是能知昼。这便是天德，便是通乎昼夜之道而知，更有什么死生？"①

开篇由"死生"之问转为"昼夜之道"，这是导师的问题转移，巧妙地由"死生之道"的虚茫转而对昼夜这一具体现象的认识，这是抽象事理的具体化。

具体的问题是昼夜之道。这看起来是一个人人都明白的现象，本不存疑问的，但导师却把它推进成"问题"，使"现象"问题化，应该说这是导师的又一次巧设。

由于巧设思考平台，所以导致问者在无疑处提出了疑问："昼亦有所不知乎？"这，恰恰是孔子所倡导的"愤悱之境"。时机成熟，导师及时点拨：知昼与梦昼截然不同。

最后，由知昼夜的探讨又回扣原来问题，引发弟子类比思考："通乎昼夜之道而知，便有甚么死生？"这不是直接回答，而是期待弟子自主颖悟。点拨之妙，妙不可言！这里要特别强调的是导师点拨平台的搭建，其目的是促进弟子通过这个平台，经历这个程序，从而自己去领悟。这样的教育之功就不在于答案的求取而体现于思考方法论的获得，也就是不在于授之以鱼而是授之以渔。思考程序图式如下：

① 王阳明：《传习录》，中州古籍出版社2004年版，第115—116页。

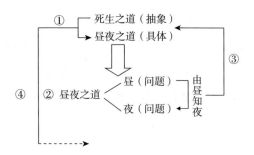

　　第①环节是类比关系的建立；第②环节是无疑处生疑；第③环节是返回到原问题，进行新的类比；第④环节是既促进弟子自己颖悟这次提出的问题，同时又由今天的讨论去揣摩对其他问题的类比思考。可见，王阳明对于思考程序的巧妙设计，全在于引导弟子学会类比思考方法，自己建立思考方法论——也就是引导学习者进行自我学习的"顶层设计"。这显然不止于具体方法的指导，而是学习战略的示范教育。这，便是教育家的功夫。

第五辑　立论

　　立论就是对某个问题提出自己的看法，表达自己的意见。

　　我从事中学语文教学工作已 36 年，这个工作历程也是我的生活历程。我的庆幸在于：我的母语，我的所做，我的所思，和我的生活相辅相成，有机统一。

　　我的立论，就是我个人的语文教学知行观，也是我自己的语文生活观。

　　我崇尚方法，基础教育阶段的语文教学要因材施教。

　　我崇尚知识，基础教育阶段的"基础"最核心的是培养"知识人"的基础。

　　我崇尚思考，基础教育阶段学科教育的目的应该是激励学生敢思考、爱思考、会思考，从而形成独立人格，敢于质疑和批判。

　　我崇尚"时习"，"时"为时间、时序、时机、时代；"习"为习惯、练习、实践与习得。我把"时习"确立为我自己的语文教学论的基本思想。

　　方法，知识，思考，时习等等，都立足于中国教育的传统，这是我的追求；都应该在当今时代体现"现代性"特点，这同样是我的追求。

　　基础教育教师群体好比一个海洋，我不过是这个海洋中的一滴水珠。每一滴水珠都有跃起之时，每一次跃起都有明亮的光芒。

知识论：语文教学的价值尺度

一、问题的提出

语文教学本是教语文的实践性工作，如今却是漫漶为"玄学"，空疏如"玄谈"，神秘如"玄机"。教这件事，远不如被教的内容——语文——形象、具体，因此有人就说语文不用教。这说明了教的贫乏，更说明了那些以逐利为目的的研究的昏聩。

何以如此？问题的实质就是罔顾教学思考、研究、辩论的前提条件——知识。思考不以知识为工具，研究不以知识归纳为依托，辩论不基于共同知识话语背景……凡此种种实在是当今语文讨论的痼疾。

近 20 年来，中国语文教学在理念上有四方面建树：一是"整体"，二是"思辨"，三是"体验"，四是"经历"。整体即强调完整的阅读把握，反对支离破碎的分析。但是教学中的阅读不可能严格从整体入手，而只能从局部介入，所谓"整体"是学生经过多个构成整体的"局部"训练之后而达成的真正自主阅读的结果。思辨即强调感悟和讨论，旨在培养独立思考的能力。但是孤立的不与作品发生对应关系的思辨是不存在的；讨论是最高层次的对话，而对话的前提是双方具有认知的对应性。体验是强调语文实践活动与情境感知，实际上也是一种"对话"，即学习者与实践对象的"对话"，这同样需要认知条件。近年来特别关注学习经历，而经历的本质是"留下经验的痕迹"。经验是在经历中产生的，而超越过程的就是总结到知识和技能。看学生语文学习经历主要就是看其不同阶段的学习体会与认知的差异性。应该说，四项理念不仅仅是属于语文的，但是在语文研究中莫衷一是的现象最突出。为什么？知识的价值尺度没有显示出来。

孔子有言："必也正名乎。……名不正，则言不顺；言不顺，则事不成。""正名"，就是孔子的逻辑思想，也就是孔子的知识思想。既强调了"正名"的作用，也强调了"正名"的原则，即正名以正实——先明确"名"的含义，通过正名来达到正实的目的，即要求实来符合"名"所规定的要求，或用"名"所规定的要求去纠正已经存在或变化了的实。这在逻辑上包含了"名"必须具有确定性的正确要求，还揭示了正名思想中的逻辑价值。这里的"名"，就是指语词或概念；"言"，则包括了由名组成的辞（命题）和由辞组成的推理。孔子还说"名之必可言也，言之必可行也"，这就确定了名—言—行的三者关系，即名（概念）—言（命题或定义）—行（具体实践与做法）的互证与耦合。孔子是一个伟大的知识论者。冯友兰和朱自清盛赞他"述而又作"，"述"是对知识的整理与传承，"作"是对知识的建构与创造，这些在孔子的教育实践以及《论语》言说中都有鲜明体现，确实为我们树立了理性榜样。

与孔子同时代的西方哲人苏格拉底主张认识事物是可能的，而认识到的"知识"就是从具体的道德行为中寻求各种道德的普遍定义。怎样寻求定义呢？苏格拉底创立的就是"辩证法"。在此基础之上，现代的知识论有了更充分的阐释。所谓"知识"，就是指人们在改造世界的实践中所获得的认识与经验的总和。知识的意义就是人自身的意义。从本质上讲，知识是描述"人"的一个心理学名词，"指知觉识别之行为与状态，并由此而求得的所知者"。同时，又要看到，求得所知者恰恰也正是知识作用之结果。人类自从开辟自己的历史以来，无不在认识上求索，在知识上升华。培根说"知识就是力量"，本来是多么伟大的一句思想警言，可到了我们现在的这个时代，竟有这样的认识：培根谬矣，应是"知识＋能力"才有力量。呜呼！当代学者之"创见"于此可见矣，原来不遭人耻笑也是殊为不易的。

今天讲"知识"，必须要明白金岳霖先生关于"知识论"的三句话：①以知识为对象而做理论的陈述；②不指导我们怎样去求知识，它的主旨是"理解知识"；③知识论的对象是知识的理。（《知识论》）我们不是哲学家和逻辑学家。作为一个教师，我这里讲"知识"，讲的就是知识的应用以及知识的"理"与应用的"理"。讲语文知识的目的，就是用知识的"理"来教语文、学语文。

二、语文知识是语文学科的基础元素

什么叫"学科"？简言之就是按照学问的性质而划分的门类。学问是"学科"的主体。而之所以是学科的"主体"，就是因为是人们在这个学科范围进行长期实践与探索而得到的能够正确反映这个学科客观存在的系统知识。如说语文这门学科没有自有的知识及其知识的"理"，那是对语文学科的误识。

中小学语文学科知识本来就由语言学、文学、诗学、文章学、戏曲小说学、评论与鉴赏学等基本知识共同组成。从知识论上讲，合各学之"知"即为"语文学科"。有人说，传统语文教学注重整体涵泳感悟，没有知识分析，这话有些似是而非，应该是涵泳感悟的是作品，用来指导支持"涵泳感悟"的是"知识"。

孔子以来，历代都有语文学科知识建构的大作为。孔子与子夏论《诗》，说"始可与言诗矣"，其中就暗含了学诗的学理。[①]日本现代学者青木正儿在《中国文学概说》中勾勒了中国历代"文章学"的建构史实，虽只是语文学科内容的一个方面，但其列举的学理嬗变过程恰恰揭示了有关学科知识的系统成型状态。他说，文体分类"略起于魏时"，见曹丕《典论·论文》"奏议宜雅，书论宜理，铭诔尚实，诗赋欲丽，此四科不同"。继之晋挚虞著《文章流别集》六十卷，全面进行了文体分类，有关内容虽久已佚亡，但据清人严可均之《全晋文》还可见到引用于唐宋类书中的关于"诗、赋、七、箴、铭、诔、哀、碑"诸体的论述。齐梁时代的刘勰著《文心雕龙》，更是持论系统。《昭明文选》列举常用文例，虽显繁杂，但对于以后的《古文苑》（唐）、《文苑英华》（宋）以及姚鼐《古文辞类纂》（清），都产生了直接影响和示范。青木正儿对于文体源流的研究列了一个简表[②]：

---

① 参见陈军：《简论诗教之源》，《语文学习》2015 年第 4 期。
② 青木正儿：《中国文学概说》，重庆出版社 1982 年版，第 94 页。

	《文心雕龙》	《颜氏家训》	（备考）
《易》	论说／辞序	序述／论议	相当于论辩、序跋类
《书》	诏策／章奏	诏命／策檄	相当于诏令、奏议类
《诗》	赋颂／歌赞	歌咏／赋颂	相当于辞赋、赞颂、诗歌类
《礼》	铭诔／箴祝	祭祀／哀诔	（《雕龙》）相当于箴铭、哀祭类 （《家训》）相当于哀祭类
《春秋》	纪传／移檄	书奏／箴铭	（《雕龙》）相当于传状、诏令类 （《家训》）相当于奏议、箴铭类

　　青木正儿不仅研究了"文体"，也研究了文章词句与文法。例如，关于《诗经》，他探讨了"诗形"，"句法以句四言者为定格"；关于骈文，他以《滕王阁序》为例，用图示法勾勒了"对偶法与句法"。尤其是"对语法"，他排列了"名对""同对""异类对""意对"四种，并指出"语文对比的距离越远越有妙味"，这种研究已经超越了我国学者的研究与体认水平。对这样的学术成果，我们不能视而不见。

　　国内大师的建树也悄悄躺在我们身边，可惜我们只习惯于望天花板。例如，就句子与语法、章法，钱锺书《管锥编》论"摽有梅"写有一段：

　　首章结云："求我庶士，迨其吉兮"，尚是从容相待之词。次章结云："求我庶士，迨其今兮"，则敦促其言下承当，故《传》云："今，急辞也。"末章结云："求我庶士，迨其谓之"，《传》云："不待备礼。"乃迫不乃缓，支词尽荄，真情毕露矣。此重章之循序渐进者。《桃夭》由"华"而"叶"而"实"，亦然。《草虫》首章"亦既见止，亦既觏止，我心则降"；次章"亦既见止，亦既觏止，我心则悦"；末章"亦既见止，亦既觏止，我心则夷"，语虽异而情相类，此重章之易词申意者。"重章"之名本《卷耳》次章《正义》。先秦说理散文中好重章叠节，或易词申意，或循序渐进者，《墨子》是也。[①]

这段话讲"重章叠句"的不同特点，分出"渐进"与"申意"两种，使静态句法焕发动态情感，这种造语韵味我们现今的教材是避而不提的。尤其值得警觉的是，钱先生还为我们指了一条路：由"诗"之重章叠句到"文"之重章叠节，可摸寻中国文法的文体转换与沿用特点。这，我们更是视而不见了。

所幸现今仍有"古之学者"，如刘宁著《汉语思想的文体形式》，专门讨论了荀子散文的"集义"文法。刘从思想呈现方式上来见识语言，从语言表达形态来识鉴思想。刘著指出：像《劝学》这样一类的"讨论具体的礼仪修身和礼法治国问题"的专论，"述"的色彩很强烈，显示了儒家论述传统。"往往是围绕篇题的论点，汇集众多修身规范，所罗列的规范之间，并无鲜明的递进推衍关系，而是表现为一种平行、综合的结构，形成一种'集义'的格局。"如《劝学》论"学"，每一方面都归到君子行为规则：

---

① 钱锺书：《管锥编》（第一册），中华书局1986年版，第75—76页。

　　　君子曰：学不可以已；君子生非异也，善假于物也；君子居必择乡，游必有土，所以防邪僻而近中正；君子慎其所立；君子结于一；君子如响；君子不傲、不隐、不瞽，谨顺其身；君子贵其全。

　　相关内容与中心论点之间，仿佛轮运辐辏、点染烘托，"彼此并不存在明显的推进深化关系"[①]。荀子之"文"，拆下来似乎是《论语》之散论；如果我们把《论语》中孔子论"仁"的句子像荀子论"学"这样归类罗列，岂不也能看到孔子散而论之的由句而"文"的特色了吗？儒家之"述"的"文法"于此可见矣。

　　这里要着重讨论的是，这种形式分析的东西对于语文学科建构有意义吗？

　　吾敬东先生从哲学角度指出中国传统思维的特性给人以启迪。他说，不少学者认为古代中国思维缺乏分析方法，这是一个草率的结论。如对问题的分析，古人思维特别关注对对象做形态上的区分或分类，如《孙子兵法》对地理分析就有通者、挂者、支者、隘者、险者、远者，对地形分析就有散地、轻地、争地、交地、衢地、重地、圮地、围地、死地。解析，乃由划分而来，其特点在于全面、周密、详尽。即使概念系统也不能一概而论。希腊的概念系统是沿种属方向发展的，中国则是沿划分方向发展的。如孔子虽未就仁的本质含义给出一个定义，却对其内涵做了

---

　　① 刘宁：《汉语思想的文体形式》，华东师范大学出版社 2012 年版，第 7 页。

细密的探究（《论语》一书讲"仁"共 109 次）。吾敬东认为，这种沿着针对性方向展开的思维特性就是"宜"。所谓"宜"即根据不同的情况，包括对象、地点、时间采用不同的方法或制定相应的对策。这一思维注重事物或对象的差异性，并强调这种差异性对于主观活动的优先性。凸现针对性是这一思维的主要特征。显然，这同样是思维精细化的表现①。吾敬东所揭示的思维品质与特点就荡漾在荀子《劝学》的文字之中。所谓围绕中心论点"学"的"辐辏"式"文法"，便是精细而又全面思维的模板。"集义"一在"集"之全面，二在"义"之所指。全面而又有所指，如此之论，岂不透彻乎？对诸子散文略做比较便会看到，《荀子》之论，重广阔性，反复论证，辐辏越多，视野更见开阔；《孟子》之论，重论辩性，形象说理，感情浓郁，具浩然之"气"；《韩非子》之论，重犀利性，时有危言耸听之笔，注重层层铺开；《庄子》之论，重联想性，常以寓言启发，行文跳荡，时见感悟；《墨子》之论，重明断性，巧于用例，强调对辩利害，追求强烈效果。②也就是说，各家经典著述都呈现了不同的思想特色，而对于这个特色的文字表现又呈现了不同的思维特性。这些，理应是语文学科应有的知识内容。

　　"五四"以后，白话文创作成果丰硕。鲁迅、朱自清、叶圣陶的典范语言堪称范本，对其研究的学术见识也应固化为基本语

---

　　①　祝瑞开主编：《儒学与 21 世纪中国：构建、发展当代新儒学》，学林出版社 2000 年版，第 249 页。

　　②　参见章培恒、骆玉明主编：《中国文学史》（上），复旦大学出版社 1996 年版，第 119—134 页。

文概念。《马氏文通》以来，中国汉语言学、语法学、修辞学、文章学都有较大发展。然而，令人遗憾的是，新一轮课改以来，从课标到教材，在育人理念上反复阐述，不厌其详；在课文挑选上，反复改换，不厌其烦；偏偏在学科知识系统的建构上，回避而散漫。20世纪80年代开始建设的"语文基础知识"系统也被肢解。有些教材随文贴附，美其名曰"知识应用"。殊不知，由此导致的恶果日益显现：句法不通，错字不纠，段无层次，文失章法。何谓描写与叙述，何谓议论与抒情，学生全然不知，只是率性杂糅。倒是名人警句、奇闻逸事罗列并存、叠床架屋。几有仿作文言，卖弄生词，全不量其内涵，只是捧其冷僻，称为大作，育人之旨尽失也矣！语文学科的知识支撑不仅在于学科，更在于"人"之教育。

知识论同时也是学科教学论的基础与核心。任何一个学科都是有知识的；教学，不仅是教人认识并运用学科"知识"，而且还要引导学习者掌握认识"知识"的"知识"。如果不体现这个目标，那就不是学科教学。学科教学的教学中心环节有两个：一是掌握学科的工具作用，学习知识进而举一反三，形成认识新知的能力；二是弘扬学科的人文意义，即通过引导认识"知识"的"理"，来引导学习者用认识知识的"知识"建构自己的理性人格与心理。

三、充分发挥语文知识的教学功能

语文基础知识的教学功能体现在三个层次：一是概念的识记与直接标用；二是概念的内化，成为对问题做分析与判断的依据和前提；三是理性心理形成，人格深度知识化。

　　俄国教育家皮罗戈夫说，科学中的教育因素有时是隐藏在深处的，难以从表面上觉察出来，谁不善于利用它，谁就是还不了解科学的全部特点，就是放弃了可以轻举千斤的杠杆。我始终坚持认为，认知就是教育，知识就是人格。知识的工具性与人文性同时塑造学生的"潜在精神"。10 年前，我讨论了认知的教育功能的图示，[①] 如下图：

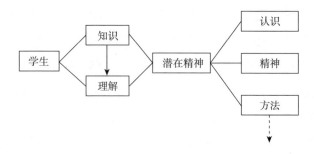

　　这里所讲的"潜在精神"主要就是指一个人所具有的认识眼光、思想倾向以及思维特性。这种育人价值必须通过大量的知识训练才能达成。因此，我十分注重语文基础知识特别是基本概念的教学，这里试说两大要领：

　　1. 概念是学习的定向工具——注重知识的对应教学，注重学术性习得语言的经验积累。

　　我所指的概念就是人们长期认识并归纳的具有语言基本属性的语、修、逻、文的基本名词术语。涉及语音、标点、汉字（包括古今字、六书）、词汇、词义、语法、短语、句子（包括文言句式）、单句、复句、关联词语、修辞及修辞格，以及文章学范畴的文体

---

　　① 陈军：《语文教学时习论》，上海教育出版社 2005 年版，第 84 页。

知识、写作知识，兼顾到思考问题必须要用的文学知识和逻辑知识。课堂教学的过程就是知识铺垫与浸润的过程，只有在知识与概念的引导与支持下，涵泳、感悟、探究才有活生生的力量。

　　"对应教学"的形态多种多样。试以教杨绛《老王》第一句为例。就全文语言而言，都知道用"言简意赅"这个词来表达感觉。如果将感觉上升为知觉，那么学习的成果就不是印象化认识而必定是印证性判断。各有各的教法，大多数教师教《老王》，都突出该文最后一句的"愧怍"一词来讨论。我则是从第一句切入。第一句是这样的：

　　　　我常坐老王的三轮。他蹬，我坐，一路上我们说着闲话。

　　首先从字词上看，"常"这个表示频率的副词，说明"我"时常、多次坐老王的车。坐老王三轮的具体情景又是如何呢？"蹬""坐""说着闲话"，几个动词描绘生动。人称上也有变化，先是"我""他"分说，后边变成了"我们"，朋友般的亲近情感油然而生。其次从句子上看，这个开头实际上由两句话组成。第一句是叙述句，交代"我"坐老王三轮这件事；第二句是描写句，展示了坐车交谈的情景。两句关系如何呢？描写句是对叙述句的形象性强化，强化什么呢？就是强化"我"与老王的关系。再次，继之从词语上看，"一路上"，表明不间断；"闲话"，即家常话，琐屑的话。说得没完没了，轻松、没有顾忌的心情活灵活现，突出了关系的实质。最后，从人物关系上看，总体上"我"和老王是平等的、亲近的，能够随意自然地拉家常的；但是"蹬"与

"坐"又不经意地隐含了身份的差异。全文的情感状态就是这样微妙展开的。继之就是引导学生阅读全篇，紧扣"我"与"老王"情感距离的互动与变奏来深入理解"我"内心的"愧怍"所在。

语言理解的相关概念隐在练习之中，促进学生温故知新，学以致用。河北前辈名师张孝纯教完《劝学》，写了一段文言，要求学生解释加点词并说明这段文字的意义：

> 驽马与骥邂逅近于途，就而请示于骥曰："愿受教于先生。"骥曰："吾，神马也！生而利足，一日而致千里，飞度关山，横绝大漠，虽风雷不以疾也。王者锲石镂金，为吾图形，是以名彰天下。汝，负舆物耳！寄身于槽枥之下，托命于奴隶之手，羸弱无力，跬步难行。虽学，终朽物也。今乃不省乎己，而欣欣然欲学于余。甚矣，汝之不知也！"驽马曰："君过矣，勤学而好问者，虽愚必明。吾生虽驽钝，独不能有寸进乎？何拒人之甚也！……"①

张老师组合了多篇课文的词句训练点，意在指导学生在新语境中应用已学知识形成体认的正向迁移。

语言表达的逻辑性反映了作者思考的缜密性。引导学生进行有学理的判断是运用语言概念解决学习问题的重点和难点。教《在马克思墓前的讲话》一文，必须重点运用复句关系的相关知识来突破以下一节的逻辑意脉：

---

① 参见陈军：《语文教学时习论》，上海教育出版社 2005 年版，第 82 页。

　　正像达尔文发现有机界的发展规律一样，马克思发现了人类历史的发展规律，即历来为纷繁芜杂的意识形态所掩盖着的一个简单事实：人们首先必须吃、喝、住、穿，然后才能从事政治、科学、艺术、宗教等等；所以，直接的物质的生活资料的生产，从而一个民族或一个时代的一定的经济发展阶段，便构成基础，人们的国家设施、法的观点、艺术以至宗教观念，就是从这个基础上发展起来的，因而，也必须由这个基础来解释，而不是像过去那样做得相反。

　　"正像……，马克思发现了……"一句属于类比，由于恩格斯高度评价达尔文，因而类比马克思同样有巨大贡献。"即"与"简单事实"后的冒号，均表示解释说明，"即"顺承前句"规律"，冒号顺承"事实"。尤其值得注意的是，说明"事实"突出"简单"的用意，正是为了突现历来人们视而不见的昏庸，恰恰突出马克思的卓然清醒，紧扣并实写了"发现"一词的分量。"首先"与"必须"，一则强调第一选择，二则又与"然后"与"才能"构成必要条件关系，以突出"事实"的必然性真相。这样的内容分析同时又成为后句"所以""便"这个结论的"原因"。更为艺术而又坚定的是，这个"因"又转换为对前文所强调的"事实"（基础）再一次的回扣与强调。同时，在强调之时顺笔用转折复句对"过去那样"的昏聩再次加以对比，用"而"（却）以显示"过去"相反之论的荒谬。这段论述，构成了递进复句、因果复句、条件复句、转折复句交替使用的共同轮进式推断，其说服力无可辩驳，不容置疑。反之，如果不运用有关复句知识划定词句标志，只是笼统地评价逻辑性强，学生也只好是知其然而未知其所以然，如此教学，知识也就不可能转化为能力。

以上所谈的三种"对应"突出了两个基本特点：一是知识与概念在课堂上始终是作为思考的工具而使用的。也就是说，为理解课文服务，而不是为了讲知识而用"文"为证。二是知识与概念是必须明确的，即用来证实语言"逻辑性"机理或用来说明多种语言艺术风貌，是对语言鉴定的知识支撑。换言之，也就是使学生能够扎实有痕地积累对语言进行学术性评价的自得经验。

2. 知识是思辨的必要前提——注重思维能力发展的认识平台建设。

当前都十分注重思辨能力，特别是批判性思维能力的培养，但教学现状的幼稚也显而易见。一是教师提出的问题浮泛；二是由于问题失去合理的质疑，导致学生不用在学术理性的层面进行分析与综合，就能情绪化地率尔作答，做出似是而非的判断。忽略了举证、分析、比较、辨伪、综合、归纳、推断的诸多思辨环节而产生的"论断"，怎么可能成为一种认识呢？更令人忧虑的是，失去知识性认辨过程，最易生成自以为是、信口开河、盲人摸象、粗鄙杂糅、简单否定的扭曲了的人格与心理。所以说，批判性思维培养不可不慎。比如有教师教《廉颇蔺相如列传》，认为蔺相如在秦王面前用求死之法来阻止秦王夺璧是根本不可能的事，是司马迁叙事造假之败笔。看起来课堂讨论风生水起，其实这是把天真的学生引入到一个粗鄙的误区，这恰恰也就是教师本人的认知误区。读司马迁《史记》，评价人物与事件，不能不记住前人的三大认知：一是扬雄所言"子长多爱，爱奇也"（《法言》），这是认识司马迁的钥匙，不懂得司马迁的诗人气质，就读不透《史记》。二是司马迁所言"究天人之际，通古今之变，成一家之言"，这是认识司马迁创作目的的钥匙。司马迁并非如同今之史家只客观叙事，而是通过大量历史人物的活动，"形象地反映和推究人类的生存方式，人类在世界中的地位，人类生活中的各种矛盾、困境"，司马迁"发愤著书"之"愤"，即"意有所郁结，不得通其道，故述往事，思来者"也①。三是《史记》的叙事方式。司马迁喜用第三人称，目的是客观叙述。但是司马迁的"客观"并不是不包含作者的立场和倾向，只是不显露出来而已。前人称《史记》"寓褒贬于叙事之中"，得其旨趣也。上述三大认知的共识，鲁迅一言以蔽之："史家之绝唱，无韵之《离骚》。"《史记》以"实录"著称，"这是指司马迁具有严肃的史学态度，不虚饰，不隐讳。但他的笔下那些栩栩如生的故事，不可能完全是真实的……这是典型的文学叙述方法"。综上所述，为了培养学生的思辨能力尤其是批判性思维能力，必须在这样的文史知识平台上进行才是"育人之道"。

当然构建认识平台，并不是说不能提出不同意见。只要列举实证，各有意义，那么各说各有理的"意见"恰恰是学生进行比较的思考跳板。例如教李白《梦游天姥吟留别》，我引出陈沆在《诗比兴笺》中的评价以激发学生思考：

此篇即屈子《远游》之旨，亦即太白《梁甫吟》"我欲

---

① 章培恒，骆玉明主编：《中国文学史》（上），复旦大学出版社1996年版，第211页。

攀龙见明主，雷公砰訇震天鼓。帝旁投壶多玉女，三时大笑
开电光，倏烁晦冥起风雨。阊阖九门不可通，以额扣关阍者怒"
之旨也。太白被放以后，回首蓬莱宫殿，有若梦游，故托天
姥以寄意……题曰《留别》，盖寄去国离都之思，非徒酬赠
握手之什。

这样看来，《梦游》一诗从"半壁见海日"起一直到"恍惊
起而长嗟"止，"所要表达的不是梦境的虚幻，而是梦境的可怕"（施
蛰存）。游天姥山是一个可怕的梦，这样就与"安能摧眉折腰事
权贵"相吻合了。这样讨论不是所有同学都认同的，有同学就质疑：
"这首诗的主旨到底是讲不事权贵呢，还是讲世间行乐亦如此，
古来万事东流水呢？""梦中"恍惊不假，但"世间行乐亦如此，
不就是指梦境之乐吗？"这，确是此诗理解上的一大难点。学生
的质疑正与唐汝询《唐诗解》所言相合：

> 将之天姥，托言梦游以见世事皆虚幻也……于是魂魄动而
> 惊起，乃叹曰：此枕席间岂复有向来之烟霞哉？乃知世间行乐，
> 亦如此梦耳。古来万事，亦岂有在者乎？皆如流水之不返矣。

施蛰存体认说："这样讲法，就意味着作者基于他的消极的
世界观而不屑阿附权贵，因为这也是一种虚幻的事情。诗中所谓
'世间行乐亦如此'，这个'此'字，就应当体会为上面二句所
表现的梦境空虚。"[1]

---

① 施蛰存：《唐诗百话》，上海古籍出版社1987年版，第234页。

那么，对于此诗之旨究竟如何判断为好呢？我又引导学生研读了施蛰存的所引和所论：

> 李白有许多留别诗，屡次流露出他被放逐的愤慨。把这些诗联系起来看，更可以肯定天姥山是游皇宫的比喻。有一首《留别曹南群官之江南》……作于同一时期。这首诗开头说自己早年修道求仙，后来碰上运气，供奉内廷。有过一些建议，很少被采用，只得辞官回家。下文说："仙宫两无从，人间久摧藏。"……《梦游天姥山》开头二句是说求仙"无从"，其次二句是说进宫或有希望。此下描写天姥山景色一大段实质是描写宫廷。结论是宫廷里也"无从"存身。"仙宫两无从"这一句可以说是《梦游天姥山》的主题。[①]

这样，学生不仅明白了李诗的旨趣，而且接受并化解了施蛰存的思辨过程，这恰恰就是一个批判性思维的优秀范例。学生的质疑与学者的质疑发生思维共振，我认为这是培养学生的最佳选择。如下图所示：

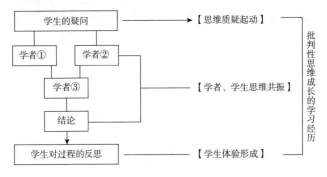

---

① 施蛰存：《唐诗百话》，上海古籍出版社1987年版，第235页。

　　我认为，求得对思辨过程的体验比求得问题的结论更有教学论意义。多种"意见"的集合固然是认识平台的构建，但毕竟还是"集义"式的；而"过程体验"则是对"认知"的"认知"，是有关思考价值观和方法论的自我建构。这，就是我格外追求的教学境界：促进和引导学生实现知识和概念应用过程中的人文意义——具有学术理性的语文人格的建立。

　　什么叫"语文学习经历"？读文，写作，做练习，是基本的经历；对基本的经历进行反思，形成经验，是自知性经历；这样的成长性自知越持久越强化，就自觉建立了学术理性，也就形成了真正的语文人格。

时习论：语文教学论的基本思想

一、时论

时，有怎样的含义呢？《说文解字》："时，四时也。"指春夏秋冬。就学习而言，清刘宝楠《论语正义》引皇侃《疏》云："凡学有三时"，哪三时呢？一是"就人身中为时"，具体说来指"六年教之数目，十年学书计，十三年学乐、诵诗、舞《勺》，十五年成童舞《象》"。这是就一个儿童的成长过程而言的，在什么时候就学什么知识与技能。二是"就年中为时"，具体说来指"春夏学诗乐，秋冬学书礼"。这是就一个学年的学习内容而言的，同于我们现在的课程安排。三是"就日中为时"，具体说来就是指"日日修习不暂废"。刘宝楠《论语正义》认为，"今云'学而时习之'者，时为日中之时"，也即朱熹《论语集注》中的解释"时常"。郑玄是因词而生义，由"学"的行为引发出"时"的内涵；朱熹、刘宝楠是直解其义，侧重于勤勉惜时的角度来讨论。二者都不能说错，但不见得精妙，也就是说，还没有把"时"的最佳境界说出来。

汉人王肃《论语注》认为，"时"是"在一定的时候"，"在适当的时候"。近人杨树达、杨伯峻选用王肃的观点，是值得品味的。二杨从语言学角度认为，朱熹的看法是"用后代的词义解释古书"，而在先秦时期，"时"的意义多为王肃所说的那样。《孟子·梁惠王上》说"斧斤以时入山林"，《论语》有"使民以时"，这两处的"时"都如王肃所解。当然，也要指出的是，我们不能说先秦时的"时"都是这一种解释；即使是同一部《论语》，不同处提到"时"，意义也有区别，词性也有不同，比如"孔子时其亡也而往拜之"，这里的"时"是"窥伺，探听"的意思。不过，联系到《论语》中的句子，认定"学而时习之"中的"时"是"在适当的时候"的意思，是很有趣味的。请看下面三句：

①"不时，不食。"（不到该吃的时候不吃。）

②"时哉，时哉！"（得其时呀，得其时呀！）

③"夫子时然后言，人不厌其言。"（他老人家到应该说话的时候才说话，别人不厌恶他的话。）

句①讲孔子吃饭合乎礼。句②讲孔子羡慕赞叹野雉自由飞翔的样子。句③讲孔子说话是在别人想听的时候说。这些话、这些行为都表明孔子有一个很重要的思想理念，即凡事以"恰逢其时"为好。比如"启发"，什么时候最为恰当呢？孔子认为"不愤不启，不悱不发"，"愤""悱"之境就是"启发"的最佳时机。愤，"心求通而未得之意"；悱，"口欲言而未能之貌"（朱熹语）。这种心里想求明白而不得，口里想说却说不出的时候，正是学习者思维冲突时、心理激活时、思想矛盾时、感情奔突时、情绪高涨时，这时候启发恰到好处，恰逢其时！

　　因此，我以为，用"使民以时"的"时"来训"学而时习之"的"时"，是十分恰当的。孔子在说完这句话时，反问了一句："不亦说乎？"意思是强调"学而时习之"令人非常愉快。按郑玄、刘宝楠的说法，年年、日日、时时学习，是难以表明"时习之"是"不亦说乎"的直接原因的，行为上的反复与心理上的感应不是一回事，只有当学习者在最需要"习"的时候"习之"，才可获得心理满足。

　　那么，最需要学习的时候又是什么时候呢？换句话说，什么时候学习是最能使心理得到最大满足的时候呢？恐怕以下几点是必须要考虑到的：

　　一是"不违学时"。这个"学时"，既指学生身心发展规律，又指被认识的"知识"及被训练的"能力"的内在固有逻辑。

　　人生漫长，从学习上讲，必然要划分若干阶段，不同阶段有不同的学习内容和学习要求，这是由身体发育、智力发展、思维发展的过程论和阶段论决定的，违背不得。现实中，有些教学却是违时之教，如小学阶段，是记忆力发展的黄金时期，偏偏不让学生多多记诵，而是以思维训练为借口进行大量的辨析思考；高中阶段，正是逻辑思辨能力增长时期，偏偏不让学生进行理性思考，而是进行死记硬背式的训练，比如有的教师以增加文化素养为借口让学生背《离骚》等等，有的教师以反"阶级性"为借口反对学生读批判性强的鲁迅作品等等。这是就学生纵向发展而言的。

　　学生的学习还有横向的多因素互相影响。近代以前的语文教学不是严格意义上的语文教学，而是文化教学，即通过读经这一种形式来承载政治、文学、艺术、自然等多方面的培养任务。清末民初实行新学制以后，情况发生了极大变化，课程门类增多，仅人文类就分解出国文、历史、地理、音乐、美术、修身等学科，这些学科都有一定的文化性内容，都分别承担着人文精神培养的重任。不面对这一实际，还在以"返璞归真"为借口，以重视人文性为由来排斥语文教学的科学化，同样是"违时之教"。另外，思维发展力的培养也是彼此相关的，以高中为例，政治重辨析，数学重推断，语文呢？难道还要重记忆吗？哲学化的语文学习思辨难道能眼睁睁地被淡化吗？难道一时读不懂的鲁迅文章就不应该花点思辨气力用"啃"的方法去读懂吗？难道非要迎合少年的快餐口味选定快餐类报刊文章当教材吗？我们说要"以学生为本"，其真正的含义不是以学生现时的口味为根据，而是应以学生将来的可持续发展为根本。本，就是将来的发展动力。忽视这一点同样是违时之教。

二是为"时"设"境"。时，虽然是学生及认识对象的多因素发展规律的反映，是客观的，但我们要发挥教学的主观能动作用，促成"时"的到来。

一个学习个体进入了学习过程中的某一阶段，是不是就必然产生与此阶段相应的心理意识呢？不一定。这就需要教师因时而教、因材施教，运用科学性、艺术性相统一的教学方法。教材的隐性导向作用和教师的显性主导作用是任何时候都不能轻视的。"不违学时"是为"时"设"境"的基本原则，为"时"设"境"是落实"不违学时"原则的操作艺术。二者相得益彰，有机统一。为"时"设"境"，一是指学习气氛。在一个班集体中，学习群体的高亢情绪对群体中的其他个体有直接影响，群体的思考火堆已经燃烧，那么个体的思考之柴也必然被引燃。二是指情感状态。教师教学句句敲"心"，处处动"情"，学生的情感之光就会升腾起来；在情感力量鼓舞下学习，潜能就会岩浆般奔突起来；潜能一旦激活，学习之"时"也就到来了。必须指出的是，这里讲的"学习气氛"与"情感状态"，在不同的学段应有不同的内容，应体现出不同的特点，小学的好奇，初中的感动，高中的思辨，就是基本的表征。因此，小学教语文，往往以文字的新奇、内容的新颖来吸引学生；初中教语文，往往以文字的朴实、内容的真切来打动学生；高中教语文，当然不完全排斥小学、初中的特点，但是应以内容的组织形式为重点，引导学生理性分析作者的眼光以及内容组织的逻辑关系。如果说小学、初中多为感性化学习，那么高中则必然要偏重于理性化学习了，而理性化学习的主要标志就是"分析"。鲁迅《祝福》这篇小说，现在的高中生爱读吗？我曾在班上做过一个问卷调查，结果是令人吃惊的：98％的学生不愿学，要求从课本中删去。在严峻的现实面前，我尝试搜集资料引导学生进行研究性学习，结果又是有趣的：100％的学生尝到了理性分析的快乐，46％的学生写出了研究小论文，9％的学生的小论文在报刊上发表。这个例子也许说明：高中的语文课堂应该是一个理性思辨的王国。理性化应是高中语文课堂的"语境"特点。

三是因"时"定"教"。可从以下两方面讨论。

其一，因"时"定"教"的"时"，从学生本体而言，是指其身心发展现实。这种身心发展现实是怎样形成的呢？关涉因素很多，其中，时代变迁以及因变迁而提出的时代要求当是不可忽视的，因为这是定教的"大时"。石器时代、铁器时代、内燃机时代以及计算机时代，对教育的要求、对人才的要求，无论是内涵上还是外延上都发生了巨大的变化。工业化追求标准化产品的特点从血液里直接影响教学，接受性与划一性是学与教的统一性的具体表现。网络时代人的个性觉醒同样也从血液里直接影响教学，研究性与个性化必然是学与教新的统一性的具体表现。倡导语文研究性学习，设置有利于发掘学生思考潜能与智力资质的研究型课程，就是应运而生的适时之举。

　　其二，"时"是一个阶段，又是一个变化的瞬间。就课堂教学而言，它的变化性最为明显；就学生学习现状看，还存在性别上的差异，有一个关于中学生写作情况的统计很有趣。[①]语言学专家研究了中学生作文中句子长度、连接词出现频率和语病，统计结果表明：随着年龄的增长和文化水平的提高，学生的言语运用（尤其是书面表达）一直处于变化之中。这种变化的特征是句子长度呈上升趋势，尔后逐渐下降。它的高峰期，女生约在初三，男生约在高一。这个例子告诉我们什么呢？不能再用"多读多写"这样的放之四海而皆准的道理来解决学习过程中的细微变化的现实矛盾了，而应该用科学的方法有针对性地指导。要知道这个时期的中学生开始用"成年人"的眼光观察世界，写作内容的范围逐渐拓宽，观察与分析逐步深化，再加上理科教材的影响，于是他们的句子层次增加了，结构也越来越复杂了。总之，他们已经

---

　　① 崔承日：《中学生书面语发展中的"低谷"现象》，《北京师范大学学报》1991 年第 2 期。

从"写话期"进入了"写作期"，这种心理状态加速了他们的语体色彩由口语向书面语的过渡。

教学的方法，就应当针对这种发展过程中的不平衡现象进行语言修饰性训练。这种训练，往往是以单一项目的形式出现的，比如句式训练、句群训练、句间关系训练，甚至还有句序、词序训练等。有人认为，这是肢解语言的游戏，对这样的测试大张挞伐。这种批评的错误在于以个人成长后的语言驾驭体验来否定成长中的语言驾驭能力训练，作家只想到自己当前具有的语言驾驭能力的现实，忘记了自己涂鸦期语言驾驭的拙劣情景，由此而反对教学的科学化，显然是不符合逻辑的。叶圣陶的"相机诱导说"，体现了"因时定教"的本质含义。相，察看也，用科学的眼光看；机，时机也，即教学的适切期；诱，用诱因牵引学生也，即采用科学的训练方法引学生"上钩"；导，导向也，即明确把学生引向何处去的目标。语文教学目标的细化、具体化、明晰化显然是切实诱导的保证，而教学的致力点当然是"相机"之后训而练之。

二、习论

"学而时习之"中的"习"，历来有不同解释，一般的说法是"温习"的意思。全句的意思就是：学了，并且时时去温习。

"习"，究竟是不是就当"温习"讲，值得辨析。

研究"习"之前，先要研究"学"。依《说文》，"学"是"觉悟"的意思；刘宝楠也说："以觉悟未知也。"觉悟，是指心理反应，思想开窍，思维也发生变化。这些"反应""开窍""变化"，都不是指数量上的，而是指性质上的。发生"质变"，又不是单靠认知，而要靠多种途径、多种方法来促成。因此，"学"涉及书本认知，也涉及行为实践，内涵与外延是丰富多样的。这样说来，与"学"相联系的"习"，也必然有其丰富而多样的内涵与外延了。刘宝楠说"习，学也"，是有道理的。

　　然而"习"自有其本身的意义。《说文》："习，鸟数飞也。"羽翅上下不断地飞动，这自然是中国人造"习"这个字的会意所在。由此可见，"习"的本质是"行"，而且是重复式的"行"；"温习"是重复式的"行"中的应有之义，但过于褊狭。杨伯峻在《论语译注》中对"习"进行了较为详细的注疏。他说，习，在古书中还有"实习""演习"的意义，如《礼记·射义》中的"习礼乐""习射"。《史记·孔子世家》说"孔子去曹适宋，与弟子习礼大树下"，这一句"习"字就是"演习"的意思。孔子所讲的功课，一般都和当时的社会生活、政治生活密切结合，像"礼"（各种仪节）、"乐"（音乐）、"射"（射箭）、"御"（驾车）这些，尤其非演习、实习不可。

　　古今教学论，都强调"知""行"结合，如果把"习"只看作是"温习"，还处在"知"的范围之内，不过是重复认知的一种行为而已；而把"习"既看作是"知"中的具体行为，又看作是"行"中的行为方式，那么，"习"的教学论意义就十分深广了。事实上，习，在中国古代教育学思想、心理学思想中占有很重要的地位。心理学家高觉敷把"性习"和"天人""人禽""形神""知行""理欲"概括为中国古代心理学思想的基本范畴。孔子说"性相近也，习相远也"（《论语·阳货》）；孟子说"人不可不谨所习"，主张以"习"保持并发展其赤子之心；后来明人王廷相和王夫之都强调"习与性成"，如"诸凡万事万物之知，皆因习、因悟、因过、因疑而然"（王廷相《雅述·上篇》），"养其习于童蒙，则作圣之基立于此"（王夫之《俟解》）。尤其是清人颜元关于"习"的教学论述与实践更具有哲学意义上的"教"的智慧，值得借鉴。总之，"习之于人大矣"。在中国思想家、教育家那里，"习"是一个哲学命题，包含了世界观和实践论的基本内容。我们现在研究"习"的教学论意义可由此吸取思想营养，但要具体化，要针对和切合具体的教学实际。

习，作为一般的实践活动方式，多种多样，而且其过程也因人而异。如果从教学方面考察，其过程则是基本一致的，因为教学毕竟不同于人们从事的一般实践活动，它有统一的目标，严格的规范和运行之序。我试图来揭示"习"的教学论意义，如下图所示：

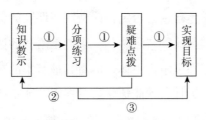

第一，今天的"习"就是通常所说的"练习""训练"，这是我们讨论的前提。这样的"习"在过程上包括四个环节，即"知识教示""分项练习""疑难点拨"和"实现目标"。其中"知识教示"和"疑难点拨"，主要是教师的教学活动；"分项练习"是学生的实践活动；教师和学生在练习过程中都发挥作用，相互配合，步调一致，形成合力，最后就能完成练习的任务——实现目标。

第二，所谓"知识教示"，包括两层内容：一是给知识，二是做教示。任何实践活动都离不开知识的指导，教学生学习更是如此。一方面，学生的学习就是为了获取知识，不给知识，就谈不上教学；另一方面，教学生学习是为了发展智力、培养能力，而智力的生成和能力的发展包含着很重要的认知因素，比如记忆力就是智力基础，没有充分的认知条件和认知积累，就谈不上记忆力的发展，也就谈不上智力的培育。培养能力也是这样，能力由知识转化而来，没有知识，谈何转化？因此，我一直认为，让学生做练习，首先要给相关的知识，使学生有所凭借。当前，就语文教材里安置的"知识"，不少人提出了质疑，有的合理，有的则要予以反思。过于烦琐，无关紧要的知识应该精简，不必求得一个完整的体系。但是否定知识的作用，以文本论者自居，另选"新文"让学生自读，否定"课文""课"的含义，显然又走到了另一个极端。比如"语法"，毕竟是语言的法则，尽管汉语语法在大学教授那里争论不休，但对其最基本的东西，大家的看法还是一致的，为什么不能让学生掌握呢？死记固然不可，但运用"法则"，提高应用效率又有什么不对呢？再说"教示"。"教示"又是什么意思呢？教者，诲也，告知也；示者，指示，指点，示范也。一方面，知识形成的过程，对学生有教示作用；另一方面，就是教师用知识来指导学生练习并做出适当的有效的示范。学游泳，既要讲游泳知识，又要下水示范，然后教学生练习，学习之理亦然。一般情况下，知识不能代替教示。知识是实践经验的，是静态的东西；只有边讲知识，边依据知识做出示范，知识才会"活"起来，也才能真正对学生有指导作用。因此，我主张把知识和教示合并起来讲。缺少知识，教示就空；缺少教示，知识就死。两者共同发挥作用，才合乎教学之"理"，也才能收到实效。

第三，所谓"分项练习"，是指在训练中要把练习内容分解开来，然后由"分解"转到"综合"，做到分项训练与综合训练相结合。当前，关于语文练习问题争议很大。基本形成了一个主导意见，就是综合练习要突出，完整把握文章的整体化，"大题"要突出，以此来反对、取消支离破碎的"题目"。这个指导思想当然是正确的，但是也要看到问题的另一面，即综合解决问题往往是从分项解决问题入手的。比如，分析孔乙己这一人物形象，这可以算得上是一个综合性、研究性的论题了。大多数的初中学生要顺利解决这个问题，必然要从一些与人物形象密切相关的小问题上着手。否则，泛泛而论，就没有意义了。我认为，问题的关键不在于"问题"形态的大小，而在于若干"问题"之间是否具有内在的逻辑关系。在这一点上，语文练习设计要向理科练习设计学习。我们知道，分项训练与综合训练相结合，是由能力形成的过程及其规律决定的。分项训练旨在训练技能；综合训练则在于能力的形成与提高。技能与能力本不是一回事，而现在人们对能力特别青睐，甚至把技能与能力混为一谈，实有澄清的必要。技能，是指完成一定任务的活动方式，而能力则是顺利完成活动任务的个性特征。能力是形成某些技能的前提，如记忆能力，是人们从事任何活动所不可缺少的，也是技能形成的必备条件。反之，技能的形成又促进各种能力的发展。学生学习的各种知识，不能直接转化为能力，只有把知识运用到实践中去，经过形成技能的环节，才可能形成作为个性心理特征的能力。正因为技能是知识转化为能力的中间环节，所以训练技能的单项练习是不可缺少的。单项，综合，再单项，再综合……如此循环往复，互相协作，才可望收到练习的切实之功。

第四，关于"疑难点拨"和"实现目标"。所谓"疑难点拨"，是指当学生的练习遇到障碍、发生困难时，教师不失时机地加以点拨，帮助学生顺利地"练习"下去，这是教法问题，此处从略。所谓"实现目标"，我认为至少包括两个方面：一是某一则"练习"与彼"练习"相互融通、相互配合所共同取得的结果，这也是我们思考的"练习双结果论"；二是某一则"练习"自身求得的结果。这两个"结果"都是指向某一课文的学习要求或某一单元的教学要求而言的。第二个"练习结果"求得好，必然有益于第一个"练习结果"的求得。以一篇课文的教学为例，课文后可分列三至五个"练习"，既然分列若干"练习"，就必然有若干个不同的"结果"。因为"练习"的内容、层次、角度、目的显然是不一样的。三至五个"练习"，又都从不同方面指向课文学习的总体要求和目标。只有这三至五个练习都完成得较好了，课文学习的总体目标才能得以实现。

习，练习、训练，在不同学科中，针对不同学生的实际，虽然教学论定义一致，但侧重点必然有所不同。在语文学科教学中，其基本特点应该是怎样的呢？我针对当前的一些认识误区谈点看法。

第一，重复式特点值得珍视。说到练习、训练，人们十分重视典型性、序列性。所谓典型性，就是指练习具有以一当十，举一反三的作用，这不用多说。所谓序列性，就复杂了。序列，从形态上讲，是线型的；依照线型去认知果真科学吗？不一定。认识的全过程，当然是步步登楼式的。但在这个过程中，又不完全是上了一级台阶就置下一个台阶于不顾，恐怕多半是走三步退一步的，这是由语文学科的性质特点决定的。特别是在基础教育过程中，各门学科的教学都应深谙这一原理。大而言之，"基础教育本身不仅仅是目的，它是终身学习和人类发展的基础"；小而言之，学科训练，完全是为了终身学习做准备，打下基础；再小而言之，语文训练，是为学生可持续性发展学力进行导向和奠基。有经验的教师说："教过了，不等于教会了。"就是用经验式的质朴语言对这一道理的简明揭示。我们现在讲提高课堂教学效率，一节课一节课地教下去，下一节课不大注意对上一节课的回顾了，认为这样做是浪费时间。这一看法恐怕要加以科学审视。其实，典型性与反复性是密不可分的。典型性，是就例子能否代表一般而言，能否具有普遍指导意义；反复性，是就教学能否反复训练这一典型个例而言，是否具有反复训练的价值。两"性"内涵不同，但结合好了，典型性意义也就能真正发挥了。孔子说"举一隅不以三隅反，则不复也"，大有深意。意思是要特别看重学生的智力基础和认知水平，这是启发的前提；举了"一隅"，很典型，但学生反"三隅"做不到，怎么办？不能再强行"启发"，只能"不复"。"不复"，就没有作为了吗？不是，要回到前期教学上来，或进行认知基础的铺垫，或进行追求心理的激活，或进行认知情境的创设，或进行知识上的查漏补缺，等等，只有进行了这样一些的反复，再进行"启发"才能收到实效。当然，练习的反复有火候问题，要做到恰到好处，恰如其分，这是一种艺术境界，正如典型性属于科学境界一样，须追求不止。

第二，要谨慎对待练习凭借对象的"现代性"。语文训练凭借的对象是课文。对于课文，当前的争议很激烈，有人认为语文课文"现代性"特点不突出、不鲜明。有些课文确实陈旧了，必须更换；当代经典也确乎不少，必须选用。但是，选用了当代作品就有了"现代性"特点了吗？不一定。怎样认识"现代性"？我以为，"现代性"不是以时间为标志，而是以时代作用为标志。如果以时间为标志，那么过去的作品都没有时代感，课文只好选报纸上的时文了。文言诗文呢？不是全部都要删掉吗？显然"现代性"的本质特点不是这样的，它不排斥当代作品的时代作用，也看重能够发挥"古为今用"功能的典范之作对于培养当代青少年文化素质的巨大价值。从训练目的和致力点上讲，要挖掘凭借对象——课文——的现代教育需要的潜在价值。以韩愈《师说》的训练设计为例，如果停留在文章写了什么这一层面上，训练就没有多少意义，因为关于"师"的问题讨论，现代文章比韩愈讲得更好。如果从韩愈的眼光和反叛勇气上看，阅读训练的意义就具有"现代性"。一是文章表现了极大的反思勇气和强烈的反抗精神；二是文章气足语壮，如同大海，其语言气势与内容组织都鲜明地表现了作者的"勇气"和"精神"。这便是我们21世纪学生学习8世纪作品的价值所在。历史是一条延续不断的河流，凡被后人称作经典的作品都是最具现代性的作品，否则，"经典"的意义又从何谈起呢？语文不是以知识传授为主的学科，它是以民族文化、民族思维、民族语言的教育为己任的，有相当的稳定性。倒是有一点要特别注意，有些在当时看来极有时代感的文字，三五年过后恰恰是反现代性的，这样的教训从前比较多。

第三，要拓展语文练习的广阔平台。练习不完全等同于"温习"，就学生的学习而言，至少在拓展平台上要注意几点：其一，练习的方向指引。练习，是一种行动，行动有目标才有意义。因此，对于学生的练习，事先必须有一个预定的十分具体切实的目标。既要有认知上的目标，又要有能力发展上的层级目标，还要有心理和习惯上的养成目标。当前的反科学化的主要表现，就是轻视甚至指责语文训练目标，认为目标细化就是肢解课文。有一种说法叫"大而化之"，意思是优秀作品不需要多讲，还是让学生涵泳、品味、领悟为好。虽然这个观点看起来没有什么不对，但从"以学生为本"的角度为学生着想，就要纠正了。学生是正处在基础教育阶段中的人，学生的"本"，就是这一实际。基础教育阶段，入规入矩总是必要的。要入规入矩，那就要把"涵泳、品味、领悟"的过程、程序、层级、项目、方法等分开来，一一加以研究、定位、落实，使学生在有"指导"的情境下学习。其二，以练习方式的变革促进学习方式的变革。现代社会，是信息化社会，是效率社会。效率与方法往往构成因果关系，不同的方式，就有可能导致效率值大不一样。传统的训练方式，以"温习"为主，所谓"温故而知新"，现在依然有用。除此以外，就现代社会对人的素质要求上看，理应还有更新、更切合需要的练习方式，比如以语文研究性学习为基本特征的质疑、探究、发散、聚合等方式。质疑，是在比较的情境下的一种发现；探究，是在基本认定的心理下的一种溯源；发散，是在思维张力激活情境下的开放性思考；聚合，是在占有大量材料的基础上的整理与归纳。这种练习方式相辅相成、互为交叉、彼此沟通、共同运作，对于提高语文学习效率是十分必要的。

三、时习关系论

时，是教与学的基本规律的一个方面的反映，既是一个特定的时间，更是这个特定时间下的教与学的良好状态。习，是学习者在学习过程中不可或缺的行为方式。这两者不是一回事，但关系密切。这方面内容，在以上两论中均有所涉及，下面再做一点条理化的归纳。

首先，谈谈条件关系。

"时"，必定是"习"的必要条件。没有"时"，或者是"习"不逢"时"、不适"时"，那么"习"本身就要失去意义，其功效自然也要大打折扣了。"时"，是多种多样的，无论是内涵，还是表现形式及呈现状态都是不一样的；不同学段、不同年级、不同品质的学生，其学习之"时"也是不一样的。因此，要针对实际，促进学生应"时"而"习"，换句话说，就是在不同的"时"态下采取不同的"习"的方式。一般来说，有这样三种情形。

第一，在无"时"之时的条件下，注重指令性练习和唤醒式练习。无"时"之"时"，主要指学生没有进入学习状态；指令性练习，是指强制学生进行某一学习活动，目的是促使他较快地进入学习状态，明白学习是怎么回事。然后更进一步，在学习态度、习惯、方法等方面得到唤醒，从而确保初步形成的良好学习状态持续性发展。

这里涉及一个常见问题，即学习兴趣。古今中外，没有人否定学习兴趣的重要作用，但事实表明，确实有不少学生在学习之初没有学习兴趣。怎么解决这一矛盾呢？普遍的回答是"要激发学生的学习兴趣"。兴趣，果真是能够简单地一激就发的吗？很值得研究。很多情况下，我们是把好奇和兴趣混为一谈的。其实，好奇不过是对陌生事物的情绪上的反应。没见过火车，第一次看到火车，两眼注视着，心里疑惑着，这属于好奇。兴趣，则是对熟知事物产生研究动机的十分持久稳定的心理追求倾向。火车，是十分熟悉了，熟悉之后，有人熟视无睹；有人细而察之，从某些方面探究其原理。显然，后一种才是兴趣所致。孔子说"知之者不如好之者，好之者不如乐之者"，"知"，谈不上兴趣；"好"，兴趣之火在燃烧；"乐"，兴趣上升到了最高阶段——痴迷。对于处于不"知"或"知之"不多状态中的学生，我们又如何激发学生学习兴趣呢？指令性训练是十分必要的。百首古诗，强制学生背诵，甚至要强制默写，当时也许确实没有什么兴趣可言；若干年后，用到了，尝到甜头了，兴趣也就翩然而至了。这也正是语文学习与理科学习大不一样的地方。理科学习，似乎时时都是陌生的；语文学习，似乎时时都是熟悉的。

让学生在肤浅的表面化的"熟悉"情境中走进深刻的内隐性的"陌生"情境中，应该是语文教师的用武之地。

第二，在有"时"之时的条件下，要注重典型性和聚合式的训练。有"时"之"时"，当然是指已经形成的比较好的学习状态，相当于"好之者""好"的状态。这种状态下的语文教学，最大的困难是消除学习的满足感；否则，满足感过于持久，就会演变成学习的厌倦感。而厌倦感一旦形成，难得的有"时"之"时"就会逐渐消失。比如，课文的中心思想概括，无论是小学、初中还是高中，都是必须要常抓不懈、反复训练的。由于深度上没有递进，方法上没有变化，要求上没有提高，因此，学生基本掌握之后，就开始走向厌倦了。有人反对语文学习过程中概括文章的中心思想，其实这是不熟悉语文教学要求所致。问题的症结，不在于要不要概括中心，而在于怎样概括才科学、正确、严密甚至巧妙。因此，重点是典型化概括和归纳式提炼方法的教学，也就是说，要上升到规律的层面上来研究概括与提炼的具体教学问题。

第三，在浓"时"之时的条件下，要进行探究性和开创性的训练。浓"时"之"时"，相比较而言，自然相当于"乐之者"的"乐"了。"乐"的表征主要是对问题的刻苦钻研，以别人视野中的"苦"为自己心中持久洋溢的愉悦，概括地讲，就是入痴入迷。"乐"，不是教师赐予的，也不是教师设计了愉快教学学生就愉快起来的，而是自我摸索、自我体验，特别是自我创造的结果。有人说"教给学生学习方法，让学生愉快学习"，严格说来，这句话是不够科学的。"方法"是"教"会的吗？简单的操作性技能可能教会，复杂的研究性的方法则很难说是教给的。给学生一本《学习方法大词典》，让学生按照上面的方法学习，很难得到乐趣。有体验的人都明白，方法是自己在研究过程中摸索出来的；越是进行高精尖的研究，方法就越具有个性化特征。思想方法、思维方法一定程度上反映了研究者的个性。因此，对于处于这个状态中的学生，促进其进行探索、创造的尝试就显得相当重要了。

在高中语文教学中，开设研究型课程，条件往往得天独厚。尤其是对于学习兴趣浓厚的学生来说，研究型课程最能满足其探索与创造的欲望。

其次，谈谈因果关系。

没有"时"，练习、训练就显得无奈，但也不是等到了"时"，才能安排练习、训练。"时"和"习"之间有互为因果的关系。因果之间是怎样"互为"的呢？

第一，"时"为"学"之因，"习"为"时"之果。上文讲到的"条件关系"是一显著表现，此外还有两种情形。一是特定的优质的学习之"时"使教与学临时产生新的训练计划。课堂上的师生讨论，常常有恰到好处的"临场发挥"就是明证。"临场发挥"的东西本不是既定计划的内容，很多都是意想不到的精彩之笔，但又感到恰在情理之中。这个教学"情理"，就是以"时"为诱因的；没有特定的"时"，意想不到的神思就会沉睡。一般说来，课堂上的"临场发挥"虽未以练习的形式出现，但它同样具有训练的价值，师生之间、生生之间的质疑问难，你来我往，是思维训练的白热化状态，是训练的最高境界。二是群体创造和营构课堂上的优质之"时"。群体的学习态势十分优良，必然会对某一或某些个体产生积极影响，使这类个体从训练思考的迷惘、凝滞状态，进入明晰、活跃状态，从而使这类个体真正享受到训练的快乐。因此，假若没有这样的课堂之"时"，这类学习有困难的学习个体就难以自主地求取训练之果。固定的班级授课制的优势于此可见一斑。班集体是"学友"的群体，如果打破这种熟悉的格局呢？比如说，把"好"的学生归到一个班，把"差"的学生归为一个班，"好班"也许竞争日益强烈，"差班"也许会因优秀学生的感召作用的消失而消失学习动力。这是值得警觉的事。

第二，"习"为"时"之因，"时"为"习"之果。"知之""好之""乐之"是三种学习境界，总体上看是递进发展的关系，但又隐含了因果关系。"知之"是"好之""乐之"的原因。上文说过，无法逃过"知之"这一环节直接进入"好之""乐之"之境地。"知之"又是怎样对"好之""乐之"产生作用的呢？无论怎么说，"了解"，总是认识事物、学习知识的第一步，尽管此时的"了解"还缺少兴趣的动力，但随着"了解"频率的增加，并进一步扩大"了解"的领域，那么，其结果必定是兴趣的产生、学习之"时"的到来。语文学科的学习尤其如此。我们通常说的"多读多写""开阔视野"，其价值就在这里。比如"多读"中的"随便翻翻"。显然，"随便翻翻"不是在兴趣支配下的阅读活动，更不是在研究目的指使下的钻研活动。既然如此，那"随便翻翻"的阅读价值又在哪里呢？在于发现"思考中介"，或者叫作"联想跳板"。阅读鲁迅的《故乡》与阅读《标点符号用法》本没有多大关系。由于在某一个时间，某一个不经意的场合阅读了《谈〈祝福〉标点符号妙用》一文，读者的眼前为之一亮，思维的接口也便找到了，于是就可以研究一下《故乡》中的省略号，还可以研究一下《从百草园到三味书屋》中的符号"～"，甚至再研究一下意识流小说中的"无标点语段"……如果进入到这样的学习状态，那么学习之"时"不就应运而生了吗？因此，这一类的"了解"训练在语文教学中是十分重要的。"了解"越多、越杂，联想的因子就越多，离联想的快乐之境就越近。

从"点拨法"到中国教育精神"六义说"*

　　20 世纪 80—90 年代，陈军老师与蔡澄清先生一起研究语文教学点拨法，誉满中语界。点拨法的思想源头在孔子那里，即《论语》中所言"不愤不启，不悱不发，举一隅不以三隅反，则不复也"。针对语文教学，陈军老师还提出了"时习论"的思想，"时"和"习"这两个概念也出自《论语》。研读《论语》20 多年，陈军老师从中吸取了丰富的思想资源。他说他把《论语》作为一部 2500 年前的公开课实录来读。除了为"点拨法"立论，更是从历代大家的注疏中读出了中国教育精神的基本内涵。这篇访谈，是对陈军老师在中国传统教育中寻找语文教学思想方法资源、寻找中国教育精神六义思想历程的一次梳理，也是关于语文教师学术追求和治学方法的一次对话。

从《论语》中寻找"点拨法"的思想支点

　　李节（以下简称"李"）：您是什么时候开始读《论语》的？

---

　　*　本文是对作者的访谈，刊发于《语文学习》2016 年第 9 期。

您读《论语》有怎样特殊的角度？

陈军（以下简称"陈"）：我七八岁开始接触《论语》，时在 1970 年前后。记得是深冬时节，乡村大水之后一片荒芜，父亲教读二三则而已。词句记得不多，刻下的印象是，父亲谈《论语》脸上顿现一片崇敬。1982 年，我开始在皖南乡村中学任教。之后跟随蔡澄清先生研究语文教学点拨法。我写了大量文章阐释"点拨法"的含义，总是突出两点，即：点拨法既是教学方法，又是教育原则。实际上继承了孔子"因材施教"的思想。因材施教，体现在针对不同弟子特点作不同的回答时，是具体的方法；同时又与"有教无类"一体，构成了教育原则，用现今的话说就是尊重个性的价值观。研究语文教学点拨法的过程中，我始终从《论语》中寻找思想支点来为"点拨法"立论。选用这个"时"与"习"的合成概念来作为我的语文教学思想的总揽，实际上，就是用《论语》教育思想来观照当代语文教学，来为我的语文教学思想立下教育传统的思想支柱。像"启发""愤悱""举一反三""时习"这些概念，是经常在我的教学论文中舒展思想的血脉的。

我研读《论语》最得意的地方，就是把每一章每一节都看作教育对话的情境。《论语》中的章节，有的有问有答，交流形态很完整；有的就是一句话，好像没有交流，但由这一句的意义之所指，也可推断出弟子思想之所疑，思想交流也是青枝绿叶，虚实掩映的。我感到，我的这一角度是能够成立的。《论语》所记的是"师生对话"，而师生关系则又确立了对话内容具有教育性。不论讨论什么内容，治学、治国、仁义、仪礼、人伦、志向等等，都是重要的需要辨析的对象，而讨论、辨析、下结论都是思考与讲解的教育过程。在我的眼前，《论语》静穆的文字章节都是活生生的教育情境。我看到活生生的孔子，活生生的学生，活生生的思想，我也跟他们活生生地在一起。我走进孔子的那个时代，靠近的就是一个 2500 年前的"超级教师"。

李：如果从语文教学的目的和任务、从语文教师作为读书人的专业修养来看，读《论语》的主要目的是什么？

陈：我想从语文教师角度，谈谈读《论语》的体会。一是从语言学角度看，《论语》是增进古汉语知识的好教材，《论语》的词汇现在基本上都在使用，句式也都很典型。打好古汉语的底子，读《论语》最便捷。杨伯峻先生编的《论语词典》，很管用。要知道，《论语》的语言是渗透到后来的文章大家作品的深处的。二是从教育学角度看，《论语》自然是我们培养教育思想、提高教学方法与艺术的好教材。如果我们把当代教育学，特别是西方教育学家的思想与言论与《论语》的思想与言论打通，加以义纂，那一定是格外的精彩！

如果从语文教学的目的来说，读《论语》的目的更是值得思考的。语文教学的目的和任务最核心的一条就是培养人文精神。不论是教学生学母语，学本民族的传统文化经典，还是教学生用外语去阅读外国经典作品，说到底，越是到中学阶段特别是高中阶段，越是要注重对人类优秀价值观的学习、继承与思考，越是要注重对于人类自身进取精神的学习、继承与思考。孔子就是这方面的思考典范，孔子及其后学所创建的儒学精神更切合人类自身探索的需要，更切合人类和谐共处的需要。因此，语文教师读《论语》的目的就不仅仅是为了增进上文所讲的语言学、教育学的知识与思想，而且是进入到人生哲学的层面来俯瞰人生世界，这样也就能更直接地进入到文学的最高境界。说到这里，我想到了刚刚过世的陈忠实先生，想到了冯从吾，更想到张载，"为天地立心，为往圣继绝学，为万世开太平"，关中文化的要义在这里。先秦之后，有司马迁，至唐，韩愈文起八代之衰，古文运动实乃儒学复兴与自强之举，每个时期都有志士而立起。如果读了《论语》，读到自强不息的忧患精神，那么语文教师面对中国传统文化经典自会油然而生敬意，在这样的精神引领下，我们和学生所面对的语文就是一幅壮丽的中华文化画卷了！这便是教的境界和学的动力。教祖国语言，维护母语的尊严，绝不是狭隘的民族主义姿态，而是对民族精神与文化的坚守与活用。

立足传统，梳理中国教育精神"六义"

李：您读《论语》有一个很自觉的目的，是弘扬中国教育精神，可以这么说吗？这个目的一开始就很明确吗？

陈：一开始没有这么自觉。明确想弘扬中国教育精神，是起于我 2007 年当上海市北中学校长之后。在上海，这是一所百年名校，在教育改革中，必然要面对和承担许多责任。自 1903 年清政府颁定《奏定学堂章程》以来，我们的改革一直是向西方的现代学制和课程学习的。这虽然是必要的价值取向，但在借鉴西方的同时，我们自己本有的东西却愈加淡忘了。现在，我们开口闭口说的全是西方课程概念。关于孔子，除了记得他的名字和"启发""举一反三"这些词语外，其他的一任淡忘和失忆。我们中国的教育很发达，我们的教育传统，尤其是孔子的教育思想是宝贵的精神财富。即便是要吸取西方乃至全人类的教育精髓，得有一个前提条件，即用思想来消化思想。倘若，你自己是空的，是没有思想的，你就完全被动、被异化了。

李：能否具体谈谈您研读《论语》和历代注疏的方法？

陈：读《论语》我最结实的依靠就是历代注疏。我用得较多的心力是对历代注疏大家的分析与思辨的教育提炼。他们的注疏，在我看来就是课堂点评。孔子这样说的目的是什么？为什么要这样对他说？孔子这次这样说那次那样说又有怎样的联系与区别？如此等等，在我看来，这些问题也深含着很多的教育机趣。在密密麻麻的注疏文字之海中，寻探教育机趣同样与体味《论语》内部理趣一样，使我非常得意。我以为，我有了别人没有的或长期被人忽视的"发现"。我常常把几位大家的注疏放在一起比较。在比较中，我得到是教育的义理。我揣摩得最多的是朱熹、刘宝楠、钱穆、杨伯峻等学者的文字。我感到他们时时在帮助我，好像不断提醒着说："我这样的讲解，是不是对你从教育学上理解有所启发呢？"研读《论语》，我有一个"绎"的意识，就是在广阔的思想世界中抽取、归纳教育的思想线索的意思。这样，我把《论语》中本来就有的、可能有些断断续续、被掩藏的东西整理成大致成系统的东西。

李：您梳理出来的中国教育精神的基本要素是什么？

陈：我概括为中国教育精神"六义"：一曰"成己"，二曰"善思"，三曰"践行"，四曰"熏陶"，五曰"忧患"，六曰"师道"。这六方面可以说是中国教育精神的基本要素或内涵。"成己"是强调人生的教育意义和诗性的人格意义。中国教育是为人生、为人格的，而不是为财富、为夺取财富之技能的；中国教育又特别强调士之风骨，即人格。"善思"，一是指注重思考，同时又指重视思考之善之巧，所谓"举一反三，闻一知十"是也。我用"八字宪法"为喻，旨在强调，这就是中国人的思考模型，中国人的智慧也就在这里。"践行"，突出"时习"和"知识"。"习"是"行"，"时"是行而有效的保障。中国教育重视知识的工具作用，孔子"述而又作"，冯友兰称作是理论创造。"熏陶"，通常是指环境影响，如孟母三迁的家教故事等等。其实，中国教育传统中更深层的熏陶是"学友"关系的自觉同构。"忧患"，则是指中国教育十分注重有关人类生存的积极态度的培养。人不是孤立的存在，与己、与社会、与自然息息相关，这种自警教育是人类赖以前进的保障。"师道"，中国的师道理论并非专制的教训，而是以知识为纽带的教与学互进的师生为友的教育伦理学。这在韩愈的《师说》中讲得极为明白了。

　　我的"中国教育精神六义"，虽只是一个基本的勾勒，但我认为这是中国教育从古至今一直永葆活力的必然存在，尤其对当今中国的教育改革具有指导作用。

　　李：早年您与蔡澄清先生共同研究"点拨法"教学，形成了"重积累、重推断、重表达"的语文教学特色，重视语文基本知识和基本能力，重视理性思考、自由发表思想。后来做了校长，您基于对中国教育精神"六义说"的梳理，又提出了"以语文学科立校"的理念。这前后两个阶段的研究或实践，其内在关联是怎样的？

　　陈：我首先是一个语文教师，这是我的一生职责，我当然要把语文教学工作做得合格。因此，30多年来，我一直探求"语文教学点拨法"的基本理念。由于我从事的是高中语文教学，因此，我比较注重抓住高中生这个"人生的第二次诞生"这一关键，尤其"重积累、重推断、重表达"。这也是孔子强调的"十有五而志于学"的成人之学的思想在当代高中语文教学中的弘扬与发展。这是就语文学科自身的任务而言的。我同时又是一个校长，担负着一所学校各方面教育的管理职责。虽然校长之职有时限，我总要退休，但是自己负责的这个阶段，必须要对各学科教育负责。所谓"语文学科立校"，实际上是关于"文化立校"过程中的语文地位的一种认知。如果说，中学各学科是学生素质成长与提升的基础，那么语文和数学则显得更为特殊，是基础的基础。语文，对于学科学习、校园文化、人格心理等学校生活的影响更直接，更广泛，更鲜明。因此，语文学科既是学生个体成长的基础，也是学校文化建设的基础，同时还是各学科教学所依靠的基础。比如，孔子用"六经"教育学生，是全面地打基础；又以《诗》的教育为前提，实质上也就是打基础的基础。这，实在是中国教育学最具华彩之处。孔子重视《诗》，不是个人的爱好，而是从学生自身成长的需要出发的。

　　说到由"点拨法"到"时习论"，由语文学科改革到学校文化建设，再到今天提出的"六义说"，它们之间的关系究竟怎样？这倒是一个关于我的学术思想内在逻辑的探讨问题。我不过是一个有学术追求的教师和校长，恐怕还谈不上有什么思想系统。不过，你的提问对我有强大冲击力，我应该在这方面自强不息。目前自我考察一下，大致的逻辑是：①"点拨法"是关于课堂教学的研究，由课堂上的点拨经验进而牵动语文学科性质过程、方法及目标的系统思考，这就是"时习教学论"。我用了近20年时间做了深入探索。②由语文学科的教学论研究进而实现影响学校文化建设的"文化迁移"，实际上是语文教学观对我的校长治校观的一种"举一反三"。"点拨"是培养学生语文能力的基本方法与思想，"语文学科立校"是构建学校文化特色的基础条件与立意。学校的文化本质说到底是"人文"的，学校的文化特点说到底又是"人伦"的。所以我提出了以"学"为学校生活主线、以"友"为人际关系方式的"学友文化"。校长治理学校，说到底也就是"文化立校"；所谓"立"，说到底也就是"立人文""立人伦"。前者是文化内容，后者是人与人之间的文化关系。这是由语文"学科"建设到学校"文化"建设的点与面的有机发酵。这方面，我用了近10年时间做了系列探索。③由于近30年的探索不断开阔视野，山一程，水一程，也就不知不觉地用丰富的实践体验来"今绎"《论语》，又用《论语》的研究来总绾我的探索历程和成果。如果没有由"点拨法"到"时习论"的教学传统长期发酵，就没有我对《论语》的阅读敏感。如果没有由学科教学到学校文化的"文化迁移"，就没有我敢于归纳"六义说"的当代教育立足点和关于青少年"人"的成长的活化传统教育的思想立意点。不过，这，仅仅是开始。

你看得出，《论语》对于我当教师、当校长是影响到骨子里了。如果说我脑子里有一点教育哲学的话，那就是《论语》哺育我的。只要我们读到《论语》的心灵中去，就一定感到《论语》是一部活书，《论语》的教育哲学是活的哲学。南京大学老校长匡亚明说，孔子是用怀古的方式憧憬未来，说出了孔子的人格特质与思想境界。

普及传统文化要"传于心，统于行"

李：在您读《论语》过程中，与夏乃儒先生有过通信，夏先生在信中说："当今学术界研究儒学日益深入，并有了些新的思路，正在探讨重建生态儒学、情感儒学、生活儒学等问题。但是有一个重要方面，却被学术界忽略了——那就是教育儒学。"夏先生在第八次"与孔子对话"儒学研讨会上发言的主题也是教育儒学，这个概念是不是夏乃儒先生首先提出的？能否谈谈您与夏先生的交往？

陈：夏乃儒先生自称是张岱年先生私淑弟子，表达的是对张岱年学识的敬重。夏乃儒先生是哲学教授，对儒学早有研究，他对我的指导主要也是从哲学层面上进行的，比如就我对"中国教育精神"的内容分类与概括所做的点拨等等。当然，我自己也比较喜欢读一点哲学著作，比如冯友兰、张岱年的哲学著作，我精读了一点，更早一些的"新儒家"如熊十力的《原儒》也艰苦地啃了一点。近年来，我又读了徐复观、牟宗三先生的一些著作，不过都读得不透，仅仅是有点皮毛了解。说实话，对于儒学，哪怕是教育儒学，我都处于无知的状态。学林出版社 2000 年 12 月出版的《儒学与 21 世纪中国——构建、发展"当代新儒学"》给人以启迪，这是由"儒学面向当代和 21 世纪国际学术研讨会"组稿的论文集，其中倒是真的没有"教育儒学"的提法和专论。不过在教育学研究领域，对于儒家教育思想的探索还是有一些论著的：南京师大教授李如密先生的《儒家教育理论及其现代价值》写得很扎实，是我爱读的一本著作。

夏乃儒先生对我的指导是十分切实的。我们研讨之间时有"相长"之乐。2016年春节后我去拜访他，拿到了他刚刚打印的新作《教育儒学的沉浮与重建》一文。先生谈了四方面问题：一是"教育儒学是儒学创造时期的原初状态"，"儒学诞生之时，就带有教育特色的胎记"。二是归纳了"汉代以后教育儒学的勃兴与衍变"的情况，对统治阶级确立儒学作为封建国家意识形态的事实既有所肯定，也有所否定。三是指出了"近代教育儒学的灾难与蜕变"，尤其点明蔡元培美育代宗教道德教育、陶行知晏阳初的平民教育和黄炎培、张元济等人的职业教育，表面看来，"往往把他们的教育主张归属于近代西学一类"，事实上，"还是流动着传统教育儒学的血液"。这是深有见识的。四是讨论了"当今教育儒学的复苏与重建"。如此系统、深入地思考教育儒学，据我了解，夏先生是第一人。

李：夏先生的信中还有这样一个判断："现在要普及儒学优秀文化，可是儒学的接受群体越来越小了！这就与现代的基础教育、国民教育有关。历史上儒家文化的发展与儒家教育发展密不可分。"您在中学教语文有30多年了，基础教育儒家优秀文化普及现状如何？问题有哪些？

陈：中华传统文化的内涵是丰富多彩的，不只是儒家文化；但是儒家优秀文化始终是传统文化的主体与核心，这是公认的文化事实。通过基础教育、国民教育来弘扬、普及中华传统文化教育自然是必由之路。道理很简单，因为传统文化是民族精神的基因，是走向未来的动力，而"基因"与"动力"的最生动、最切实的体现，就是全体国民都得到滋养，都以之为魂。

近30年来，特别是近10年来，在基础教育领域，儒家优秀文化普及可以说是得到了长足发展。中小学生人人都能背诵《论语》的二三条重要语句，包括背诵学习孟子、荀子、司马迁、韩愈、欧阳修、范仲淹、朱熹、苏轼、归有光、方苞、姚鼐等历代名家的作品。这些都是值得欣喜的。

当然也存在不少问题。最突出也最令我揪心的问题是"学用分离""知行不一"。什么叫"传统"？传统就是世代相传的具有特点的社会因素。也就是说，在社会生活过程中，从言与行方面能看得到的特点才被真正认定为"传统"，也就是文化生根了。我个人的解释就是"传于心"和"统于行"。传于心，就是心里真正信服、理解，以之为美；统于行，就是日常生活真的这样去做。而眼下的传统文化教育恰恰就是在"行"字上出现了明显的短板。《论语》等传世经典，背过了，考过了，也就学好了，至于用来思考问题，认识社会和生活实践几乎没有具体的落实。这不能怪学习者，学习者的问题恰恰就是教育者的失职。比如教《论语》，只是教实词、虚词的意义和用法以应付考试，与读一般文言无区别，那么《论语》的思想就不能立根于学生心中，如此，践行也就谈不上了。行得实与知得透总是相辅相成的。当前，中小学教育的最突出弊病就是功利主义盛行，形成了新时代的科举，为"分"而学，为"利"而教。这是一个很艰难的教育问题，也是一个很复杂的社会问题。作为教师和校长，我最痛苦的事情就是这，深感渺小而无力！

李：您的痛苦主要来自对"知行"不能一致的担忧，这大概就是中国读书人自古以来的忧患意识吧。学校在"传于心"和"统于行"方面做了哪些努力？

陈：最近5年来，我提出我们市北中学的学校文化特点就是"学友文化"。师师为友，师生为友，既是学习关系，也是人格关系。就每一个个体而言，不论校长、教师、学生，都有一个"三友"，即"与自我为友"（自己反省自己），"与自然为友"（向天地学习，向自然学习），"与社会为友"（做社会进步的建设者，为社会服务）。学友文化所讲的"学"，是师生的生活方式，所讲的"友"，是人际关系特征和师生生活境界。友，是孔子提出的也是中国教育有关师生关系观、群己社会观以及人生哲学观的基本理念，是中国知识分子的文化态度。我倡导学友文化，就是活化传统思想使学校走向未来，走向现代化，这是最重要的"统于行"，是从师生精神境界上来"统于行"。

我们学校的教育形式也还比较多样，在教学活动方面，我们常年坚持汉字研习，创办水云间词社，举行《论语》双周会讲，举办"中华古诗词合唱音乐会"，等等，然而仍然感到很肤浅。当然，我们也不必悲观失望。"知行不一"的问题也不是这个时代才有的，孔子之时，所以强调"行"，也就是这个问题同样突出。他最满意颜回，就是颜回能好学而行；他斥责宰予，就是宰予言行不一；他甚至号召弟子鸣鼓而攻冉求，就是因为冉求一面跟孔子学"仁"，一面又跟季孙氏重赋敛、伐颛臾，具有两面性。也正是具有这样的教育难度，所以孔子才说"士不可以不弘毅，任重而道远"。总之，传统文化的学习关键在于"行"。

李：谢谢您与我分享您的读《论语》、思考语文教学思想方法和中国教育精神基本内涵的历程。我感到，您是语文教师，是校长，更是对中华优秀传统文化充满敬意的学者。谢谢！

一个人的变革

——"疑思问国文点读"课程实验简述

一、缘起

2015 年开始酝酿选材，2017 年修订具体构思，2018 年秋季正式从高一年级两个班进行教学，准备的时间不算少，而施教之期不过一年，本未到小结的时候。由于是一个人的变革，没有专家团队的指导，很怕固执己见，因此又很想"简述"出来，以期同行指教，所以就不揣谫陋了。

什么叫"疑思问国文点读"呢？

"疑思问"是孔子提出来的，我在写《〈论语〉教育思想今绎》时，在这三个字上很是思索了一番。《论语·季氏》："孔子曰：君子有九思，视思明，听思聪，色思温，貌思恭，言思忠，事思敬，疑思问，忿思难，见得思义。"这本是对君子形象的综合要求，"思"，相当于"考虑"（杨伯峻），在这里并没有多少深义。但是，我曾对孔子教育思想中关于"思考"的思想有专门学习，把"疑思问"三字放在"思考"思想的框架中去体会，便引发出更多的教学意

262

义来，这大概是前人所说的一种发挥吧。我发挥的是"疑、思、问"三个词的独立意义及其三者关系。疑，疑惑，质疑，更强调质疑；思，思考，思辨，更突出思辨；问，提问，诘问，更看重诘问。显然，我把这三个字赋予了现代教育教学的意义。

"国文"，是一段历史时期建立新课程而提出来的语文课程名称。尽管《辞海》这样的大书收"国色"而不收"国文"，但我从一个语文教师的微小身份出发，还是对中华母语的结晶——文——情有独钟。再加一个"国"字，是感到有"情"还不够，还要有使命感——对生我养我这片土地的责任。我无意于否定现今通用的"语文"，只是想我开的这门课程的内容，用"国文"称之更为恰当。

"点读"，是我生造的词。现在课改时兴创词，我也造一个。点，指点，点拨，点示，点化，一点点。读，阅读范畴里的思考行为，有一般读读，有着意欣赏。同时，也希望能体现我的"点拨法"教学机趣。

用"国文点读"不就得了？为什么还要戴上"疑思问"这顶帽子呢？

一是缩小范围，求其一点；二是显示特色，贯穿一线。国文浩如烟海，我这门课只能取一瓢饮，但又不是饮众人常饮之"饮"，而是想饮最富思想个性之"饮"，"别"饮也。这个"别"，也许就是特色，也就是指我这门课所选读的国文能充分地闪烁着"疑思问"的光辉。篇篇如此，自成一条以质疑和批判为主旨的思想线索。

国家的问题是创新问题，而创新的基础，是青少年疑思问人格与心智的养成与引发。正是从这个立意上考虑，所以中小学各类课程都希望在质疑心智与批判思维上有所突破。我开设"疑思问国文点读"课程，也是从这方面来考虑的。

但是，在突出"质疑"与"批判"上，我要力求体现"文"的个性。数学有数学的质疑与批判，艺术有艺术的质疑与批判，语文也应该有语文的质疑与批判。同时，我要力求体现"国文"的个性。现在讲的语言、思维、文化、审美这四方面，哪一个母语不是这样的呢？这是共性。中国人的母语有什么不同？这也许更有必要加以揭示。我这里读的"疑思问国文"应当体现自身的优势和文化，当然也可讨论它的局限。因此，我差一点在这个课程名下加上一个副题叫"中国式的质疑与批判"。后来想想，这有点自不量力，也过于拘泥，甚至有些作茧自缚，于是就不提这个"副题"了，但这个"副题"所寓含的梦想则深烙于心，成为我的教学主旨了。如果央视问我"你的中国梦是什么？"我的回答就是"这"。

最后说说为什么称作"一个人的变革"呢？这与我的教学习性有关。我从事语文教学将近40年了。有趣的是，大约相隔10年左右，我都要蠢蠢欲动，搞一点教学变革。1985—1995年，我与蔡澄清老师一起研究"点拨法"，在安徽宣城开了"'画眼睛的艺术'——鲁迅作品教学系列"这门语文选修课（其实是通过必修课来教的），有关讲稿后来在《语文报》上以"鲁迅作品技法举隅"栏目连载。1998—2006年，我在上海参加课改，也是一个人在回民中学借班开设"长江诗话"这门研究型课程，后来语文出版社出版的《陈军讲语文》中有些选录。2007年，我调回上海市北中学工作，开设了"文史哲经典例文引读"选修课程，后来编印了一本资料备查。这次我开设"疑思问"课程，带了两个年轻人，终于有了伙伴了。四次实验，从选材到构思，从教学到反思，我都习惯于一个人静悄悄地做，静悄悄地想。我所说的"一个人的变革"，第一层意思就是我个人的自我进取，第二层意思就是为了学生这个"人"的成长。没有别的意思。

二、内容

我越来越认识到，要培养学生的创新能力，要引发学生质疑与批判，关键是学习的内容。

摆在我面前的最大问题是，在中国古代浩瀚的文学或文章中，有体现"疑思问"精神的作品吗？

当人们怀疑的时候，总是讲外国的时候，我真的是不甘心的。一个民族，绵延生存了 5000 年，成因固然有多方面，但就文化特质上而言，一定是内隐着批判性的。关键是我们要去寻找、发掘、揭示。

从 2015 年开始，我用了整整 4 年时间，搜寻了不少不大引人注意的选本（放弃了常为人所用的选本思路，比如《古文观止》）来挑选作品；同时，我又细读了中国古代文学史、中国文学批评史以及中国文论选等（主要是复旦的老版本），以寻求思想支持。我本以为这是一件非常困难的事，但事实上，只要用心地追寻，我所期待的"疑思问国文"，便篇篇排队，站在你的眼前！这个时候，我常常是一个人饱含热泪。这些宝藏不是明亮地立在这里吗？我自己怎么无知到如此的地步！

我整理了六大方面的80余篇作品（节选），现举例分述如下。

（一）先秦思想争鸣

以《论语》"疑思问"破题，选入了孟子的《夫子好辩》，由此篇而了解孔孟仁爱思想；又选了庄子的《马蹄》，由此篇而了解孟子批判的对象，同时更认识庄子对孔孟的讥讽与否定。我不是讲"百家争鸣"这个历史概念，而是呈现具体的文章，引导学生在语言的浪涛中，了解"争鸣"原来是这样一种情状。我还选了商鞅的作品，认识中国有一个"商鞅"。先秦之末进入高潮，选读了屈原《天问》片段，一石激起千层浪，在屈原的170多个"疑思问"中，学生心中树立起伟大的敢疑敢问的人格形象。

（二）两汉史实思辨

一般说来，读司马迁《史记》文选和班固《汉书》文选大致可以了，比如中学教材里所选的篇目。但我感到，这不过是《古文观止》或《古文辞类纂》一类的思路，在"识"字上还有更好的力作。比如，司马迁的《秦楚之际月表序》，不过300余字，但笔势雄劲，有包举天下之概，语语转折，笔笔变换，寓否定在语言吞吐之中。对秦汉转换这段史实的深刻评估，微意存焉！再如，选自《后汉书》中的《刺世疾邪赋》，赵壹的代表作，思想异常大胆，对当时的政治腐败、道德沦丧、奸佞当道、直士幽藏的社会现实予以全面批判，尤其值得注意的是，贾谊的《过秦论》不过是一世之评，而赵壹的这篇短赋，却是对历朝历代通病的总括，从三皇五帝一直到作者所在的当朝，赵壹一言以蔽之："唯利己而自足。"这样的"史识"，司马迁没有说，班固也没有写，而赵壹痛快淋漓以形象语言出之，难怪文论家称之曰"为汉赋中所仅见"。汉赋，多为歌功颂德或自遣性情之作，而此篇独领高标，为什么不让学生赏之析之？我与学生痛快淋漓地讨论了三课时，诸生尽兴矣！

（三）魏晋人格批判

嵇康、阮籍是重要的选读对象。他们的作品是在政治分裂导致思想分裂，思想分裂而导致人格分裂的多重"分裂情境"中而做出的卓越人格表达。如嵇康的《与山巨源绝交书》，开门见山，直言与山巨源的"不相知"，继之陈述人际相处原则，寓讽刺于不动声色之中，然后表达"逾思长林而志在丰草也"的人生追求。这里要特别注意的是，其思想精华绝非自隐山林而独守的个人情怀，而是决不与恶势力妥协的卓绝坚毅的人格力量。又如向秀《思旧赋》所表达的进退之幽怀，忍隐之孤志，能让青年学子明辨爱憎之艰难，产生情感之共鸣。特别是向秀慑于司马氏权势，一面敬仰嵇康之志，一面又不得不赴洛阳应举，含愤慨于哀思，寓自愧于隐忍的幽怀格调，真实坦诚，更让人体察到作品的情真意切，寄意遥深。魏晋的格调，当然是指人格的境界，除了嵇、阮等人，陶渊明也自不例外。陶渊明作品见于中学教材多矣，选文时颇费周折。我先选了《自祭文》，感到偏深，后来又选了陶渊明的诗《形、影、神》，由此而认识陶渊明的内心"变革"。实际上，诗是教的重点，文是诗的旁注。为什么要突出这首诗的内容呢？因为不识陶的内心矛盾，就不能识"戴月荷锄归"的"人"的欢乐。陶渊明是"人"不是"仙"，这是从陶的自我批判中才可以读到的。陶渊明的诗，关系着东汉末一个时代的文学主旨，即人生的意义何在？生命怎样获得解脱？在这个问题面前，陶渊明"比同时代人都焦灼不安"（骆玉明语），领略"形""影""神"三者相互对话，质疑，辩白，从而得出结论，其乐无穷！

（四）唐宋文化反省

唐宋八大家及其作品，毫无疑问是中华文化的优秀成果。这些内容在中学语文教材中已经体现得非常充分了。在继承这份伟大传统的同时，我们也应清醒地认识到，唐宋古文的"道统"，十分单纯，在多元化方面明显不够。然而，这只是一个总体的判断。如果洞幽烛微，我们同样能够找出其中有异质思想的所在，勾勒唐宋时期"疑思问"的草蛇灰线。比如韩愈，我在选文时也比较注重这样的篇目：《送董邵南游河北序》《送孟东野序》《原道》等，但教学上有所突破。《送董邵南》，机趣在"河北"这个地方。当时，这里是藩镇割据所在，不是"王土"。赞成董邵南去，就等于支持他投靠藩镇，这不符合韩愈"统一"思想，韩的"道统"是最不愿意的；不支持他去，一个人才就毁灭了，这又与韩的惜才尊才思想相悖。本文从董生"不得志"入笔，希望董生"勉乎哉"。字里行间的自我纠结与对现实的批判深藏着一条草蛇灰线，这篇文章的思想机趣显然是教学的重点。又如柳宗元，我选了《桐叶封弟辨》。"辨"是一种辨析事理的是非真伪的论说文体。柳文认为，对于君主随便说的一句话，臣子就奉为金科玉律，绝对服从，这是非常荒唐的。对统治者的言行要看其客观效果，不能盲从。在封建专制时代，这个"辨"是惊天之论，文章思想闪光点即开篇"吾意不然"四字，开门见山，毫不含糊，特别是"周公乃成其不中之戏，以地以人与小弱者为之主，其得为圣乎？"这一反问，堪称惊世之问。晚唐罗隐也是一个应该关注的作家，他的《英雄之言》承接了古意，如《刺世疾邪赋》的思想，又直接现实，有所开拓。作者批判的是历代君王的虚伪本质，他们借"救民涂炭"的招牌，行的是窃权窃国之实务。罗隐的文集名为《谗书》，意为自谤，实际是"警当世而诫将来也"。"盗"这个关键词是罗隐批判君王丑恶嘴脸的划时代贡献。韩、柳、罗这些作家虽总体上遵从儒道，坚守的是一个知识分子的中正之心，但是在表达思想时有个性之语，有前人所未察之"识"，这些"异质"，是他们的反省结晶，值得珍视。对于宋人的作品，也同样是按照这个思路来选择的。比如，我们选了欧阳修的《相州昼锦堂记》和苏轼的《贾谊论》。欧阳修这篇"记"，看似对挚友韩琦的颂德，实际上是婉而多讽，表达出对当时一种风气的批评，对"衣锦荣归"思想的彻底否定。苏轼论"贾谊"，上承孟子的人才思想，也体现了司马迁一样的同情，但提出了一个"非才之难，所以自用者实难"的新观点，突出的是才能施展出来实在困难的时势特点与个人局限。在儒家人才思想发展史上，苏轼的这个"补充"无疑也是反省所得。

（五）明清理性新构

宋元戏曲文学中自有精华，这里不赘，只讲明清时期的批判"理性"。所以称"理性"，是指已超越一般的"思想"与"洞见"，而是思想判断与推理的思维上的变革，初现现代性端倪。在这一点上，我放弃了归有光与"桐城派"，重点选了李贽的《童心说》《赞刘谐》与《题孔子像于芝佛院》等。《童心说》揭示的是李贽关于"人"的哲学，是李贽文章的基本"理念"，自不必说。单是《赞》《题》两文，也是石破天惊，体现了思想"革命性"。

针对千百年来"天不生仲尼，万古如长夜"的观念，作者用诙谐之笔对孔子、对尊孔予以大胆否定，有力指出了"人皆以孔子为大圣"的荒谬可笑。研读这些作品，重点在于显示李贽的思想解放的价值，对于提升当代学生历史思辨的能力大有裨益。同时，我特别重视张溥的《五人墓碑记》。这篇雄文看似写下层人民的抗暴斗争，但"激于义"的"义"，已完全不同于陈胜起义等历史上任何一次农民暴动的"义"及其思想动机了。陈胜起义，"义"在自救，是逼上梁山；而"五人者"，并不是受害者，而是站出来为受害者说话的人，这个"义"，乃公义也。霍松林先生指出这是一篇记录明末市民阶层斗争的珍贵文献，一语中的。"五人"为首的市民抗暴，带有"市民"这一明末江南新时代阶层特征，所揭示的"匹夫有重于社稷"的"匹夫有责"思想已呈现出"人民"的内涵，与黄宗羲、王夫之思想相通连。黄宗羲的作品选了《原君》。这篇宏文，批判了封建君主的自私残忍，驳斥了腐儒们的盲目忠君，赞颂了人民力量的意义与价值，焕发出"现代性"的民主主义思想光辉。文章托古论今，正反对比，褒贬分明，语势沉雄，思辨周密，值得反复教读。另外，还选了顾炎武《与友人论门人书》和王夫之《论梁元帝读书》等等，这些都是思想解放，批判严厉，发人深省之作，所选篇目虽然不多，但充分的理性，远超归有光、桐城派的思想格局。

　　除上述五方面内容外，还有"现代主义大潮"这部分，作家作品很多，毋庸赘述了。总之，紧扣"疑思问"这条主线，我基本构建了一个中国式批判话语系统，为学生在中华文化极富生命力的思想漩流中三千里击水，创造了一些条件。

三、教学

这门课是安排在高一语文必修课框架内的。高一两个班语文课每周共一节，我每班各占一节，每学期每班 20 节左右。两个班的语文教师很年轻，很肯干，我们亦师亦友，相互协作。他们每节课旁听，课后指导学习。我们打算一直开到高三毕业。

我的教学是怎样进行的呢？简而言之，就是"点拨"。限于篇幅，以下举三个例子说明。

例一，观点比较式点拨。我先教孟子《夫子好辩》，提出公都子问"外人皆称夫子好辩，敢问何也？"又提出孟子的反问："予岂好辩哉？"让学生思考：问的起因各自是什么？原来"外人"不认同孟子恰恰是孟子"好辩"的必要性所在。继之疏通词句，了解"一治一乱"的原因是什么。孟子为什么如此激辩？由此来认识孟子的思想："正人心""承三圣"，同时了解孟子说理的逻辑力量。孟子的目的是"息邪说"。那么，"邪说"指的是什么呢？第二节课，进行庄子《马蹄》的研读，引导学生与孟子观点进行比较讨论。《马蹄》一文批判儒家是"毁道德以为仁义"，反对孔孟的"仁义""礼乐"之说。学习中，我点拨学生思考一个问题：庄子认定的"圣人之过"是怎样的？你同意这个看法吗？这个问题让学生炸开了锅，学生纷纷走上讲台发表看法，有一个男生叫陈嘉元，自读过老庄，侃侃而谈，支持了庄子；这就更加激发了认同孟子思想的学生一辩究竟。最后形成各自的学说图示。所谓图示就是让学生站在孟子或庄子的立场上，用图示解说法把思想观点的逻辑关系勾画出来。为了促进学生比较思考的深化，我又补充了孟子的《性善》，点拨思考的问题是：《性善》立论的前提是什么？学生答：人皆有不忍人之心，即性善。又问：认识性善的前提又是什么？学生答：人本身的高贵价值。这样一来，又促进学生认识到了孟子与庄子在思想上的共同点。总之，通过"挑拨"之策，形成"争鸣"之势，引导学生进入春秋战国时期的"百家争鸣"情境中。

例二，问题研究式点拨。课程重在"疑思问"，包括了对作者善于质疑、善于发问的价值研究，也就是不失时机地学习典范的质疑智慧及其意义。例如研读屈原的《天问》，我重点选取了"问洪水"这一节：

> 不任汩鸿，师何以尚之？佥曰何忧，何不课而行之？鸱龟曳衔，鲧何听焉？顺欲成功，帝何刑焉？永遏在羽山，夫何三年不施？伯禹腹鲧，夫何以变化？纂就前绪，遂成考功。何续初继业，而厥谋不同？……[1]

根据林庚等著名学者的研究，问洪水，实质上是"鲧禹之辨"。通常，人们的认识定见是大禹治水有功，而鲧则治水有过。我把各家解读呈现给学生，引导学生一句一句细读，把思考焦点定在"何续初继业，而厥谋不同？"这一问上。在屈原看来，鲧治水，向自然学习，向前人请教，也是值得肯定的，只不过是方法不当失败了；禹则是汲取了鲧的教训与经验，完成了父亲未竟之功。

---

[1]　周予同主编：《中国历史文选》（上），上海古籍出版社1979年版，第74页。

可是，后人只称禹有大功而否定鲧的意义，这是多么的不公平啊！通过讨论，一女生说她十分赞赏屈原的"无疑之问"。她说，肯定禹，否定鲧，这本来是一个定论，所有的人都知道了这个评价，有统一的认识，本没有疑问（即"无疑"）了，然而，屈原却从这"无疑"处生出"疑问"来，这一"无疑之问"是极有价值的，告诫我们对所谓的定论不可盲从。学生的发言引得满堂掌声。

例三，语言揣摩式点拨。教课中，我十分注重引导学生揣摩语言的思想价值和艺术魅力。有些例文的语言独特性很鲜明，更要作为突破口而紧抓不放。例如《刺世疾邪赋》写道：

> 伊五帝之不同礼，三王亦又不同乐。数极自然变化，非是故相反驳。德政不能救世溷乱，赏罚岂足惩时清浊？春秋时祸败之始，战国愈复增其荼毒。秦汉无以相逾越，乃更加其怨酷。宁计生民之命，唯利己而自足。[①]

我问了一个不是问题的问题：反复诵读后，你们有什么认识吗？学生说了不少。其中有个学生说：从三皇五帝一直到所在东汉末期，社会问题越来越坏，造成这个结果的原因就是君王"唯利己而自足"。这是非常精彩的判断，来自于原文所写，点出了这篇赋思想内容的特点。《刺世疾邪赋》思想异常大胆，揭示了中国古代历朝历代统治的丑恶本源。特别是"唯"这个词，用意深重！

---

① 本书编委会编：《两汉文观止》，学林出版社 2015 年版，第 167 页。

　　我又追问了一句：历朝历代都是一样的吗？这时有个学生举手起立，说：作者写出了区别，从词句上可以看出。如，五帝"不同礼"，三王"不同乐"，写不稳定，有变化；德政是有的，如周公治国，但"不能救世"；春秋开始，恶政祸败一发不可收；战国时，"更加"一词写得分明。这些词句，勾勒了一个总趋势，就是越来越坏。无疑，学生的讨论，使整堂课的学习进入高潮。

　　总之，我上课基本上是把讲台让给学生，由学生来主讲。或图示，或驳难，或申述，或说明，或朗读，或书写，不亦乐乎。观点不求统一，认识也不求深化。开放些，再开放些。教师不要自以为是，以自己的局限来束缚学生，如此，才有一个生动活泼的课堂。

语文学习视域下的质疑思想简史

——以"疑思问国文点读课程"为例

2018 年秋，我在市北中学高一两个班同时开设了语文课程里的"小课"——疑思问国文点读。所谓"小"，一是指课时少，每周一节，一个学期两班合计在 35—40 节之间（有机动性测试）；二是指学生数小，只有两个班 80 人以内；三是每节课讨论话题少，大多是一文一"点"一议。由于学生学得有兴趣，我的信心也日益坚定。2019 年底，我写了《一个人的变革》一文刊于《语文学习》2019 年第 12 期，对课程内容与教学做了初步的说明。2020 年初，《语文教学通讯》（高中刊）对这一课程的内容予以高度关注，决定逐期连载。这样一来，我的压力突然增大了，因为其中一定有不少不成熟甚至是错误的地方。这期间，与唐建新、程翔、管然荣等学兄多有交流，受益匪浅，这就鼓励我再斗胆写两点体会，向同行请教。

一、在课程的背后，我想理出一条质疑思想的脉络

为什么在名称上冠以"疑思问"三字呢？我的构思就是想突

出质疑的特点。我对质疑的认识比较简单，就是"提出疑问"，涉及独立思考、自主判断、对话思辨、反省批判等方面。在中国传统语境中也就是"疑思问"吧。先秦以来，这方面情况怎样呢？中国质疑思想史的线索又是怎样的情形？我想斗胆做些梳理，从而为我的课程建设寻求思想支点。

先秦时代，在《论语》的语境里，"疑思问"就是"疑惑了，就要想着去问"。显然，这强调的就是一种学习方式与求知欲求，与现代心理学、教育学中倡导的质疑很是相近。在孔子与弟子的对话中，"问"，是十分普遍而又基本的表达方式。孔子弟子也确实能"问"，孔子常常赞以"大哉问""善哉问"等等。有些弟子，比如宰予，时常把"问"推进到质疑、批判、对辩的境地，如"井中有仁""三年之丧"之问，让孔子陷入思考困境，使学习境况风起云涌，异景顿生！孟子更是强调"思"的思维性意义，他说"心之官则思，思则得之，不思则不得也"（《孟子·告子上》），用现代心理学来讲，就是充分应用"心之官"而"积极思维"，从而获得知识。思维的积极性有什么标志呢？孟子举了例子来说明，他说"尽信《书》，则不如无《书》"。要知道这个《书》可不是一般的书，而是指《尚书》乃至孔子所编定的"六经"。这个孔子的私淑弟子，对经典也就是"取二三策而已"，不照搬，不全信，在先秦的儒学圈里，孟子的这一怀疑精神与言行可算是一座高峰！至于先秦时期的老庄，如庄子对"仁""圣"的彻底批判等等，那就更是思想的冲突和争鸣了。战国时代，质疑思想又一座高峰孤卓而起，这就是屈原和他的《天问》。屈原的质疑涉及宇宙、自然、人事，全面而深刻，具有鲜明的叛逆性，如关于鲧禹治水之辩，回肠荡气，撼人心魄！

两汉时代，我学习了司马迁和王充的质疑思想。司马迁"究天人之际，通古今之变，成一家之言"是其质疑与批判的思想总纲，"究""通""成"是互为一体的三大突破点。司马迁的质疑批判，创造性地传承了司马谈的文化批判传统（如对"六经"要旨的评断），同时也确立了自己的独立精神。李长之说："他不唯把项羽写作本纪，把陈涉也写作世家，而且把那'五年之间，号令三嬗'的紧张局面，做出了一个《秦楚之际月表》，让后人不至抹煞了那些起义的人的声势，或忽略了他们历史上的真正大小。"[①]要知道，司马迁是在汉皇的眼皮底下写出这样的近于叛逆文字的。不仅如此，司马迁对孔孟的赞赏，对老庄的评判，对申韩的剖析，都能居于时代之上而全面地表达洞见。如对屈原的评价不在忠君爱国，而在"与愚妄战"；又如，司马迁对儒家持以肯定，但对荀子则冷而静观，少有议论。王充离中国语文教学似乎较远，我给学生补充了他的作品《订鬼》，学生读后惊呼："这样的作品为什么教材不选呢？"我们最感兴趣的是他的这个"订"字。订者，校正也，也就是王充用"校""验"的实验方式来质疑。批判前人神学观，用事实验证无鬼论，这在王充所处的时代，需要何等的质疑品质和独立意识！

魏晋时代，是一个充满思想"异彩"（鲁迅语）的时代。首先，在心理学思想上，中国人开始系统地分析"人"的性格类型，这就是刘劭的十二类型人格划分（参见高觉敷《中国心理学史》）。

---

① 李长之：《司马迁之人格与风格》，天津人民出版社 2015 年版，第 178 页。

先秦以来的思想家注重阐述人与天，人与社会，人与自我的关系，而刘劭则注重"人"的自我分析，这与魏晋南北朝时期的社会意识——"人"的自觉——是一致的；"人"的自觉强化了"人""本"，而这又恰恰是质疑意识生成和批判态度确立的必要的"自我"立场。其次，对于社会层面的人的生存进行尖锐批判和质疑的，则有《世说新语》和《搜神记》特别值得关注，其中的质疑人的变异，怀疑人的道德，反思人的贪婪，探索人的价值等等折射社会问题和人性特点的篇章是对魏晋人生的聚焦记录。魏晋时代最典型的质疑个案是陶渊明，他的《形影神》组诗，表达了陶的自我质问，"形"认为"愿君取吾言，得酒莫苟辞"；"影"认为"立善有遗爱，胡可不自竭？""神"认为"纵浪大化中，不喜亦不惧"。这实际上是陶之心灵自我批判的生动写照，袁行霈指出："将形神两方关系之命题变为形影神三方关系之命题，使其哲学涵义更为丰富"。① 这实际上也就指出了陶渊明的人生价值观的复杂对话性。由此也就更能认识"陶渊明是人不是仙"的真人本质。至于嵇康、阮籍的质疑批判更是毋庸赘述。

唐代是一个文化开放的时代，儒释道世界观、人生观的此消彼长，激化了唐代思想生活的多元化和多样性，体现了豪迈超越的气象。离中学语文最近的是"韩柳刘的质疑三角"，即韩愈的有神论和排佛说遭到柳宗元和刘禹锡的直接质疑；而在柳刘之间，关于人的价值意义上，又出现分歧和超越，即刘禹锡"天人交相胜"哲学观的卓越建构，弥补和完善了柳宗元的"生人"思想。

---

① 袁行霈：《陶渊明集笺注》，中华书局 2018 年版，第 57 页。

这些虽然是哲学层面的思想争议，但都直接影响和制约着他们的文章表达。在教育心理学思想上，韩愈的《师说》实质上揭示了质疑的求知价值。《师说》认为，人是由"学"而"知"的；在这个过程中无法避免"惑"（全文说了四个"惑"），"惑"是疑惑或迷惑，皆不明也，只有"师"的指导才得化解，因此，要"从师而问"，这个"问"就是请教，就是对重要问题的提出。圣人"问"，故"圣益圣"；愚人耻"问"，故"愚益愚"，可见"问"的结果多么鲜明，意义多么重大。这个"问"与后面"不耻相师"之"相"联系起来，更能见出"问"的开放性与广泛性特征。相比较而言，柳宗元对于政治的批判更为尖锐，他的《封建论》对于政体的辨析，《捕蛇者说》对于税赋的否定以及《送薛存义序》对于人才管理与任用的质疑，都是锋芒毕现的，至于他个人贬谪人生的自我反省，尤为幽深。

宋人多疑。哲学家张载明确指出"在可疑而不疑者，不曾学"，把"疑"与"学"等同起来，强调"疑"是"学"的主要方式。李如密认为张载倡导的"疑"有三个基本层次，即"在可疑处有疑"——"在不疑处有疑"——"释己之疑"[①]。这实际上也就是为学之序："可疑"易见，"不疑处"生出"疑问"较难，反省"疑"己并破之，尤难，更加可贵。政治家王安石是敢于质疑与批判的典型代表，他提出"新故相除"的事物发展规律，强调了新旧与阴阳的交替变化，突出了创新的意义，在此哲学观指导下，用质疑来除旧，用改革来创新自是顺理成章。他对先秦思想

---

① 李如密：《儒家教育理论及其现代价值》，中华书局 2011 年版，第 112 页。

以及司马迁《史记》多有质疑与辨析，在政治上的勇敢变革更是反映了他"天变不足畏，祖宗不足法，人言不足恤"的叛逆精神。与中学语文更为贴近的是文学家苏轼在《石钟山记》中所表达的质疑思想，全文构建的"存疑—探疑—释疑—论疑"线索反映了苏轼对于质疑在认识论中作用的深刻认识。从教育心理学思想上看，南宋朱熹的"群疑并兴"说可以说是中国质疑思想的又一高潮，他说"学者读书，须是于无味处，专致思焉。至于群疑并兴，寝食俱废，乃能骤进"（《朱子语类》），疑问四起，疑疑共生，正是思想探险进入陌生境地，由熟而生，由旧而新，由是而非，或否定，或否定之否定，正是顿悟超越、脱胎换骨。

　　明清时代质疑思想更是异彩纷呈。学习的质的飞跃是"悟"，怎样达到"悟"呢？陈献章认为"疑者觉悟之机也"（《白沙子全集》），这个"机"就是"悟"的时机条件；李贽看法更进一层："学者但恨不能疑耳，疑即无有不破者"（《续焚书》），这个"破"就是"悟"的标志，而且还体现了否定特征；黄宗羲则从另一视角揭示了疑的特别意义，他说"彼泛然而轻信之者，非能信也，乃是不能疑也"（《南雷文案》），这里点出了"信"的真伪问题，看起来是"信"，其实是盲从，只有经过自己质疑之后的"信"才是真实的"信"，否则轻而信之，极为可怕！用质疑来破除迷信，这在思想建设与人格培育上是何等的重要。明末清初还有一批思想家如王夫之、方以智等就不必一一赘述了，这里重点提一提清末严复的"质疑说"，第一，严复比较中西异同，说西方高度发达的根本文化特征是学术上"黜伪崇真"和政治上"屈私为公"。这个"黜伪崇真"就是"质疑"的目的论。第二，严复论述中西政治异同，说西方国家"以自由为体，以民主为用"（《原强》），打破等级制度，人人有言论自由。这个"自由"就是"质疑"的环境论。第三，严复从进化论上指出："一个民族的优劣，是由民力、民智、民德三方面的高下为标准的"（参见北京大学哲学系《中国哲学史》），这个"民智"，就是"质疑"的成效论或创造论。总之，严复从文化、自由、创新的高度揭示了质疑方式与能力的必要性与重要价值。

　　以上对质疑思想史脉的勾勒虽然不全面，但先秦以来，生生不息的思想火种还是依然可见的。虽然这些内容并非在课上一一讲授，但给了我与学生讨论课文以自信和支点。我们不做思想史的学术研究，但用思想史的活的灵魂和精神来指导我们师生讨论课文则极为必要。活的对立着否定着坚守着的思想状态对于我们挣脱"疯子带着瞎子走路"的思维绝境极有指导作用。我们常说要继承中华优秀文化传统，唯"优秀"常各有所自，难有共识。我的浅见是，"传统"有二：一是"传而统之"，"传"为了"统"，"统"为了"传"，所谓"统"就是把人的思想束缚住，统一于一尊，代代复制，自我封闭，夜郎自大；二是"传而不统"，"传"是其生命所能"传"，"不统"就是"开放式"；生命所能"传"，是由思想活力决定的，而不是由思想强权来摆布的。所谓"开放式"，其本质是自由生态。我用"质疑思想"史脉来支撑我的课程与教学，说到底就是希望用"传而不统"的精神来影响学生，使学生感受到我们的文化传统有这样的一种"事实"。

二、在课堂的前沿，我想教出一种思想质疑的情境

我们这个课程的内容不是"质疑史"，而是"国文"，因为我们上的是语文课。但是这个"文"有它的特点，就是洋溢着质疑精神，反映了时代反省的风貌。所以称"国文"，虽是我个人的意愿，但由于这些"文"能代表中华文化精神，冠以"国"字号，自是当之无愧吧。

那么，怎么教呢？怎样教出一种思想质疑的情境呢？我做得很有限，目前的做法与体会是：

1. 用情境活化常识概念

教先秦作品，不能只教孔孟，而应该教"争鸣"。教"争鸣"不能只讲概念——"百家争鸣"词条，而应该让当代学生走进相应的情境之中，以主人的身份参与。高中统编教材中已有《侍坐章》以及孟子的相关作品等，学生对儒家的社会理想有所了解，同时对孔子及其弟子的志向特点也有所认识。这是知其一。其二是什么呢？是庄子对于儒家思想的质疑和批判。我们不能空洞地让学生止步于此，于是选读了《庄子·外篇》中的《马蹄》，其中的一段如下：

> 故纯朴不残，孰为牺樽！白玉不毁，孰为珪璋，道德不废，安取仁义！性情不离，安用礼乐！五色不乱，孰为文采！五声不乱，孰应六律！夫残朴以为器，工匠之罪也；毁道德以为仁义，圣人之过也。[1]

---

① 陈鼓应：《庄子今注今译》（中），中华书局1983年版，第247页。

在庄子看来，道德是人自有的东西，如果不丧失，何必要有仁义之教？这也正是老子"无为自化，清静自正"的观点，本篇以马为喻，皆申此旨。当课堂上把庄子观点和孔孟观点联系起来讨论时，真是炸了锅一般，同学们纷纷走上讲台皆自申己旨也。在第二节课上，又提交了孟子《夫子好辩》章，从而又引发新的思考。时间是有限的，讨论也不必任意扩散滋漫，只要建立"孔—庄—孟"这样的对辩式思想状态就可以了："哦，原来他们的争论是这样的。"让学生打开文章从而掀起2500年前的"争鸣"帷幕一角，看看现场，积累的"认知"或许会发生变化。当然，对"语言"的情境特点我们也同样关注。《马蹄》全文，连续设喻，反复质问；《孟子》"好辩章"大量使用长句反问句。这些句子既是论辩情境的产物，又是情境论辩的锋芒，很自然地使我们带出王力的评断："战国以后，汉语的句法进入了一个新的阶段……在于句子结构的严密程度。……更适宜于表达比较严密的思想"（《汉语史稿》）。所谓《孟》《庄》文气之盛，也就是"盛"在这里。在思想争鸣的情境中认识语言的气势之盛这一语文表达所建立的情境，也许真的能烙下一个时代逻辑的印记。

2. 借疑问学习独立精神

屈原《天问》一口气，提出了170多个疑问，问问都值得揣摩。例如下面一段：

不任汩鸿，师何以尚之？佥曰何忧，何不课而行之？鸱龟曳衔，鲧何听焉？顺欲成功，帝何刑焉？永遏在羽山，夫何三年不施？伯禹腹鲧，夫何以变化？纂就前绪，遂成考功。

何续初继业，而厥谋不同？洪泉极深，何以寘之？地方九则，何以坟之？河海应龙，何尽何历？鲧何所营？禹何所成？

这段文字是比较古奥的，如果大致地了解句意，不在文字上纠缠，也可以较快地进入屈原卓越的质疑世界。讨论的第一个问题是：如何理解鲁迅的评价（"放言无惮，为前人所不敢言"）？从文中一眼可以看出屈原对"帝"的质疑：明明鲧治水是希望成功的，为什么帝要这样加重惩罚？如此问帝是有推断的，推断的基石就是鲧的实功。如此替鲧鸣冤就是屈原的大勇所在。讨论的第二个问题是：屈原提出这些疑问所针对的内容是从哪里获知的呢？从资料介绍中可知，庙堂上的壁画所传载的《山海经》中的内容是屈原兴问的所在。而壁画以及《山海经》所传恰恰也就是历史公认的"事实"。揭示问题核心的发言来了，一位女生迅速站起来说，对于一致公认的"事实"，屈原于无疑处生疑，打破了传统迷信，也正是"放言无惮，为前人所不敢言"的质疑精神所在！学生的这个发言既是学习屈原质疑品质的极为重要的成果，又是丰富学生对屈原是爱国主义诗人这一单纯认知的新的洞见。

3. 用哲学统帅整体思辨

例如陶渊明作品，中学所选诗文数量较多，构成了一个陶渊明系列。如果加点儿陶的哲学观，这个系列就有可能由学生来活化。哲学不要多，点"卤"而已。这也正是我这门课的内容优势所在。例如，在回顾了《桃花源记》《归园田居》《饮酒》《归去来兮辞》这些内容之后，我们就"陶渊明是人还是仙？"这一问题组织讨论，很能促进学生用所学辨疑。有的说是"仙"，例举超凡脱俗之人格；有的说是"人"，例举"晨兴理荒秽""戴月荷锄归"之事实。这两者对立吗？为了引发深入讨论，我们学习了陶渊明的哲学组诗《形影神》（限于篇幅不全引用，请参见袁行霈《陶渊明集笺注》）。"形""影""神"分别指人的形体、身影、精神。前人通常讲"形""神"，而陶则加之"影"，这"影"既区别于"形"，又区别于"神"，别有生趣。关于"形"之所愿就是"得酒莫苟辞"；关于"神"之所愿就是"纵浪大化中，不喜也不惧"；而"影"则是"立善有遗爱，胡可不自竭"。"立善"本是好事，但陶以为不如"立德"，因为"立德"在己，"立善"有求报答念想之嫌。这样一来，人格为三，一有欲，二念报，三立己。求己就是纵浪大化，让生命依其规律而运行，这是陶的生命最高境界。我和学生讨论的重点就是抓住"三者是对立的还是有侧重的"这一问题而发表看法。有认为对立的，纯净而不可得兼；有认为侧重的，强调"人"的生命真实，如果不是这样的话，那么陶之饮酒、陶之务农、陶之隐居就统一不到一起了，"真人"的形象就无法确立。"组诗"强调"大化"，也未全面否定"酒""善"，用陶的人生观来认识陶的诗文主旨能起到画龙点睛之效。

4. 遵理念揣摩反思意图

讲到两汉质疑思想与文学作品，我选用了司马迁的《秦楚之际月表序》，因为本文既是司马迁写秦汉史的思想总纲、情感总绾，也是解读《鸿门宴》的锁钥。《史记》写鸿门宴故事不厌其烦，写了四次之多。专写汉高祖时写之，专写樊哙时写之，专写张良时写之，专写项羽时更是用1000多字而详写之。如此一事多写，实属罕见！司马迁为何要这样反复写？"究天人之际，通古今之变，成一家之言"的"史识"都在这里聚焦。我们遵循作者本人的"究""通""成"的创作理念来揣摩其深刻的写作意图。司马迁对刘邦得胜取否定态度，实质上是借这个历史瞬间的变化来质疑历史规律的不幸。因而在文字表达上既明白如话又透迤幽深，甚至在文体上、材料与人物归类上做出大胆的个人选择，这种种笔力一并在此聚焦，不可不思。如果单讲《鸿门宴》是讲不出这种味道的。《月表序》中有一句话便是理解钥匙："五年之间，号令三嬗，自生民以来，未始有受命若斯之亟也"，"亟"者，快啊，有史以来从未有过这样的瞬间之变。为什么呢？有民众的奋起，如陈胜揭竿；有正义的口号，如樊哙所言；有勇士的搏杀，如项羽之力；更有阴谋的策略，如刘邦之奸雄。而历史，本应属于民众，属于正义，属于勇士，为什么偏偏属于奸雄呢？《月表序》末连呼："岂非天哉！岂非天哉！"这就是"究""通""成"的用力之处。把司马迁的这一"史识"用来指导对《鸿门宴》这一故事的解读，就会发现这一"瞬间"对于认识历史的价值，就会明白司马迁的质历史之大疑就是他的"究""通""成"的主旋律。而这样的学习瞬间烙印于学生心中，就有可能树立司马迁史识的读史路标，也就不会为司马迁是否在细节上写得真实与否而胡乱批判了。

5. 理史脉探寻批判新意

例如，唐柳宗元在政治思想和语言表达上最富新意，单靠教材一二篇课文理解还难以窥见。如果认识上有所触动，再前后理"线"成"史"，加以比较，就能在他的质疑与批判的创造上有所发现。我与学生一起研读了他的名作《送薛存义序》，抓住两点来讨论他的质疑特点：第一是柳在文中的发问："凡吏于土者，若知其职乎？"吏之职还要问吗？但柳之发问带出柳之答案是"石破天惊"的。柳的答案是："盖民之役，非以役民而已也。"也就是说，官吏是老百姓的仆人，而不是役使老百姓的人。从先秦以来，讲的都是以民为本，民贵君轻，这个"本"和"贵"，看起来重视了"民"，但仍然是从"君"的立场上来重视的，是为"君"服务的，统治与被统治的主仆关系没有变。而文中以"吏"为"役"，认为"受若直，怠若事，又盗若货器，则必甚怒而黜罚之矣"。老百姓花钱佣吏，吏若服务不好，就要受到老百姓的"黜罚"，虽未说出"民"为主人，但这个崭新的政治意识已隐然可见了，由此也可见"若知其职乎"这一质疑的思想分量！第二是学生提出的质疑："薛存义不过是很普通的代理'县长'，没有什么功业，为什么柳宗元还用'序'的方式对其如此肯定呢？"这确实是一个好疑问。讨论中，我们认识到，柳叙述一个官吏的普通，如"早作而夜思"，"讼平"而"赋均"等，也就是其本职而已。而现实中的官吏非贪即凶，到哪里去寻称职的呢？可见这样写薛，用意在于批判整个官场的腐朽。序，赠言也，到唐时由韩柳的创写示范，已成重要文体；用其体，旨在表达深情与幽思，这一特点在文中体现得也十分鲜明。

6. 比群文鉴别自省境界

宋人好疑，例如苏轼《石钟山记》反复写"疑"，知其疑，探其疑，最后下结论而释疑，实质上体现了苏轼的认识论思想。更有甚者，是苏轼与苏辙、张怀民等共同构建的一个贬谪之后自我放怀的精神世界尤其值得观照。他们的互相诉说与自辩充分展现了特定时期的人生思辨轨迹。我们以课文《赤壁赋》为起点，选了苏辙《黄州快哉亭记》以及苏轼本人的小品《记承天寺夜游》《书上元夜游》。张怀民虽未作文，但建有"快哉亭"。四文组合了二苏一张共同贬谪后的自适心理世界。然而这个"自适"不是呼之即得的，而是经历了一个较长的互诉自辩过程，直到《书上元夜游》才算真正实现了自适的最高境界。《赤壁赋》由"疑"洞箫之悲，到"疑"一世之雄之"空"，再到"喜而笑"而释"疑"，这是第一个回合；承天寺步月，境界空灵静幽，然文末两"问"，突显"吾两人"的相依，实际也流露了自我安慰时的"惆怅和悲凉"（参见江苏文艺出版社《古文鉴赏辞典》吴战垒文）。这是苏轼内心对辩的第二个回合；到"快哉亭"，张怀民筑亭，苏轼命名填词，苏辙作"记"，这恰似三人小组唱，同唱"快哉"二字，但总基调少不了两个尖锐之问，即"士生于世，使其中不自得，将何往而非病？使其中坦然，不以物伤性，将何适而非快？"这实际上是三人的共同"自问"和"自励"。这三个人对话算是第三回合；最后直达高潮的是苏轼一改闪烁其词而直接否定韩愈的"大鱼说"，至此才算是彻底放下。《书上元夜游》中写道："予欣然从之，步城西，入僧舍，历小巷。民夷杂揉，屠酤纷然，归舍已三鼓矣。舍中掩关熟寝，已再鼾矣。放杖而笑，孰为得失？过问先生何笑？盖自笑也，然亦笑韩退之钓鱼无得，更欲远去。不知走海者未必得大鱼也。"元夜游历所见极平常，与承天寺月下景相比境界迥然，此为烟火境也。而这恰恰是苏轼的真"得"。关键点是对韩愈的否定。韩有《赠侯喜》诗，劝侯不为奔走举场而未获知遇而气馁，近处钓鱼未得，还可以远去钓更大的鱼，激励侯生仕途努力。苏对韩的全面否定实际上也是对前期内心答问状态的否定，从而彻底放下身心而真正自适了。

这六种教法纯乎是实践上的探步，谈不上理论概括，其要旨在于点拨学生在疑思问的语文情境中敢于思考而已。我想重复一句的是，内心所忧者，不过是怕自己陷进"疯子带着瞎子走路"的绝境。

后　记

　　把日子过成语文，把语文过成生活，是我越来越明确的追求。

　　本书辑录了五方面生活内容。其实，辑一之"启蒙"总绾后边"磨课""习法""访学"以及"立论"；用不同方法，在不同情境把自己从愚昧中解救出来——并且是始终不停地解救，是我的生活主旨，也是我作为一个生活者逐步增强的警觉。

　　感谢商务印书馆出版这本小书。感谢家人对我的厚爱。同时，我真诚地期待亲爱的读者不吝教正。

陈军

2019 年 7 月于上海